Reforma agrária à brasileira:
política social e pobreza

ABDR
ASSOCIAÇÃO BRASILEIRA DE DIREITOS REPROGRÁFICOS

EDITORA AFILIADA

Dados Internacionais de Catalogação na Publicação (CIP)
(Câmara Brasileira do Livro, SP, Brasil)

Lustosa, Maria das Graças Osório P.
    Reforma agrária à brasileira : política social e pobreza / Maria
das Graças Osório P. Lustosa. – São Paulo : Cortez, 2012.

    Bibliografia.
    ISBN 978-85-249-1934-3

    1. Agricultura - Aspectos sociais 2. Agricultura e Estado 3. Agri-
cultura familiar – Brasil 4. Capitalismo – Aspectos sociais 5. Política
social 6. Reforma agrária – Brasil 7. Serviço social – Aspectos políticos 8. Sociologia do trabalho I. Título.

12-06966   CDD-361.25

Índices para catálogo sistemático:

1. Agricultura familiar : Reforma agrária, política social e
   economia capitalista : Problemas sociais   361.25

Maria das Graças Osório P. Lustosa

Reforma agrária à brasileira:

política social e pobreza

REFORMA AGRÁRIA À BRASILEIRA: Política social e pobreza
Maria das Graças Osório P. Lustosa

Capa: aeroestúdio
Preparação de originais: Jaci Dantas
Revisão: Maria de Lourdes de Almeida
Composição: Linea Editora Ltda.
Assessoria editorial: Elisabete Borgianni
Secretaria editorial: Priscila F. Augusto
Coordenação editorial: Danilo A. Q. Morales

Direitos para esta edição
CORTEZ EDITORA
Rua Monte Alegre, 1074 – Perdizes
05014-001 – São Paulo – SP
Tel.: (11) 3864-0111   Fax: (11) 3864-4290
e-mail: cortez@cortezeditora.com.br
www.cortezeditora.com.br

Impresso no Brasil – novembro de 2012

Aos meus queridos pais Eliseu (in memoriam) e Raimundinha, exemplos de vida e de dedicação.

Ao Lustosa, meu marido, em nome do amor e das renúncias à elaboração deste estudo.

Aos meus queridos sobrinhos, fontes de esperança, inspiração, alegria.

AGRADECIMENTOS

Este estudo é uma versão modificada de minha tese de doutorado em Serviço Social, defendida no Programa de Pós-Graduação da Escola de Serviço Social da Universidade Federal do Rio de Janeiro. No processo de elaboração da pesquisa agradeço, em primeiro lugar, a minha orientadora, a professora Nobuco Kameyama. Foi um prazer tê-la ao meu lado e usufruir de sua competência, suas contribuições essenciais para a conclusão deste estudo. Incluo também a rica experiência intelectual na pesquisa e estudos desenvolvidos no Núcleo de Estudos sobre o Trabalho (NET/UFRJ), sob sua coordenação. Agradeço ao Programa de Estudos Pós-Graduados da Escola de Serviço Social da UFRJ, ao professor José Paulo Netto. Deu-me imenso prestígio ser sua aluna; seus ensinamentos críticos foram essenciais. Aos professores Carlos Nelson Coutinho, Yolanda Guerra, Nobuco Kameyama, pelas contribuições ao meu aprimoramento intelectual, mantendo acesa a chama do legado marxiano. À querida Maria Thereza Menezes, pelo prestígio de sua amizade que transcende à UFF, sua inteligência e compromisso crítico, suas preciosas sugestões que compõem este estudo. Às queridas amigas professoras Mônica Torres, Tatiane Alves e Leila Yacoub, pela fraterna e inquietante convivência no doutorado. À querida amiga Beatriz Venâncio: sua ajuda foi essencial à este estudo; à Edna Donzelli, pelo nosso companheirismo e pela força. À Ângela Neves e aos demais professores da Escola de Serviço Social da

UFF, pela instigante convivência acadêmica. Por último, agradeço à competente banca de avaliação de minha tese de doutoramento, composta pelos Professores René Louis, Haroldo Abreu, Zélia Maria Pereira e Marildo Menegati — suas sugestões, críticas e o rigor foram fundamentais à efetividade deste estudo. À Coordenadoria de Capacitação Docente — PROPP/UFF, pela minha liberação integral, em especial à Carminha, pela sua atenção e cordialidade.

SUMÁRIO

PREFÁCIO

Maria das Graças Lustosa é aquela intelectual que não se permite, como manda a regra leviana que orienta o produtivismo no meio acadêmico, publicar para competir, de refazer textos e ampliar artigos para serem reeditados. É professora dos bons tempos: prepara aula, gosta de ensinar, estuda para entrar em sala de aula, não faz questão de ser conhecida na "comunidade acadêmica", embora sua presença nos eventos científicos seja constante.

Tenho desfrutado da companhia da Graça há uma década e meia na Universidade Federal Fluminense e fomos companheiras no doutorado, cursado no Programa de Pós-Graduação em Serviço Social da Universidade Federal do Rio de Janeiro. Seu entusiasmo pelo conhecimento é uma de suas marcas mais visíveis.

Compenetrada, ela sempre achou que não estava no ponto certo para expor publicamente suas ideias. No seu percurso intelectual, derrubou inúmeras barreiras no campo teórico e cultural, optou pelo caminho mais difícil, descobriu que a explicação para dissuadir suas dúvidas e inquietações sociais, políticas, culturais e teóricas estava no legado do pensamento marxiano.

Investiu com persistência e coragem nas leituras, eu estava por perto e vi o desabrochar de uma outra pessoa: mais segura, mais valente, atenta para qualquer deslize teórico dos mestres notáveis. Vislumbrou, neste pequeno lapso de tempo, que o tema estudado no mestrado se mantinha pertinente, mas agora, equipada com o arsenal heurístico marxiano, estava apta a dar continuidade a seus estudos e encorpá-los com reflexões mais densas e audaciosas.

Ainda assim relutou um pouco para tornar pública a sua pesquisa; constatou, felizmente, que não havia tanta novidade no acervo de títulos publicados na área de sua tematização e com valentia na dose exata revirou e questionou conceitos, noções e categorias teóricas que os autores antes comprometidos com a reforma agrária no Brasil e, portanto, na defesa dos pequenos agricultores, dos agricultores sem terra, ou com terras escassas, aderiram às recomendações dos organismos multilaterais, pregando os preceitos do modelo que fortalece e expande o agronegócio, possibilitando, assim, maior concentração de terras na já perversa estrutura fundiária brasileira.

O livro de Maria das Graças vem ocupar um espaço — no campo de teorização do Serviço Social — deixado em aberto desde 2001, com a publicação da obra de Marilda Villela Iamamoto, *Trabalho e indivíduo social*, sobre a produção do conhecimento, sob a ótica do pensamento histórico-sistemático em relação à realidade dos pequenos produtores e trabalhadores rurais no Brasil.

Essa lacuna, não por acaso, foi ocupada por uma vasta literatura, herdeira dos avanços do pensamento conservador que, ao se desprender da realidade social brasileira e mundial, tem como finalidade esconder e/ou omitir que o Brasil ainda tem, no setor primário da economia, um enorme contingente de trabalhadores que vivem da ocupação agrícola e em precárias condições de vida e trabalho.

O propósito de escamotear a miséria, a exploração e formas de escravidão do trabalho que persistem no campo são originários da subordinação econômica do Brasil em relação aos países capitalistas centrais. Para tanto, se faz necessário apagar os traços do atraso de um país que era conhecido como "essencialmente agrícola", de desmanchar as imagens dramáticas do universo rural brasileiro, externadas por Graciliano Ramos, João Cabral de Mello Neto e Eduardo Coutinho, sobre as vidas secas, as mortes severinas, "[os] cabras marcados para morrer", do massacre, entre outros, de Eldorado dos Carajás.

Maria das Graças descobre e denuncia com esse estudo que a literatura pesquisada por ela se apropriou, no melhor estilo dos intelectuais e burgueses do século XIX no Brasil, da prática da *volubilidade* — identificada por Machado de Assis — para metamorfosear o trabalho dos pequenos agricultores e trabalhadores rurais: destituiu-os da condição de criadores de valor para o capital e os transformou em mão de obra sobrante, sem sentido de existência. Portanto, público potencialmente alvo das esmolas institucionais distribuídas e irradiadas por todo país pelo governo central, na forma de "bolsa família".

Confirmando a tradição autoritária e arbitrária que permeia a história do desenvolvimento capitalista no Brasil e seus efeitos práticos, a análise de Carone sobre Brás Cubas decifra que na *volubilidade* há "(...) um elemento de complacência (...) bem como no virtuosismo retórico de que ela depende para se realizar" (Carone, 1989: 119). Tanto a literatura acadêmica quanto o Projeto "Novo Rural Brasileiro", formulado pelo governo que se volta para esses trabalhadores, se inspiram no velho expediente de transplantar experiências relativamente bem-sucedidas, nesse caso, a Europa, para o Brasil. No interior desse malabarismo teórico e político, omitem que as marcas do passado são indeléveis, não como determinismo histórico, mas como particularidade histórica.

O incentivo à prática da "agricultura familiar" que caracteriza o "Novo Rural Brasileiro", de acordo com Maria das Graças, vem acompanhado de falácias forjadas pelo Estado brasileiro, das quais a autora destaca a ênfase na "Reforma Agrária Negociada" e na "Reforma Agrária com Pouca Terra". Concepções que não só despolitizam e desmaterializam a luta pela reforma agrária, como, principalmente, transformam essa questão em um problema meramente técnico e com supostas soluções sempre verticalizadas.

Em síntese, Maria das Graças desvenda que *a reforma agrária à brasileira* nada mais é do que a expansão — sem os devidos suportes técnico e financeiro por parte do Estado — da "agricultura familiar". No afã pelo *status* de ser reconhecido como um país plenamente industrializado e sem o estigma do atraso atribuído à produção agrícola tradicional, contraditoriamente, a melhor forma encontrada foi recorrer ao que há de mais precário em termos de produção e reprodução social, o modelo que prevalecia nas formações sociais pré-capitalistas. Entre outros méritos, o livro de Maria das Graças atinge um público bem amplo e deve, obrigatoriamente, ser o "livro de cabeceira" dos movimentos sociais dos trabalhadores sem terra, dos pequenos agricultores, dos trabalhadores rurais, dos sindicatos e de outras organizações políticas das classes trabalhadoras em geral.

Maria Thereza C. G. de Menezes

LISTA DE SIGLAS

BIRD — Banco Interamericano de Desenvolvimento

CAGED — Cadastro Geral de Empregados e Desempregados

CEPAL — Comissão Econômica para a América Latina

CFCP — Crédito Fundiário de Combate à Pobreza Rural

CNA — Confederação Nacional da Agricultura

CNAE — Classificação Nacional de Atividades Econômicas

CONAB — Companhia Nacional de Abastecimento

CONSEA — Conselho Nacional de Segurança Alimentar

CONTAG — Confederação Nacional dos Trabalhadores da Agricultura

CPDA — Desenvolvimento, Agricultura e Sociedade

CPT — Comissão Pastoral da Terra

CTRIN — Comissão de Compras do Trigo nacional

DISET — Diretoria de Estudos e Políticas Setoriais

DTRIG — Departamento do Trigo

EMBRAPA — Empresa Brasileira de Pesquisas Agropecuárias

FAO — Organização das Nações Unidas Para a Agricultura

FAPERJ — Fundação de Amparo à Pesquisa do Estado do Rio de Janeiro

FETAGS — Federações Estaduais dos Trabalhadores da Agricultura

FGV — Fundação Getúlio Vargas

FMI — Fundo Monetário Internacional

GATT — General Agreement on Trade and Tariffs

IAA — Instituto do Açúcar e do Álcool

IBC — Instituto Brasileiro do Café

IBGE — Instituto Brasileiro de Geografia e Estatística
INCRA — Instituto Nacional de Colonização e Reforma Agrária
IPEA — Instituto de Pesquisa Econômica Aplicada
MDA — Ministério do Desenvolvimento Agrário
MERCOSUL — Mercado Comum dos Países do Cone Sul
MESA — Ministério Extraordinário de Segurança Alimentar e Combate à Fome
MP — Medidas Provisórias
MST — Movimento dos Trabalhadores Sem-Terra
NEAD — Núcleo de Estudos Agrários e Desenvolvimento
OAN — Ouvidoria Agrária Nacional
OCDE — Organização para Cooperação e Desenvolvimento Econômico
OIT — Organização Internacional do Trabalho
OMC — Organização Mundial do Comércio
ONG — Organização Não Governamental
ONU — Organização das Nações Unidas
PEA — População Economicamente Ativa
PIB — Produto Interno Bruto
PNAD — Pesquisa Nacional de Amostra Domiciliar
PNRA — Plano Nacional de Reforma Agrária
PNUD — Programa das Nações Unidas para o Desenvolvimento
PROCERA — Programa de Crédito Especial para a Reforma Agrária
PRONAF — Programa Nacional de Agricultura Familiar
PROPP — Pró-Reitoria de Projetos e Pesquisas
PUC-RJ — Pontifícia Universidade Católica do Rio de Janeiro
SPL — Sistemas Produtivos Locais
UFF — Universidade Federal Fluminense
UFRGS — Universidade Federal do Rio Grande do Sul
UFRJ — Universidade Federal do Rio de Janeiro
UNICAMP — Universidade Estadual de Campinas
UNTAC — Conferência das Nações Unidas sobre Comércio e Desenvolvimento
USP — Universidade de São Paulo

INTRODUÇÃO

O debate sobre a questão agrária no Brasil tem uma trajetória histórica de longas datas, tema, este, tratado por uma farta literatura e abordagens sob diferentes matrizes teóricas. Na sociedade contemporânea, precisamente a partir dos anos 90, com o advento das recentes transformações capitalistas emerge, no país — segundo autores representativos desse debate — um conjunto expressivo de mudanças nas interpretações sobre a racionalidade do padrão de desenvolvimento rural, resguardadas aí, as convergências e as divergências. Chama a atenção nessa literatura, as aparentes rupturas com as vertentes analíticas adotadas para a apreensão científica dos processos sociais agrários.

No início da década de 90 surge na literatura agrária um número significativo de estudos que trazem à tona reconfigurações sobre os parâmetros de análise acerca do padrão de reforma agrária consubstanciados no projeto "Novo Rural Brasileiro".[1] Este estudo não se detém na exploração deste projeto, no entanto, se constitui um instrumento

---

1. Silva, José Graziano da. Coleção Pesquisas. O Novo Rural Brasileiro. Campinas, São Paulo: UNICAMP, 1999. Expressão empregada pelo governo Fernando Henrique Cardoso para denominar seu programa de reforma agrária. Salvo as diferenças teóricas, outros autores discutem o "novo rural", como Eli da Veiga, Zander Navarro, Ricardo Abramovay, como veremos a seguir. Graziano da Silva foi Ministro Extraordinário de Segurança Alimentar e Combate à Fome no Governo Luís Inácio Lula da Silva, no período 2003/4 e um dos autores do Programa "Fome

fundamental às reflexões desenvolvidas nesta pesquisa sobre o desenvolvimento da pequena agricultura no âmbito das transformações capitalistas, com ênfase nas mudanças no mundo do trabalho, da produção e da reprodução social. A maioria das pesquisas consultadas faz alusões às prerrogativas desse projeto, evocam mudanças expressivas na concepção do padrão de desenvolvimento da agricultura, em especial, a familiar, nos moldes científicos que balizaram o conhecimento da dinâmica rural até final dos anos 80, redefinindo importantes balizas teóricas e práticas até então aceitas. Essas reorientações "paradigmáticas" se apoiam no ideário do novo modelo de desenvolvimento agrário com base na seguinte tese: "o meio rural brasileiro não pode mais ser caracterizado como essencialmente agrícola, (...) apenas como o conjunto das atividades agropecuárias e agroindustriais".[2] Essas proposições acenam às novas clivagens interpretativas sobre a lógica do mundo rural, exigindo estudos que ajudem a desvendar essa racionalidade, tomando por base as expressões das transformações do capitalismo contemporâneo, comandadas pela reestruturação produtiva, no sentido de identificar as novas manifestações da questão social, suas dimensões no mundo da produção e da reprodução social.

Essas redefinições são forjadas nessas transformações societárias e têm expressões nos espaços rurais, apresentando desafios consideráveis para as análises sociais, face às complexidades edificadas pelas alterações da política macroeconômica. Seguindo as determinações do governo brasileiro, em sintonia com os organismos internacionais, os pactos chamados "Consenso de Washington" efetivado nos anos de 1990, centrado nas estratégias de estabilidade macroeconômica e liberalização dos mercados. O "Pós-Consenso de Washington", em 2002 — e o "Consenso de Brasília" em 2004; em especial, o segundo acordo, sugerem uma "nova hierarquia" na concepção teórico-prática sobre o papel das políticas econômicas e sociais, com prioridade no campo social, políticas essas aprofundadas pelo governo atual. No âmbito

---

Zero", hoje, "Bolsa Família", o qual unificou todos os programas de transferência de renda do governo federal.

2. Idem, Ibidem, p. 28-30.

econômico, o governo brasileiro cria novas formas de regulação em setores da economia a partir de 1999, com reflexos na agricultura, dentre elas "(...) a desvalorização cambial e políticas externas (...)".[3] Orientações que afetam as relações sociais de produção, bem como promovem alterações nos âmbitos institucionais — burocráticos, nos níveis nacionais, regionais, municipais. Nesse contexto, destaca-se a desregulamentação do papel do Estado em setores da economia diante da abertura das relações econômicas dos mercados ao comércio internacional e o aumento da competitividade; constituem processos determinados pelas imposições da "mundialização do capital", nos termos de Chesnais (1996), acenam para o surgimento de outros traços ainda tratados de forma superficial no referido debate, cujas redefinições aparecem pouco priorizadas, tais como: as mudanças no mundo do trabalho agrícola e as reconfigurações da discussão sobre o aumento expressivo das atividades não agrícolas em detrimento das atividades centradas na produção agrícola, em especial, de alimentos. Destaca-se, também, a subtração das novas expressões das formas sociais do trabalho e as recentes alterações/substituições — analisadas por Kageyama — quanto às origens das rendas rurais, antes provenientes do trabalho, hoje originadas especialmente dos programas sociais do governo federal, tema de interesse desta investigação.

O que se observa é que tais processos sociais resultam em acirramentos das tendências de "proletarização",[4] "subproletarização" dos trabalhadores da cidade e do campo, questões que passam "despercebidas". Estes focos são observados diante dos impactos dos avanços das forças produtivas sobre a reprodução da força de trabalho,

---

3. Relatório do Instituto de Pesquisa Econômica Aplicada (IPEA — DISET) "Desempenho e Crescimento do Agronegócio no Brasil": Síntese dos Fatores Explicativos (resumo executivo). GASQUES, José Garcia et al. Brasília, jan. 2004, p. 5.

4. Categorias aqui entendidas no sentido marxiano e marxista como segmentos de trabalhadores assalariados, pobres, que nesse contexto histórico engrossam as filas dos desempregados expulsos do campo e da cidade, que formam massas empobrecidas, desintegradas e exploradas pelo sistema do capital. Marx, Karl. *O Capital*, Crítica da Economia Política. Livro I: O Processo de Produção Capitalista. Cap. XXIII v. II, Rio de Janeiro: Civilização Brasileira, 1971. Bottomore, T. *Dicionário do Pensamento Marxista*. Rio de Janeiro: Zahar, 2001.

que tem como uma de suas maiores expressões o fenômeno da pro-letarização, fato se acirrando em nossa sociedade, onde as condições de trabalho nas áreas urbanas e rurais encontram-se secularmente aviltadas.

No intuito não apenas de compreender os fenômenos, este estudo procura desvendar o significado social desses novos imperativos do capitalismo contemporâneo, as suas expressões no mundo do trabalho, frente à reconfiguração das relações sociais de produção, capitaneadas nesse ciclo de reprodução, dando ênfase às condições de viabilidade da agricultura familiar e dos trabalhadores inseridos nesse ramo da produção. Munida dessas condições, adentrei, na essência dessas transformações do sistema, frente à reestruturação produtiva, nos aspectos que afetam o mundo do trabalho, da produção e da reprodu-ção social no âmbito da pequena produção agrícola.

A pesquisa mostra que o "novo" padrão de reforma agrária pro-jetado pelos governos entre 1990-2002, de Fernando Henrique Cardo-so e parte do governo de Luiz Inácio Lula da Silva preconizado no projeto de modernização do setor rural chamado "Novo Rural Brasi-leiro", em seus princípios, mostra-se insuficiente para a apreensão das tendências do atual padrão de sociabilidade no setor rural, fruto des-sas transformações econômicas. As simplificações das análises em torno do significado social dessas mudanças relativas às alterações no mundo do trabalho, da produção e da reprodução social em áreas rurais, reduzem os efeitos dos incessantes artifícios do capitalismo contemporâneo. Na busca para explicação desses fenômenos identifi-cados em parte expressiva nas publicações sobre o tema, aos quais recorri em busca da explicação da dinâmica agrária e agrícola, são frequentes os conceitos que enfatizam, como: "agrodiversidades", "multissetorialidade" "multidimensionalidade"[5] "espaços", "territó-

_____

5. Essas categorias são interpretadas, com diferenças, por Graziano da Silva, Eli da Veiga e Zander Navarro, para explicar que a agricultura não tem mais por centralidade a produção agrícola, daí a multissetorialidade da produção, bem como a expansão do setor de serviços, a integração rural-urbana. Encontra-se também na política de desenvolvimento rural para expan-são da agricultura familiar de mercado proposta pelo governo Fernando Henrique Cardoso.

rios" "redução de distâncias entre o rural e o urbano". A rigor, sob essa perspectiva presume-se que a substituição da concepção da realidade rural enquanto "processos sociais agrários" leva a reducionismos sobre a compreensão da realidade rural, antes explicada por noções mais amplas acerca dos fenômenos rurais, tais como: "propriedade da terra", "estrutura fundiária", concentração da terra, "desapropriação", "contradições cidade-campo". Estes parâmetros teóricos adotados até final dos anos 80, eram a meu ver, mais apropriados à leitura da realidade rural. Hoje, essas noções são substituídas, no limite, por conceitos considerados mais adequados para explicar a complexidade do mundo contemporâneo.[6]

Sob essa perspectiva teórica, as mudanças são vistas não como resultado das transformações do capital no setor agrário, mas sim, como novas expressões operadas por mudanças significativas nas formas de regulação das políticas agrárias e agrícolas, o qual opera mudanças significativas nas formas de regulação das políticas agrárias e agrícolas, que, resguardados os limites, eram centralizadas nas ações do Estado, com vistas à desapropriação e redistribuição de terras para a reforma agrária, incluindo as políticas de crédito, subsídios e apoios específicos aos processos de produção dos pequenos produtores rurais. Esses recursos se submetem hoje às formas de regulação ditadas pelo setor privado e as organizações não governamentais, em parceria com o Estado e os organismos multilaterais que efetivam os *negócios* da reforma agrária. Assim, com respaldo vigoroso do setor público, tal como ocorre em todos os setores da economia, a política agrícola/agrária também faz parte do jogo do mercado. Essa dinâmica favorece a expansão tecnológica no setor rural, resultando, daí, um incremento do "capital constante", pela ampliação do comércio de compra e venda de meios de produção, tendo como contrapartida, no processo de produção a redução do "capital variável", a força de trabalho, ou o

---

"Agricultura Familiar, Reforma Agrária e Desenvolvimento Local para um Novo Mundo Rural". NEAD, Brasília, s/d (Mimeo).

6. Refiro-me, salvo diferenças, a José Graziano da Silva, José Eli da Veiga, Ricardo Abramovay, dentre outros.

"*trabalho vivo*" e a expansão do "trabalho morto".[7] Sob o ângulo da organização social e política do trabalho, essas relações sociais de produção caminham na direção de uma expressiva desmobilização social e despolitização contra a reforma agrária. No contexto das políticas neoliberais, a novidade mais central é que a reforma agrária adquire condição de uma política pública com "caráter mais social",[8] descartada da dimensão econômica. Ou seja, a arquitetura dessa política é viabilizada, também, pelo setor privado, sendo que na versão oficial, passa a compor o rol das políticas de recorte social, metamorfoseada nos programas assistencialistas e compensatórios, especialmente pelo "Programa Bolsa Família", conforme as regras oficiais das agências financeiras internacionais de regulação dessa "nova" economia de mercado que determina a "(...) aplicação de recursos na área social via fortalecimento da política de focalização".[9]

Essas mudanças incidem não apenas nos processos produtivos e nas formas sociais do trabalho, mas nos meios de regulamentação das estruturas burocráticas formal, pública e privada. As bases de fundamentação dessas premissas têm como centralidade as já citadas "pluriatividade" e a "multissetorialidade" — que dão significado aos novos

7. Termos segundo a definição marxiana de "composição orgânica do capital". Marx, K. *O Capital*. Livro I: O Processo de Produção Capitalista. v. II. Crítica da Economia Política. 2. ed. Trad. Reginaldo Sant'Anna, São Paulo: Civilização Brasileira, 1971. p. 712-14. Ver também Capítulo VI Inédito de O Capital. São Paulo: Moraes, 1969.

8. O governo Fernando Henrique e o governo Luiz Inácio Lula da Silva destacam a esfera "social" como eixo do desenvolvimento, consagrado nos programas de governo. Afirmam a distribuição da renda e da riqueza como esferas voltadas à transformação da produção e ampliação do consumo de massas e o incremento da proteção social — conforme os programas, "Comunidade Solidária", "Fome Zero", unificados no programa "Bolsa Família", — em detrimento dos avanços da pequena produção, como meios de enfrentamento da pobreza. Essa premissa é reafirmada por Silva (1999) ao dizer que, "(...) para a pequena produção, a reforma agrária deve ter um 'cunho social'(...)". Ver também MERCADANTE Aluizio. "Diretrizes do programa de governo do PT". Disponível em: <http://www.sp4br804.digiweb.psi.br/artigos>. Acesso em: jan. 2004. "Carta do governo ao FMI". Disponível em: www.fazenda.gov.br. Acesso em: jan. 2004.

9. Relatório As Ideias do Banco Mundial e o Futuro do Brasil. "Boletim Periscópio". O que há de novidade no chamado Pós-Consenso de Washington e nas agendas do Banco Mundial? Fundação Perseu Abramo. Ed. n. 28 agosto de 2003. Disponível em: <http://geografiaeconjuntura.sites.uol.com.br/brasil>. Acesso em: 22 ago. 2004.

processos de produção, de organização e reorganização social do trabalho na agricultura. Essa "contra-reforma agrária" é veiculada nos projetos "Novo Rural Brasileiro"[10] e "Rurbano", fomentados nos governos Fernando Henrique e Lula da Silva. Em termos concretos, essas abordagens[11] deixam pouco claras as tendências contemporâneas da realidade rural brasileira. Predominam em parte expressiva da literatura pesquisada o viés da naturalização e da desmaterialização da "subsunção do trabalho ao capital". Neste sentido, resgatei a importância da produção como esfera de objetivação humana, bem como apreendi com maior aproximação do real as novas expressões sociais que perpassam as relações sociais de produção no campo, hoje deslocadas para novas bases, "não materiais", articuladas com outras esferas não produtivas. Na bibliografia pesquisada, esses fatores são percebidos nos níveis restritos da produção, gerando um reducionismo na explicação da realidade.

Neste sentido, os fenômenos sociais, se subsumidos à esfera da produção, quando dissociados das dimensões econômicas, deixam obscuras as expressões da "questão social" brasileira, nas esferas da produção e da reprodução social. As imposições dessa nova divisão social do trabalho determinadas pelos mercados, nacional e internacional, demandadas pela mundialização do capital com predominância no setor financeiro influenciam as novas bases da organização do trabalho e da produção. Esses patamares fornecem o terreno e as bases para a construção do ideário de "crise"[12] da produção, presente em boa parte dos debates sobre a realidade rural-urbana no Brasil contemporâneo.

Nesse contexto de "crise" do padrão produtivista no Brasil, vão ocorrer alterações no mundo da produção impulsionando os pequenos produtores rurais, diante desses processos, à busca de alternativas,

---

10. Ver Silva, 1999. *O Novo Rural Brasileiro*. Esta expressão é também empregada pelo governo Fernando Henrique Cardoso para denominar seu Programa de Reforma Agrária.

11. Refiro-me às formulações de Graziano da Silva, Otávio Balsadi e Eli da Veiga.

12. Estas aspas na palavra "crise" são para chamar a atenção à crítica que faço ao seu uso, e aos desdobramentos teóricos que assumem os estudos, como desenvolvo a seguir.

como sua inserção quase compulsória às políticas públicas de recorte social, de caráter compensatório e assistencialista, implementadas pelo Governo Federal nas quase duas décadas. Essas medidas são constitutivas das agendas governamentais, como meios de enfrentamento da pobreza e das desigualdades sociais, delineando uma suposta nova dinâmica econômica e social, tais como a reconstrução das formas de rendimento do trabalho e da reprodução social, consolidando, assim, a versão atual da "nova" reforma agrária à brasileira.

Do ponto de vista teórico, a teoria social marxiana e marxista constitui o aporte de sustentação deste estudo, enquanto um arsenal heurístico, capaz de elucidar a lógica das relações sociais de produção capitalista, em meio às revisões de regulamentação institucional preconizadas pelo padrão neoliberal.

A ultrapassagem da apreensão simplista e reducionista sobre a funcionalidade da produção à ordem do capital que nos referimos anteriormente só é possível, à luz do exame crítico ou histórico-sistemático das interrelações das esferas econômicas, sociais e políticas de produção, reprodução e regulamentação da vida social. Esta opção teórica é a única capaz de desfazer a naturalização dos sentidos dessas transformações em curso. Vale dizer que o trabalho, em seus processos de organização política e em suas reconfigurações sociais, conforma os ângulos essenciais que priorizei para a apreensão das múltiplas determinações da realidade e as tendências desse padrão de sociabilidade imposto pela "mundialização do capital" e pelo projeto societário neoliberal.

A noção de trabalho agrícola é aqui abordada na perspectiva das teorizações de Marx, leia-se "(...) no processo de produção (...) o trabalho é fruto das relações sociais de produção, mas, sobretudo, relações entre classes".[13] As pesquisas consultadas não exploram esse viés analítico. Em outros termos, não discutem o "trabalho" como uma mediação fundamental para a apreensão das outras determinações daí

---

13. Marx, Karl. Capítulo VI Inédito de *O Capital*. Resultados do Processo de Produção Imediata. São Paulo: Editora Moraes, 1969, p. 24.

emanadas, os processos de "produção e de reprodução social". Constata-se, por outro lado, que as repercussões dos ajustes estruturais ocorrem de forma absolutamente diferenciadas nas sociedades capitalistas avançadas e naquelas em desenvolvimento, como o Brasil, e não atingem apenas o setor industrial, mas, também, o setor primário.

A expressão "processos sociais agrários", no atual padrão de desenvolvimento rural, é secundarizada enquanto base analítica para a explicação da realidade. Em seu lugar emergem, além das categorias antes sinalizadas, no campo da produção acadêmica, a ideia da expansão das atividades não agrícolas em detrimento das atividades na produção agrícola e do trabalho nesse setor. Tipos de produção,[14] e uma revisão de categorias teóricas que servem ao falseamento dos sentidos das reais relações sociais. Entram em cena concepções calcadas em microdimensões como "família", "indivíduos", "espaços locais", "territoriais" etc., as quais reforçam a ideologia de fragmentação contida no ideário neoliberal. Dizendo de outro modo, o trabalho na agricultura, nas formas que contemplavam a perspectiva de análise "progressista" que servia para apreender a realidade rural brasileira, se transmutou em favorecimento aos interesses desse suposto "novo padrão de produção e reprodução" capitalista mostrado nos recentes estudos. Se isso for verdade, pode-se afirmar que as reestruturações das bases técnicas da produção e das formas sociais do trabalho advindas dessas transformações eclodem como sustentação e justificativa à chamada "crise do modelo produtivista".

Ainda que certas pesquisas destaquem a ideia de "diversificação das atividades produtivas" como uma das importantes inovações do setor agrário, esta forma de apreensão não constitui o ponto de partida deste estudo. Entendo que pensar a realidade observando-a apenas sob o ângulo da produção é insuficiente para explicar essas metamorfoses econômicas e sociopolíticas. Por isso procurei destacar que, no sistema do capital, essa lógica das relações sociais de produção decorre

---

14. Refiro-me principalmente à produção em setores não agrícolas, como cultivo de flores, criação de peixes e de pequenos animais, artesanato, incluindo também atividades/empregos no setor de serviços.

não só pelos avanços das forças produtivas e tecnológicas, mas implica nas inter-relações entre a produção, o trabalho e as formas de subsunção deste ao capital. Em outras palavras, implica examinarmos os sentidos dos rearranjos institucionais e da reconfiguração da regulação das relações sociais de produção como um todo, uma totalidade indissociável, temas que nos ocuparemos no capítulo 2.

A produção destaca-se como um parâmetro objetivo importante para a compreensão da dinâmica social e das formas sociais de organização do trabalho, na visão de Kameyama:

> (...) a "crise" do trabalho deve ser compreendida como um fenômeno social que surge no marco da totalidade social, e não como fenômeno isolado em si mesmo, mas emerge como resposta às determinações concretas do processo de mundialização do capital.[15]

Em síntese, essas mudanças resultam da ofensiva contemporânea do capital que incide na divisão nacional e internacional do trabalho, em seus arranjos jurídicos e políticos na recuperação de seus interesses, frutos da reestruturação produtiva. Outra determinação que merece destaque é que esses imperativos econômicos e sociais caminham na direção da negação da centralidade do trabalho e de certos ramos da produção agrícola, arquitetadas num processo disfarçado, tornando esses fatos desimportantes aos interesses da ordem burguesa, o que na verdade significa a busca de novas formas de (re)apropriação e recuperação dos lucros e da extração de mais-valia, em tempos de crise do sistema do capital.

Dessa forma, duas razões chamaram a minha atenção em certas interpretações da realidade agrária contemporânea: a primeira diz respeito à ruptura com alguns fundamentos teóricos e práticos que historicamente explicaram os processos sociais agrários, como o importante papel que desempenhou a pequena agricultura na sociedade brasileira, até o início dos anos 1990. Fato este que acena para essas

---

15. Kameyama, Nobuco. "Direito ao Trabalho ou Abolição do Sistema Assalariado". *Revista O Social em Questão* (PUC-RJ), 1995. p. 2. (Grifos do original)

alterações sobre a apreensão da lógica das relações sociais de produção, bem como do papel do Estado como principal formulador e regulador de políticas públicas agrárias e agrícolas. A segunda, de caráter mais explícito — salvo equívocos, ressalvadas aí, as convergências e as divergências de reinterpretações na literatura mais representativa, o debate agrário no Brasil guarda polêmicas, cuja manobras semânticas podem ser observadas mediante elaborações de estudiosos renomados[16] como veremos a seguir.

À luz dessas prospecções, cabe sinalizar que os desmontes do mundo do trabalho rural revelam dois paradoxos: o primeiro deles se refere, por um lado, à revalorização revestida de desvalorização em relação a certos tipos de produção, como é o caso da reclassificação de produtores.[17] Os efeitos gerados a partir dessa manobra semântica, nos níveis de produção de mercadorias, no âmbito de segmentos de pequeno produtor rural se transmutaram para a "agricultura familiar". O segundo diz respeito à emergência das novas formas sociais de trabalho, ressurgidas dessa revisão conceitual e teórica. O problema é que nessas combinações não ficam claras as relações entre essas estratégias e a ideia de autonomização dos processos de trabalho. Ora, como combinar trabalho e autonomia nessa lógica? Quando se sabe que, na ordem do capital, essa combinação tem por lógica levar muito mais à segregação ou à pulverização, não só do trabalho como da produção e dos produtores, e não o contrário. Essa dinâmica é uma tentativa para expressar que existem "novas" formas sociais de organização da produção e do trabalho, e não expressão de autonomia, questões pouco claras no discurso oficial e parte expressiva da literatura.

Portanto, essa revisão conceitual faz parte da condição histórica das leis capitalistas em tempos de reestruturação produtiva: a criação

---

16. Refiro-me a estudos de Graziano da Silva, como Tecnologia e Agricultura Familiar, 1999, e José de Souza Martins, *Os Camponeses e a Política no Brasil*, 1981.

17. Ver o modelo definido no PRONAF — Programa Nacional de Fortalecimento da Agricultura Familiar, para caracterizar a agricultura patronal e a familiar, segundo os números e o tamanho, em hectares, dos estabelecimentos. PRONAF — Programa Nacional de Agricultura Familiar Ministério da Agricultura e do Abastecimento, Brasília, outubro de 1996.

e a recriação de relações de produção e de trabalho. Daí, a busca incessante desse sistema em "revolucionar" as forças produtivas, além das
metamorfoses que se submete o mundo do trabalho às formas, numa
versão naturalizada e reificada.

Esses fenômenos contemporâneos, além do deslocamento da
centralidade do trabalho na análise da produção agrícola e o incentivo
à exploração de outras atividades não agrícolas, presumem a expansão
do setor de serviços que, num exame mais acurado, denota o sentido
da relação orgânica que mantém esses processos, nos termos ensinados
por Marx, entre as esferas da distribuição, da troca (circulação) e do
consumo, como componentes da cadeia econômica, cristalizadas agora, nos marcos da globalização financeira. Esses fatores forjam as alterações tanto nas bases objetivas, materiais, quanto nas dimensões
superestruturais: políticas, ideológicas, culturais, que assumem particularidades históricas, nos países centrais e periféricos.

O que constata é que esse reformismo agrário que vigorou até os
anos 90, sugere uma redefinição na hierarquização da agricultura em
dois ramos, definidos no governo Fernando Henrique Cardoso, como
a "agricultura patronal e a agricultura familiar". Essa distinção denota não apenas uma separação de caráter burocrático — formal da
produção, mas não consegue apagar o viés de classes sociais na divisão
da propriedade.

O fato de parte expressiva de essas pesquisas tomarem as mudanças centradas na esfera da produção atribuindo maior relevância às
relações homem-natureza, ao considerarem o homem na simples condição de produtor de objetos para suprir necessidades imediatas,
pouco evoluem na análise das metamorfoses dos processos históricos,
sociopolíticos afetos à sociedade de classes. Com isso, abnegam a importância das "relações dos homens entre si" como fundamento teórico da maior importância no exame desses avanços que determinam
a constituição — para usar os termos de Lukács (1981) — do homem
como ser social, base de significação da dimensão política e das relações
entre classes sociais. O desprezo desses aspectos subtrai as potencialidades de apreensão das relações sociais de produção, da luta de

classes e de valorização dos imperativos capitalistas — mascara a lógica entre os avanços tecnológicos e seus impactos sobre o mundo do trabalho. As diferenças desses interesses camuflam certas expressões singulares dessas complexidades inerentes à *produção e à reprodução social*, cujos fundamentos são constitutivos das "relações dos homens entre si" (Lukács, 1981).

Neste sentido, a "produção e a reprodução social" tornam-se campos analíticos, *par excellence* neste estudo, no qual interagem, além das relações "homem-natureza", também as "relações sociais entre os homens", traduzidas nas condições objetivas e subjetivas ou nas relações orgânicas e inorgânicas, seguindo aqui o rastro teórico das formulações de Lukács.[18]

Por sua vez, cabe dizer que essas supostas reformas não se limitam ao âmbito nacional, mas, — resguardadas as condições e particularidades históricas dos países —, apoiam-se também nas reformas operadas pelas sociedades avançadas que, desde o final do século XX, vêm promovendo alterações em três das mais importantes instâncias de regulação da lógica de funcionamento da sociedade, quais sejam: a) as formas de regulação das relações sociais nas sociedades; b) os moldes de intervenção do Estado em suas relações com a sociedade civil; c) a economia de mercado e a agricultura.[19]

Nos anos 1990, esse projeto de reconstrução do "novo mundo rural" apresenta, de certa forma, similaridades quanto à lógica no centro e na periferia, em alguns aspectos. Pesquisas internacionais

---

18. Apoiamo-nos nas formulações de Lukács, segundo seus dois mais importantes estudos: o "Trabalho" e a "Reprodução". Lukács, Georg. A "Reprodução". Tradução de Sérgio Afrânio Lessa Filho. La riproduzione, cap. II do v. II de *Per l'ontologia dell'essere sociale*. 1. ed. Versão italiana de Alberto Scarponi, a partir de cópia datilografada da redação em alemão, preparada por Ferenc Bródy e Gábor Révai e revista por G. Lukács. Roma: Editori Riunit, 1981, p. I-XVII. O segundo estudo, também de Lukács, intitulado "O Trabalho", traduzido igualmente por Lessa, em versão mimeo. Neste, procuramos compreender o significado do trabalho como dimensão teleológica e social em suas expressões ontológicas, bem como o trabalho enquanto modelo de práxis social, buscando entender como se dá a transformação do ser orgânico em ser social. p. 1-50.

19. Neto, Arlindo Porto. A política agrícola e a globalização. *Revista de Política Agrícola*. Brasília, Ano V, n. 4 , p. 5-7, Seção II, out./nov./dez. 1996.

mostram como essas alterações ocorrem no papel da agricultura nos países centrais, como defendidas segundo a tese de que "a agricultura não é pensada (...) como uma atividade de produção, mas como uma atividade gestora da natureza".[20]

Países europeus — como a França, Bélgica e Portugal — sedimentam mudanças nas concepções teórica e prática relativas às "rupturas com o modelo produtivista" na agricultura, e dão relevância especial à estratégia teórica de eliminação de distâncias na concepção espacial entre o que é urbano e o que é rural.[21]

Dentre outras preocupações destaca-se que a concepção de "ruralidade" é similar às orientações da OCDE — Organização para Cooperação e Desenvolvimento Econômico no que concerne à relação entre o rural e o urbano e a discussão sobre as dimensões macroterritoriais, que incluem, igualmente, os temas relativos à conservação do "patrimônio natural" e o "meio ambiente" etc. Esses argumentos vão fundamentar e servir de justificativas ao debate sobre o "esgotamento do modelo produtivista" nessas sociedades.

Essas abordagens confirmam o que dissemos antes sobre a concepção de relações sociais de produção em que as bases não materiais subestimam e se superpõem a importância da produção. Essas são afirmadas nas entrelinhas do novo padrão de desenvolvimento o qual prioriza a expansão do modelo "distributivista", calcado em objetos como proventos, benefícios, e menos em certos tipos de produção. Semelhantes tendências são também observadas no Brasil, em que os fatos acenam para uma relativa desimportância do trabalho e da produção, portanto, dimensões econômicas que, ao contrário, devem ser realçadas neste debate. Outro problema é a transfiguração de certos

---

20. Mathieu, Nicole. A noção de rural e as relações cidade/campo na França: os anos noventa. In: *Vers Um Rural PostIndustriel*. Rural et environnement dans huit pays européens. Paris: Éditions L'Hartmattan, 1997, p. 5.

21. Refiro-me a estudos relativos a temas como: "Especificidades rurais", "Renascimento de uma Ruralidade Pós-Industrial", "Reinventar o rural para o desenvolvimento", sobre realidades de países como França, Bélgica, Grã-Bretanha e Portugal. Trata-se da coletânea de textos organizados por Marcel Jolliver. In: *Vers Um Rural PostIndustriel*. Rural et Environnement dans huit pays européens. Paris: Éditions L'Hartmattan. rue de L'École — Polytechnique. 1997. p. 5-7.

alicerces científicos de cunho mais romântico, às vezes até superdimensionados e fincados em bases teóricas de matriz culturalista que intentam negar a centralidade da produção, especialmente a de alimentos, como mostra Mathieu.[22] Se isso se confirma, aqui reside o real sentido da desimportância desse setor — a produção e o trabalho —, num explícito favorecimento de temas tão em moda na "sociedade contemporânea", que se encarregam de desviar ou eliminar a centralidade do trabalho e de certos tipos de produção e propriedade substituídos por bases abstratas. Categorias teóricas não mais centrais na racionalidade rural hodierna onde a apreensão da questão agrária não só dá lugar como se fundamenta em "novas" referências teóricas, diga-se, de viés mais conservador, de essência abstrata e naturalizada, tais como "natureza", "território", "família", "patrimônio", "cultura" etc.

Esse projeto mostra-se polêmico e polarizado, merecendo distinções nas acepções dessas realidades tão distintas ("centro" e "periferia") de difícil e quase impossível comparação entre os padrões de desenvolvimento rural e de produção. Um desses obstáculos pode ser a comparação do modelo agrícola dito "pós-produtivista", propagado nos países centrais, com a realidade brasileira, pois instiga, obrigatoriamente, colocar em xeque a função da produção agrícola de alimentos, como base que naqueles países tem expressiva importância ao bem-estar da população, resguardadas as diferenças e peculiaridades dos padrões agrários escolhidos.[23]

---

22. Nas palavras de Mathieu (1997): "(...) malgrado os esforços de promoção de uma 'agricultura camponesa' em ruptura com o modelo produtivista e que garanta uma gestão respeitosa da natureza do consumidor e da qualidade de uma profissão, a representação dominante do peso fraco da agricultura na nova ruralidade conduz a uma indiferença crescente pelos problemas econômicos dos agricultores, empurra o sindicalismo majoritário a procurar 'novas ideias para a agricultura'. (...) Pouco a pouco, a legitimidade da agricultura se define, não por sua função alimentar, mas por sua capacidade em gerar uma paisagem, um meio natural, um território, quer dizer, o campo da ruralidade" (grifos do original).

23. Maiores aprofundamentos teóricos sobre a noção de "espaço", "nova ruralidade" e as relações entre o urbano e o rural, ver o referido autor que citando Bontron (1994); Hervieu e Viard (1997), amplia outras discussões sobre os particularismos e singularidades do desenvolvimento nesses países, com ênfase nas diferenças locais, regionais, calcados nas noções de aproximação, ou eliminação de distâncias. (A noção de rural e as relações cidade/campo na França: anos 1990. Diretora de pesquisas do CNRS, UMR LADYYSS. Sous La direction de Marcel Jollivet. In: Vers.

É fato que a maioria dos países do então chamado primeiro mundo decidiu fomentar o desenvolvimento da agricultura familiar no início do século XX.[24] A diferença é que, nesses países, tais mudanças ocorreram em função de um fenômeno absolutamente particular e relevante: "a necessidade de ampliar a oferta de alimentos a preços baixos; essa foi a razão adotada por aqueles países em busca da (...) expansão da produção agrícola através de um ritmo de progresso tecnológico sem precedentes".[25]

Entretanto, as condições históricas em que ocorrem essas reformas no "centro" nem sempre podem ser exequíveis de forma homogênea nos diferentes países, diante das particularidades históricas de cada país desenvolvido e os de "economias emergentes" como o Brasil. Aliadas a esses aspectos, existem as clivagens teóricas quanto ao que é "urbano" e o que é "rural", que merecem atenção, cujas concepções são reconceituadas nas noções de territórios, "espaços" ou recomposições 'socioespaciais'.[26] As semelhanças disso com o caso brasileiro colocam outros termos e desafios analíticos. O primeiro deles é saber se nesses países "(...) as duas formas fundamentais de produção — a patronal e a familiar — se equivalem em termos de eficiência técnica"[27] e, contaram com total apoio do Estado quando do advento do capitalismo industrial, pois no Brasil aconteceu o contrário. No auge do desenvolvimento industrial, o vigoroso apoio ao modelo "produtivis-

---

Un rural postIndustriel: rural et environnement dans huit pays européens. Paris: Éditions L'Harmattan, 1997, p. 5 (grifos do original).

24. Veiga, José Eli da. Fundamentos do Agrorreformismo. In: Stèdille, João Pedro (Org.). *A questão agrária hoje*. (Org.) João Pedro Stédille. Porto Alegre: Editora da UFRGS, 1994, p. 75-7.

25. Idem, p. 77.

26. Mathieu, Nicole. A noção de rural e as relações cidade/campo na França: os anos 90. Este é um dos estudos de autores europeus cujas reflexões tratam das novas tendências do desenvolvimento agrário na França, no qual a autora mostra os fundamentos da noção de "nova ruralidade" cuja categoria vem orientando as interpretações quanto a um desvínculo da noção de rural com atividades agrícolas, a ênfase às noções de "espaço". Como se percebe, esses fundamentos parecem exercer fortes influências às tendências que vêm se redesenhando quanto à noção sobre o setor rural na sociedade; de fato, são difíceis tais comparações entre sociedades de industrialização completas para países não totalmente industrializados.

27. Veiga, José Eli. Op. cit., p. 90.

ta" agrícola ocorreu em detrimento da "redistribuição" efetiva das terras — fruto da aliança conservadora entre as elites capitalistas industriais, financeiras e agrárias, — que optaram por reeditar certas bases do padrão "reformista-conservador" de uma pseudo reforma agrária.

Reportando-nos à realidade de países desenvolvidos — no caso, Estados Unidos, países do continente europeu e Japão —, vê-se que as políticas protecionistas são ancoradas em fortes "(...) subsídios às exportações e preços domésticos acima da paridade internacional".[28] Já no caso do Brasil, a extração de excedentes da agricultura para financiar a indústria e as políticas de crédito rural constituíram as bases centrais de sustentação das transformações econômicas e sociais, as quais submetem o setor agrário à racionalidade comercial imposta pelos mercados internacionais.

Há outras diferenças substanciais para pensar sobre as particularidades econômicas brasileiras no que concerne tanto às condições na efetividade quanto à natureza das políticas de "inclusão social". Isso nos remete às peculiaridades dos processos de industrialização e de urbanização no Brasil, como se sabe, absolutamente diferentes daqueles países, no que concerne à concepção de reforma agrária como uma das demandas importantes no desenvolvimento das forças produtivas no setor agrícola. Esses limites acabaram por definir um desenvolvimento agrário, até análogo, em certos aspectos, com a "Via Prussiana" pensada nos termos de Lênin e de Caio Prado. Essa via capitalista comporta particularidades teóricas e praticas, por exemplo, ao consolidar um modelo "pelo alto", voltado muito mais ao desenvolvimento da grande produção, modelo hoje mais conhecido como "agronegócio", como veremos nos capítulos 3 e 4 a seguir.

Em seus propósitos, esse padrão agrário atende com maior ênfase aos interesses capitalistas do agronegócio, haja vista o emprego expressivo dos meios de produção e de produtividade com o uso de tecnologias avançadas na agricultura de transformação, redesenhan-

---

28. Neto, Arlindo Porto. Op. cit., p. 6.

do as formas de apropriação e de exploração do trabalho. Igualmente, reinventam velhas práticas com a introdução de novas formas de produção e do trabalho, irradiando os interesses dessa "nova economia" que agrega aqueles setores com potenciais mais condizentes com as exigências postas pelo sistema capitalista financeiro. Em razão disso, incorporam os novos segmentos econômicos mais capazes de potencializar, de maneira mais rápida, o aumento das exportações de matérias-primas com vistas também à "aquisição de divisas", destinadas à garantia de pagamentos da dívida externa do país e à expansão dos lucros, através da ampliação do "capital constante" no setor agrário através da venda de bens duráveis: máquinas, insumos, equipamentos, inclusive meios eletroeletrônicos e de informática.

Os avanços tecnológicos operam na ampliação dos processos de expropriação ou de exclusão da força de trabalho — "capital variável" — e se faz mediante a redução ponderável do trabalho, podendo também reeditar, criar ou recriar formas precarizadas de trabalho com reflexos diferentes entre os trabalhadores urbanos e rurais. Entretanto, além dos avanços tecnológicos, também os mecanismos de regulação das relações sociais de produção no âmbito institucional constituem referências não desprezíveis à avaliação dos processos de exclusão.

Chama a atenção outra tendência recente bastante evidenciada no Brasil, sobretudo nos estudos de Silva sobre o desenvolvimento rural, qual seja, o crescimento expressivo da população do campo.[29]

Portanto, é sob a luz da reestruturação do capital, anteriormente mencionada, bem como os mecanismos de regulação social que acompanham a referida reestruturação que se cristalizam os elementos essenciais à análise desse padrão de reforma agrária assimilado pelo Estado,[30] o qual introduz uma nova noção de "política diferenciada

---

29. As pesquisas mais representativas desse debate desenvolvidas por José Graziano da Silva (1999), principalmente "O Novo Rural Brasileiro" e o "Projeto Rurbano" — Instituto de Economia — Unicamp.

30. A Proposta Nacional de Fortalecimento da Agricultura Familiar, elaborada pelo governo federal explicita a emergência de "novas referências conceituais sobre os novos papéis da agri-

para o mundo rural",[31] voltada para reorientar as interpretações sobre as condições de viabilidade da agricultura familiar no Brasil.[32]

Algumas questões orientam este estudo:

- A crise do modelo produtivista no Brasil tem relação com a desimportância da produção e o incremento das políticas sociais compensatórias distributivistas?

- As políticas sociais em substituição à reforma agrária desenham um novo padrão de sociabilidade nesse ciclo de reprodução capitalista, ou apenas servem de respostas às expressões da questão social?

- Quais as alternativas à viabilidade da agricultura familiar no contexto da mundialização econômico-financeira?

- Qual a relação entre a desimportância do trabalho na produção agrícola de alimentos e as transformações capitalistas atuais?

- Como o projeto "novo rural" em seu "reformismo agrário" incorpora os segmentos da agricultura familiar e qual o seu papel nesse contexto de reestruturação produtiva?

---

cultura no desenvolvimento brasileiro, situando dois modelos da estrutura agrária: o modelo patronal e o modelo familiar." Brasília. Governo Federal — Ministério da Agricultura e do Abastecimento, out. 1996.

31. Termo utilizado por Zander Navarro em seu artigo sobre as lutas sociais dos sem-terra (em resposta ao artigo de Horácio Martins), análise sobre as transformações do novo desenvolvimento agrário dos anos 90. Dentre outras mudanças no campo político-institucional, como as mudanças nas relações comerciais, está a nova estrutura na organização do trabalho nas áreas rurais. Navarro destaca um "(...) terceiro fator de ordem política, (...) a noção de 'política diferenciada' para o mundo rural, com a expressão 'agricultura familiar' que ganha, na presente década, um status político institucional antes inexistente". Navarro, Zander. In: Santos, Boaventura de Sousa (Org.). *Produzir para Viver*. Os Caminhos da Produção Não Capitalista. Rio de Janeiro: Civilização Brasileira, 2002. p. 275.

32. No final dos anos 80, o governo brasileiro introduziu um conjunto de reformas políticas, econômicas e socioinstitucionais de dimensões macroeconômicas, destinadas a favorecer, por um lado, a desestruturação das formas de intervenção do Estado, e, por outro, promover a ampliação da atuação do mercado, creditando a este o papel de garantir direitos não só de propriedade como também o acesso aos meios de produção, em que a agricultura, em geral, e alguns segmentos do setor familiar, em particular, deveriam compor fortemente essas agendas.

Esse modelo agrário critica a estratégia de desenvolvimento proposta pela Comissão Econômica para a América Latina (CEPAL)[33] nas décadas de 60 e 70, para a qual o desenvolvimento industrial seria o setor a promover a superação do atraso econômico do país, enquanto à agricultura caberia dar o suporte necessário para esse fim. Essa constatação se ampara na noção de insuficiência da produção agrícola no que concerne à formação do mercado interno, da mesma forma que nos níveis de emprego no campo, originando-se daí os entraves que criariam obstáculos ao crescimento do setor industrial. Essas teses defendiam uma reforma agrária para o Brasil voltada basicamente à consolidação do mercado interno, cabendo a este favorecer a expansão da indústria de bens de produção — máquinas, implementos agrícolas, insumos etc.[34] Semelhantes polêmicas colocam em cena dois dos mais importantes campos de ação da agricultura familiar, quais sejam: a produção de alimentos e a de matéria-prima para o mercado com a garantia da força de trabalho barata.

O estudo de Guanziroli et al. (2001)[35] mostra bem o sentido dessa revisão do papel da agricultura familiar, cujas tendências indicavam — quando foi concebida nos anos 60 até os 80 — como um setor "atrasado" e que obliterava as potencialidades do desenvolvimento econômico do país.[36]

---

33. Comissão Econômica para a América Latina, criada pela ONU em 1948. Instituição responsável por estudar as razões do atraso do desenvolvimento de países periféricos — predominante nos anos 60, quando a agricultura era vista como incapaz de contribuir para o crescimento econômico, em particular, a familiar, na época do "desenvolvimentismo". Esses estudos tiveram, como principais estudiosos, os economistas Raul Prebisch, da Argentina, e Celso Furtado, no Brasil.

34. Stédille, João Pedro. "A questão agrária e o socialismo". In: Stèdille, João Pedro (Org.). *A questão agrária hoje*. Porto Alegre: Ed. Universidade /UFRGS, 2002, p. 309.

35. Embora esse estudo resgate o potencial da agricultura familiar brasileira, não faz correlações com as teses cepalinas nem com as formulações kautskianas acima sinalizadas (aliás, não deve ter esse o objetivo), mas, salvaguardadas a qualidade e a relevância desse estudo, as inflexões expostas acerca dos equívocos sobre tais teses ficam superficiais e pouco consistentes, ao mantê-los em sua forma imediata, demandante de mediações teóricas importantes, mas apresenta dados empíricos riquíssimos sobre a agricultura familiar.

36. Guanziroli, Idem, p. 15-16.

As críticas às teses da CEPAL[37] servem hoje de respaldo à reconstrução dos novos parâmetros analíticos sobre a racionalidade do setor agrário, indicando que tais estudos desenharam uma "matriz teórica conservadora" e transferiram esse ônus aos supostos e equivocados rumos teórico e prático tomados pelo setor agrário brasileiro naquelas décadas.[38] São teses semelhantes às fragilidades encontradas no ideário kautskiano, que reconhece a "superioridade da grande produção" em detrimento da capacidade de desenvolvimento da agricultura familiar.

Os supostos teóricos da literatura voltada para esta tematização permitem reconhecer que essa visão forneceu as bases de edificação da "nova" hierarquia preconizada por essa reforma agrária de mercado, que evoca a necessidade de resgatar a importância do potencial que pode ter segmentos inseridos na forma familiar de produção; donde os limites sinalizados poderiam comprometer um *"desenvolvimento sustentável"*, porque consideravam a sobrevivência da agricultura familiar incompatível com o capitalismo.[39] Esse segmento passa a ser visto com uma conotação teórica contrária ao debate mais convencional acerca de seu papel, uma mudança efetivada nessa nova divisão dos trabalhadores aí envolvidos. A proposta agora é expandir suas relações mercantis "(...) com base na expansão da agricultura familiar e na inserção competitiva no mercado, estabelecendo como marco conceitual a abordagem do 'novo mundo rural'".[40] Identifico aqui alguns indícios do recuo do Estado e a expansão do mercado nesse setor, onde uma dessas expressões é a desconcentração da base produtiva para outras esferas. Essa análise adentra aspectos sobre as

---

37. Nas análises da CEPAL, a agricultura familiar funcionaria como apêndice à grande agricultura, voltada ao suporte à indústria no modelo de desenvolvimento agrário orientado para a América Latina e para o Brasil.

38. Guanziroli, Carlos E. et al. *Agricultura familiar e reforma agrária no século XXI*. Rio de Janeiro: Garamond, 2001, p. 16.

39. Kautsky, K. *A questão agrária*. Trad. de Otto Erich W. Maas. São Paulo: Nova Cultural, 1996, p. 88-90.

40. Agricultura Familiar, Reforma Agrária e Desenvolvimento Local. Por um Novo Mundo Rural. Política de Desenvolvimento Rural como base na expansão da agricultura familiar e sua inserção no mercado. Ministério do Desenvolvimento Agrário, Brasília NEAD, 2000.

condições de trabalho, e os sentidos das relações econômicas, políticas e de poder que atravessam as relações sociais de produção, circunscritas nas formas de apropriação da propriedade e dos meios de produção.[41]

Assim, isolada, a produção agrícola não explica mais os fenômenos agrários. O problema é que essa afirmação exige outras mediações, pois não implica em dimensão apenas conceitual, mas sim em questões teóricas e práticas de natureza ideopolíticas, explicadas nas relações entre o público e o privado, consonantes a desregulamentação do papel do Estado protagonizada agora pelas políticas neoliberais e seus reflexos nas "condições objetivas e subjetivas" dos segmentos aí envolvidos.[42]

Sabe-se que o trabalho na agricultura assume diversas formas sociais e que essas se subsumem ao capital. Portanto, não seria antagônico ao sistema; ao contrário, integra essa totalidade, cujo funcionamento é mediado por processos sócio-históricos específicos às relações sociais na sociedade burguesa. Sob essa percepção, a sociedade teria legalidade própria a partir da qual emanariam as instâncias que interagem e são constitutivas dessa legalidade.[43] Nesse caso, um dos momentos essenciais, determinantes, dessa interação, é o da produção,

---

41. Ver F. Engels, em "Introducion A la obra de K. Marx Las luchas de classes em Francia de 1848 a 1859". In: Marx, K.; Engels, F. *Obras Escogidas*. Moscou: Editorial Progresso, 1983.

42. Apoiamo-nos nessa expressão a partir da elaboração de Ernest Mandel "A Formação do Pensamento Econômico de Karl Marx — de 1843 até a redação de *O Capital*" no Capítulo 1 — "Da Crítica da Propriedade Privada à Crítica do Capitalismo" 2. ed. Tradução de Carlos H. de Escobar. Rio de Janeiro: Zahar, 1980. Mandel esclarece os erros dos críticos de Marx e Engels, que os atribuem a uma leitura linear na relação dialética entre o "(...) grau de desenvolvimento das forças produtivas e o grau de desenvolvimento da consciência de classe". Mandel desmascara isso e mostra que Marx e Engels estavam convencidos de que a relação entre "(...) as condições objetivas e subjetivas (...) não são retilíneas, mas são 'influenciadas pelas flutuações do ciclo industrial'" (p. 27-8). De fato, temos aí uma noção das condições históricas em que se realizam essas relações sociais, em que relações objetivas dizem respeito às relações entre trabalho e salários no atendimento às necessidades dos trabalhadores, e as subjetivas dizem respeito à avaliação dos trabalhadores frente a suas condições de reprodução na sociedade de consumo.

43. Estas reflexões foram extraídas de anotações de aulas — durante dois semestres de 2001-2002 no Curso de Doutorado em Serviço Social — UFRJ — proferidas pelo Professor José Paulo Netto na Disciplina, Tópicos Especiais em Teoria Social. Num dos semestres, estudamos mais especificamente a obra de Marx, e, no outro, Lukács, Introdução a uma *estética* marxista, *A Ontologia* do Ser Social de Lukács e o Pensamento de Gramsci.

pois esta permite compreender as outras esferas econômicas nela envolvidas: a distribuição, a troca, a circulação e o consumo.

Sob a lógica dessa revisão conceitual percebi a desimportância da produção agrícola de alimentos na sociedade brasileira, a qual é obscurecida nos rumos atribuídos à produção familiar. Da mesma forma, não fica esclarecido que a contrapartida é a dinâmica das relações comerciais mantidas com o mercado externo, por exemplo, a importação de produtos básicos, alimentares, como arroz, trigo, milho — conteúdo tratado a seguir.

Como nos demais setores, essas mudanças são decorrentes dos ajustes estruturais que, em contraposição às formas de intervenção do Estado na economia — marco regulatório remanescente do período keynesiano do modelo de economia estatizada —, passam a pleitear maior expansão do setor privado no setor agrário, onde a agricultura familiar é considerada um segmento capaz de viabilizar a "(...) passagem da economia capitalista para a fase socialmente articulada de desenvolvimento" [esse modelo], (...) "dificilmente pode prescindir de um conjunto de políticas que valorizem a agricultura familiar".[44]

De fato, essas requisições da "reestruturação produtiva", justificadas pelo esgotamento dos padrões de acumulação keynesianos e dos processos fordistas de organização do trabalho via "revalorização do mundo rural",[45] balizam as atuais interpretações sobre o desenvolvimento socioeconômico, forjado nessas transformações capitalistas em seu estágio reconhecido como "acumulação flexível".[46]

Assim, o Estado brasileiro, ao incrementar um volume expressivo de políticas sociais de enfrentamento à pobreza rural, assume essas estratégias numa espécie de "tutela" comandada pelos interesses da burguesia nacional e internacional. Esses meios de controle social são, de alguma forma, instrumentos de reorganização política das classes

---

44. Agricultura Familiar, Reforma Agrária e Desenvolvimento Local, p. 60.

45. Idem, p. 60.

46. Harvey, David. *Condição pós-moderna*. 8. ed. São Paulo: Loyola, 1999, p. 132.

dominantes. Pela forma que assumem, destinam-se não só à provisão como ao revigoramento de práticas políticas conservadoras de cunho populista, clientelista, que, no limite, são contrários à redução do Estado preconizada na agenda neoliberal. Mas, esses artifícios afirmam no âmbito da organização política dos trabalhadores, tendências de despolitização da sonhada reforma agrária, a negação dos direitos sociais dos trabalhadores e da cidadania, dissimulando as novas expressões da questão social no Brasil.

O sistema de produção de "base familiar" surge, no Brasil, como um dos instrumentos de revalorização do mundo rural, voltado a reverter os equívocos no tratamento da pequena agricultura, como uma espécie de colagem do que fizeram os países ricos.[47] Nesse caso, chamo a atenção para o real sentido dessas mudanças no que tange à descaracterização política e social que, sob o ângulo conceitual, são caricaturadas na proposta social, moral e disciplinar, pela via do assistencialismo, e, sobretudo, nas inversões de conceitos e valores sociais, culturais e no campo da sociabilidade como desenvolvimento rural com desenvolvimento agrícola, dimensão territorial por setorial, agrícola por não agrícola, recursos em espécie, no lugar de políticas públicas setoriais voltadas à produção e à reprodução social, entre outras denominações.

Esse desmonte conceitual dá lugar às concepções pós-modernas acerca das relações urbano-rurais, que eliminam, fragmentam e pulverizam a divisão e as diferenças entre essas dimensões. As semelhanças forçadas são resgatadas nas noções espaciais como microespacialidades, as "potencialidades locais e regionais". A concepção de estruturas microrregionais tem na "descentralização", enquanto um dos pilares importantes do modelo neoliberal, os espaços, as microrracionalidades e o "desenvolvimento local". No meio rural, essas ideias ajudam a

---

47. Esses temas são interpretados com uma noção de aproximação/redução entre os espaços urbanos e rurais no sentido de eliminar distâncias físico-geográficas, mas guardam outros significados sociais, pois trazem embutidos nessa agenda pós-moderna o propósito de eliminar as diferenças entre essas áreas, descaracterizando, assim, a dimensão política e social que particularizam esses fenômenos nos diferentes países e regiões.

deslocar os ímpetos sociais e políticos pela reforma agrária calcada na divisão da propriedade, créditos e os outros ingredientes do modelo "centralizado", que vigorara até final dos anos 80. Segmentam-se as noções de "espaços locais" combinadas com o desenvolvimento das potencialidades produtivas, somadas às "vias alternativas" para a produção agrícola, à luz dos chamados "Sistemas Produtivos Locais" (SPL), modelo este inspirado na realidade europeia, conforme o que ocorreu com a Terceira Itália.[48]

Por último, esse "novo rural" inclui a revalorização desses temas da chamada "pós-modernidade" como território, espaços, lazer, turismo e patrimônio, além da ideia de recursos naturais e culturais. Essa fragmentação vai de encontro à totalidade, não esclarece a lógica da acumulação capitalista, seus propósitos implicados nas formas de "subsunção formal e real do trabalho ao capital".[49] Esses são metamorfoseados no deslocamento das atividades agrícolas para as "não agrícolas", na expansão do setor de serviços incluindo as transformações que passam as políticas sociais clássicas quando incorporam a reforma agrária no seu rol de abrangência.

A partir deste conjunto de considerações, desenvolvo a minha hipótese de estudo estruturando a pesquisa em quatro capítulos. No primeiro capítulo busco apreender o significado dos impactos das transformações capitalistas a partir dos anos 90, com ênfase nas mudanças operadas na chamada "crise do produtivismo". Tento decifrar os significados político e ideológico da crise da centralidade do trabalho identificada na academia e nos programas do governo sobre a agricultura no Brasil no pós-1990, cujo padrão de reforma agrária impõe a redução do papel do Estado e a expansão do mercado na implementação de políticas públicas agrárias e agrícolas, especialmente voltadas à produção de alimentos. Exercício teórico que tem como referência a redução expressiva do trabalho na produção agrícola e o

---

48. Ver Veiga, José Eli. Empreendedorismo rural. Op. cit., 2003, p. 13-14.

49. Marx, Karl. Capítulo VI Inédito de *O Capital*. Resultados do Processo de Produção Imediata. São Paulo: Moraes, 1969, p. 87-107.

aumento de atividades não agrícolas veiculadas nas pesquisas sobre o "novo mundo rural".

No capítulo 2, aprofundo o debate teórico no campo do conhecimento social com vistas a ampliar o leque dessas abordagens e, à luz da teoria social marxista, procuro identificar algumas fronteiras do conhecimento entre as ciências econômicas e as sociais, reiterando a importância da indissociabilidade entre as esferas econômica e política no exame da racionalidade da sociedade capitalista na perspectiva de apreensão da "totalidade social" em busca da explicação sobre as tendências do padrão da reforma agrária brasileira.

No capítulo 3, dando continuidade à reflexão sobre os efeitos das transformações contemporâneas e suas expressões no mundo rural, reitero a minha assertiva acerca da redução do papel do Estado e a expansão do mercado no padrão da "nova" reforma agrária, com ênfase nas relações entre o Estado e a sociedade civil organizada, destacando o trânsito das relações entre o setor público e o privado na sociedade brasileira contemporânea. Mostro que a reestruturação produtiva na agricultura inclui um redesenho institucional, altera as formas de regulamentação das relações do Estado, no âmbito da formulação e gestão das políticas públicas agrárias e agrícolas. Enfatizo que um dos focos centrais dessas mudanças é a concepção do padrão de reforma agrária que enquanto uma política pública regulada pelo Estado capitalista passa a compor o rol das políticas sociais encampada agora com foco na esfera da assistência social. Verifico que é o Estado quem abre caminhos para a ampliação e inserção das organizações privadas sem fins lucrativos e organizações não governamentais — ONGs, nos negócios agrários. Concluindo, aponto que essa desregulamentação favorece o crescimento e a mercantilização da reforma agrária brasileira como acena o "novo rural".

Mostro que, no rol dessas transformações, as inovações tecnológicas nas economias avançadas — salvo as particularidades dos padrões fundiários — também são poupadoras de mão de obra, a diferença é que no "centro" há uma preocupação em desenvolver a modernização "apoiada na pequena produção familiar", de forma a não "desarticular a pequena produção".[50] A inquietação maior nos países hegemônicos é com o agravamento dos níveis de pauperização, no sentido de evitar o crescimento exacerbado de gastos na área social, situação que não lhes interessa.

Por fim, no capítulo 4 avalio o significado dessas estratégias, observando até que ponto os novos mecanismos de regulação das relações sociais de produção e a recomposição da agricultura familiar reafirmam, ou não, um padrão conservador de reforma agrária. Sinalizo que o crescimento dos níveis de pobreza e miséria — principalmente, em áreas menos desenvolvidas — fomenta a criação de meios assistencialistas de enfrentamento da pauperização, daí, o aumento dos investimentos para a ampliação de políticas sociais assistencialistas e compensatórias em lugar de políticas agrícolas de apoio à produção. Concluo que, este conjunto de reflexões no campo conceitual da produção acadêmica e na formulação dos programas de governo mostra a "nova reforma agrária à brasileira".

---

50. Guanziroli, Carlos E. et al. *Agricultura familiar e reforma agrária no século XXI*. Rio de Janeiro: Garamond, 2001, p. 24-5.

CAPÍTULO I

Reestruturação produtiva e agricultura no capitalismo contemporâneo

1.1 Crise da produção agrícola e as novas alternativas à viabilidade da agricultura familiar

O ideário de revalorização da pequena agricultura ressurge no Brasil contemporâneo, em meio a paradoxos, nos termos que vigoraram até o final dos anos 80,[1] o qual sugere a substituição do conceito de "pequena produção" — tradicionalmente utilizado no tratamento destes segmentos, essencialmente, nas teses da CEPAL —, que se tornou a essência do mais recente debate sobre a emergência do desenvolvimento da agricultura familiar no projeto "Novo Rural Brasileiro", como sinalizamos.

---

1. Ver o documento apresentado no Fórum Global da OCDE, realizado em 2003 e elaborado por MEDAETS, Jean Pierre et al.: "Agricultura Familiar e Segurança Alimentar no Brasil". Para esses autores, o documento "Novo Retrato da Agricultura Familiar: O Brasil Redescoberto", que foi elaborado pelo governo Fernando Henrique Cardoso, fornece a caracterização dos agricultores familiares a partir de suas relações de produção. Disponível em: <http://www.fome-zero.gov.br>. Acesso em: 15 mar. 2004.

Essas teses são hoje recuperadas e envolvem novas concepções de modernização rural, que reafirmam novas alternativas à pequena agricultura, a qual prescinde de mudanças conceituais e de práticas no tocante a suas contribuições segundo esse projeto de desenvolvimento rural ou da "nova economia social de mercado".

As alternativas inovadoras para a viabilidade da agricultura familiar não promovem transformações no meio rural, mas reafirmam um reformismo agrário "conservador", pelo qual não se questionam um dos fundamentos centrais da sociedade burguesa, a propriedade privada da terra. Nesse caso, as mudanças ocorrem dentro dos limites e nos interstícios impostos pela ordem econômica dominante.

Em que medida esse novo modelo de modernização agrária permite a sustentação/reprodução da pequena agricultura? Esses segmentos estariam ameaçados de desaparecimento em meio aos avanços do capitalismo contemporâneo diante da opção de reforma agrária à brasileira de maior reforço à agricultura patronal e ao agronegócio? Qual o significado da perda de importância da centralidade do trabalho na produção agrícola? Qual a relação entre a desregulamentação das funções do Estado e a expansão do setor privado nessa nova reforma agrária de mercado? Qual a relação entre a crise do "produtivismo agrícola" e a ênfase no "distributivismo social" no desenvolvimento da agricultura familiar?

Este é um debate polarizado e, por isso, requer um breve exame a respeito de algumas características da agricultura familiar e patronal brasileira.

1.2 Agricultura Familiar e Patronal no Brasil Contemporâneo: breves caracterizações

A partir dos anos 90, uma nova hierarquia na concepção da divisão nacional do trabalho é introduzida no setor agrário brasileiro, a qual redefine os parâmetros do modelo de desenvolvimento rural com indicações econômicas e sociais importantes para a apreensão das características dos segmentos aí inseridos, médios e pequenos produtores, tamanho da propriedade, em especial as mudanças no mundo do trabalho. Tais reorientações vêm consolidando os "novos paradigmas" na leitura das relações sociais, dos processos de trabalho e de produção.

Os princípios e diretrizes estabelecidos no Programa Nacional de Agricultura Familiar, dentre outros documentos oficiais aqui analisados, reafirmam essas reformas. Um estudo da FAO/INCRA apresenta dois modelos na divisão da agricultura: "Agricultura Patronal e Familiar".[2] Nesse quadro teórico, a agricultura brasileira é redefinida sob essa nova hierarquia institucional a partir da divisão desses dois segmentos sociais, que são caracteristicamente bem heterogêneos.

Uma das principais diferenças está no tamanho da propriedade, como determinação relevante na distinção desses modelos: o modelo patronal corresponde ao segmento fundiário de "grande porte" em todas as suas dimensões, desde o tamanho da área que ocupa até as formas de gestão da propriedade, em especial, a predominância do trabalho assalariado, cuja base de reprodução e de valorização reside na exploração da força de trabalho. Neste segmento *"(...) predomina a completa separação entre gestão e trabalho. Organizado e centralizado com ênfase na especialização, práticas agrícolas padronizáveis e trabalho assalariado".*[3] Incorpora o agronegócio ou o *agribusiness*, isto é, a agricultura patronal de base empresarial fundiária. A propriedade dos meios de produção, o uso de tecnologias avançadas bem como os tipos de cultura, em geral, são voltados não só ao incremento do mercado interno, mas, principalmente, à produção de mercadorias agrícolas para exportação.

Em relação aos segmentos familiares, estes podem ser de proprietários de terras, porém predomina a exploração da mão de obra familiar como uma das determinações mais relevantes na caracterização desse setor. Esses segmentos mantêm a sua produção voltada apenas

---

2. Ver referências conceituais, diretrizes, princípios e objetivos do Programa Nacional de Fortalecimento da Agricultura Familiar (PRONAF). Brasília, outubro de 1996.

3. PRONAF.

à subsistência do conjunto familiar. Em geral, o tamanho da propriedade é insuficiente para garantir a subsistência da família, não sendo,
portanto, capaz de assegurar a geração de excedentes, motivo pelo
qual encontra dificuldades para se desenvolver. É comum ao grupo
do sistema de produção familiar ter de buscar atividades externas à
propriedade para a garantia da sobrevivência do conjunto familiar.

Teoricamente, essas mudanças na natureza do trabalho atendem
às necessidades impostas pelo capital no sentido de revolucionar "(...)
não só as relações entre os diversos agentes da produção, mas também,
(...) o caráter do trabalho e a modalidade real do trabalho no seu
conjunto".[4] Isso corresponde às formas de "subsunção" de determinados processos tradicionais do trabalho ao capital.[5] Estes aspectos serão
ampliados a seguir.

Uma das características centrais dos segmentos familiares é a
relação estreita entre o trabalho e a gestão da propriedade, em que o
processo de produção é desenvolvido basicamente pelo referido grupo,
embora eventualmente seja complementado por trabalho assalariado.
Essa tese tem origem no pensamento clássico agrário, base teórica
sobre a qual Chayanov e Tepicht centraram suas análises, cujo sistema
de produção vai incorporar nesse novo padrão determinações inovadoras, mostradas neste estudo.

A área que ocupam, comumente, corresponde ao módulo regional conforme critérios institucionais específicos.[6] Do ponto de vista
econômico, é comum não serem contemplados com os recursos financeiros bem como tecnológicos de forma suficiente, capazes de viabilizar plenamente os ciclos desde a produção até a comercialização. No
que concerne às áreas que ocupam, no caso brasileiro nem sempre
contam com recursos naturais que possibilitem a obtenção de rendas,
como a "renda diferencial" nos termos de Karl Marx (água, solo de

---

4. Marx, Karl. Idem, p. 89.

5. Idem, p. 88.

6. Compete ao Ministério do Desenvolvimento Agrário — MDA e ao INCRA — Instituto
Nacional de Colonização e Reforma Agrária a definição do tamanho dos módulos regionais de
terras destinadas aos assentamentos dos trabalhadores na agricultura.

qualidade etc.),[7] como veremos a seguir. Esses limites guardam certos paradoxos atravessados nas relações sociais de produção, em que as modificações nos processos de trabalho avançam a estágios tecnologicamente superiores. Ao mesmo tempo, criam outras formas de subsunção do trabalho ao capital, pela via dos empréstimos bancários e do capital financeiro, a partir do pagamento de altas taxas de juros que financiam esses processos. A situação de hipotecas dos imóveis constitui o fim último das formas de extorsão de trabalho em busca da mais-valia. De resto, a extração de sobretrabalho do produtor direto é subsumida nessas relações.[8]

Retornando às características da pequena produção no âmbito oficial, o governo Fernando Henrique Cardoso nos anos 90 promoveu mudanças, através do Programa Nacional de Agricultura Familiar (PRONAF), dentre elas a reclassificação desses segmentos sociais em três modalidades: "agricultura familiar consolidada, agricultura familiar de transição, e agricultura familiar periférica".[9] Pelas suas características em termos da relação entre tecnologias e inclusão no mercado, o último grupo é considerado o maior demandante de políticas públicas de crédito, de pesquisa, de reforma agrária etc.[10] Por sua vez, os dois primeiros grupos, pelas próprias condições para responder às exigências "das forças produtivas do trabalho"[11] e pela possibilidade do uso de incrementos tecnológicos — máquinas, insumos e assistência técnica — viabilizam as formas de *subsunção formal e real do trabalho*", principalmente, porque esse desenvolvimento ocorre ao se contrapor às "atividades mais tradicionais", o que Marx chama de "subsunção real do trabalho no capital".[12]

---

7. Esta discussão sobre a renda diferencial, em Marx, diz respeito às desigualdades de renda decorrentes da diferença entre o emprego de capital na terra e a qualidade do solo, cujos elementos são determinantes na obtenção da renda diferencial na I e na II.

8. Marx, Karl, idem, p. 89.

9. PRONAF, Brasília, out. 1996.

10. PRONAF, Idem, p. 7.

11. Marx, Karl, p. 92.

12. Idem, p. 93.

Segundo o documento "Agricultura Familiar, Reforma Agrária e Desenvolvimento Local para um Novo Mundo Rural",

> (...) um terço da população brasileira está no meio rural, onde se encontram aproximadamente 4,5 milhões de estabelecimentos familiares. Desse contingente, 10% participaram de projetos de reforma agrária desde 1985, distribuídos em três mil assentamentos em 1.159 municípios brasileiros.[13]

Do ponto de vista da produção, a agricultura familiar responde por 80% do pessoal que trabalha e é responsável pela metade de toda produção agropecuária brasileira. Porém, esse contingente ocupa somente 25% da área total do país, enquanto os 75% restantes são ocupados por 500 mil estabelecimentos considerados patronais.

Uma das peculiaridades da formação social brasileira está na forma assumida pela apropriação privada da terra, cuja característica define um modelo singular de acumulação de capitais e de apropriação privada da propriedade, que é extraordinariamente concentrada, pois os 4.859.864 estabelecimentos rurais ocupam uma área de 353,6 milhões de hectares, ao passo que os 554.501 estabelecimentos patronais ocupam um total de 240 milhões de hectares e os 4.139.369 familiares ocupam menos da metade, 107,8 milhões de hectares.[14] Esses segmentos são responsáveis "pela ocupação de 13,78 milhões de pessoas, por 38% do valor bruto da produção agropecuária nacional e por 51% da renda total agropecuária".[15]

Tal fato revela distinções importantes na constituição das classes sociais, proprietárias e não proprietárias de terras, o que permite reconhecer que, no Brasil, impera um padrão de desenvolvimento ca-

---

13. Conforme documento do Ministério do Desenvolvimento Agrário — "Agricultura Familiar, Reforma Agrária e Desenvolvimento Local para um Novo Mundo Rural." Política de Desenvolvimento Rural com Base na Expansão da Agricultura Familiar e sua Inserção no Mercado, Idem, p. 61.

14. "Novo Retrato da Agricultura Familiar. O Brasil Redescoberto. O Perfil da Agricultura Brasileira". Ministério do Desenvolvimento Agrário. Brasília, fevereiro de 2000, p. 21.

15. Jungmann, Raul Belens. Op. cit. p. 8-10. (Grifos em negrito do original)

racterizado por processos excludentes e conservadores, mantenedores de desigualdades expressivas no tocante a riquezas e rendas.[16]

O país possui área territorial de 850 milhões de hectares, dos quais 390 milhões são considerados áreas próprias para agropecuária, enquanto 31% (120 milhões de hectares) permanecem ociosos. Afora isso, dentre os 3 milhões de imóveis rurais recadastrados em 1992, 62,2% ocupavam 7,9% da área total de 331,4 milhões de hectares e 2,8% dos imóveis constituem grandes propriedades, ocupando 56,7% da área total.[17]

Esses 4,5 milhões de agricultores familiares, até os anos 90, garantiam a sobrevivência de 17,6 milhões de pessoas entre trabalho familiar e trabalho para terceiros".[18] Tal forma complementar de trabalho corresponde à nova jornada em que o trabalhador precisa vender sua "(...) capacidade de trabalho como uma mercadoria, pois o conjunto dos meios de produção das condições objetivas do trabalho e dos meios de subsistência erguem-se perante ele como propriedade de outrem".[19]

Nesse contexto de crise econômica em sociedades globalizadas e diante dos avanços tecnológicos, e dos mecanismos de regulação econômica e social, internos, isso se complexifica sobretudo na esfera do "(...) aumento na produção mundial de alimentos, tem-se, de fato, um

---

16. Tomando o crescimento das desigualdades no mundo e tendo como base as condições de trabalho qualificado e não qualificado, Pierre Salama observa que, desde os anos 80, há agravamento dos níveis de pobreza na América Latina e na África, enquanto nas economias asiáticas isso ocorre desde 1997. Com base no Programa das Nações Unidas para o Desenvolvimento (PNUD) desde os anos 80, 20% da população mundial detém 82,7% do conjunto da renda, os 20% seguintes, 11,7% e os 60% restantes apenas 5,6% da renda produzida pelo conjunto do planeta. Pensando a desigualdade na distribuição de renda desses países, a UNTAC divide esses países em cinco grupos, estando o Brasil entre os países de distribuição mais desigual. Ele observa que, nos países mais desiguais, os 20% mais ricos se beneficiam de 60% ou mais das riquezas produzidas, as camadas médias detêm 30% e os 40% mais pobres ficam com 10% das riquezas. Salama, Pierre. *Pobreza e exploração do trabalho na América Latina*. Tradução de Emir Sader. São Paulo: Boitempo, 1999, p. 29-30.

17. Dataterra. Campanha Global pela Reforma Agrária no Brasil. Disponível em <http//www.dataterra.org.br>. Acesso em: 19 abr. 2002.

18. Reforma Agrária, Compromisso de Todos. Brasília: Presidência da República. Secretaria de Comunicação Social: 1997, p. 59.

19. Marx, Karl. Capítulo Inédito, Idem, p. 23.

cenário desfavorável para melhora da renda dos agricultores (...) de países em desenvolvimento".[20]

Em termos da distribuição física e geográfica, estes ocupam, como vimos antes, uma área de 107,8 milhões de ha e são responsáveis por R$ 18,1 bilhões ou 37,9% do valor bruto da produção agropecuária nacional, mas recebem somente 25,3% dos financiamentos agrícolas. Do total da área ocupada, 39,8% dos estabelecimentos familiares têm menos de 5 ha, 30% têm entre 5 e 20 ha e 17% estão na faixa de 20 a 50ha. Isto significa que 87% dos estabelecimentos familiares têm menos de 50ha.[21] Também há diferenças no nível regional em termos da distribuição do financiamento e do crédito, que é desproporcional entre os agricultores familiares e os patronais, notando-se que só a Região Sul recebe 43,3% do crédito. Ou seja, as diferenças são quantitativa e qualitativamente expressivas em termos de desigualdades regionais, bem como em termos das heterogeneidades que caracterizam a realidade do setor agrícola nacional. Sabe-se também que, até os anos 80, a agricultura familiar, pelos dados do governo federal, respondia por 80% dos trabalhadores e responsabilizava-se pela metade de toda produção agropecuária nacional.

Com relação à viabilidade das condições técnicas, a situação desses segmentos sociais esbarra em limites. Observa-se que a realidade desse setor apresenta-se alardeada por condições de "diferenciação" nos termos teóricos lenineanos, pois os pequenos produtores enfrentam dificuldades que não se restringem apenas ao tamanho da área, mas, também, aos métodos, às técnicas, aos instrumentos, enfim, às condições gerais de trabalho que dispõem,[22] como veremos a seguir.

No que tange à localização regional, esses segmentos encontram-se no Nordeste brasileiro, onde existe o maior percentual de minifúndios,

20. Balsadi, Valentim Otávio. Mudanças no Meio Rural e Desafios para o Desenvolvimento Sustentável. Ver *São Paulo em Perspectiva*. v. 15, n. 1, São Paulo. Disponível em: <www.seade.gov.br/produtos/spp/index.php?men=rev&cod=5054>. Acesso em: jan./mar. 2001.

21. Guanziroli, Carlos et al. *Agricultura Familiar e Reforma Agrária no Século XXI*. Rio de Janeiro: Garamond, 2001, p. 60.

22. Lênin, Vladimir Ilitch. *O Desenvolvimento do Capitalismo na Rússia*. Op. cit., p. 40-9.

com 58,9% de estabelecimentos familiares com áreas de menos de 5 hectares. Sob o ângulo do uso de tecnologias, somente 16,7% dos estabelecimentos familiares utilizam assistência técnica contra 43,5% dos patronais, ainda com profundas diferenciações entre as regiões, como, por exemplo, a utilização de assistência técnica na região Nordeste é de apenas 2,7% contra 47,2% na região Sul. Cabe acrescentar que o uso de tração mecânica e animal nos estabelecimentos familiares é baixo, 23% para o primeiro e 27% para o segundo. A região Norte se destaca por não utilizar qualquer desses sistemas de tração.[23]

Diante desse quadro, qual desses segmentos permite pensar o padrão de agricultura familiar altamente moderna e que fatores pode-se atribuir a tais avanços?

Neto (2004, apud Lemos, 1999) comenta que "entre 1990 e 1997 a proporção de pobres no meio rural brasileiro aumentou de 39,2% para 58,3% da população total".

Em várias interpretações sobre o desenvolvimento desses segmentos predomina a ênfase na produção e não na reprodução das relações sociais, deixando subsumido o papel da distribuição. Como já explicitado, autores consideram a categoria "pluriatividade"[24] para explicar as tendências de evolução dos processos de produção, tais como Silva (1999; 2001) e Guanziroli (2001). Por sua vez, Veiga (2002) demonstra um recorte analítico menos evolucionista desses processos. Outras interpretações mais críticas apontam a revisão da propriedade como uma condição de viabilidade da "pluriatividade". Podemos destacar as formulações de Guilherme Delgado (2001) e de Martins (1997).

Enfim, apreendemos fortes tendências desse novo rural como um projeto muito mais voltado ao fortalecimento do padrão agrário sedimentado no agronegócio e que contribui para a descaracterização da

---

23. Guanziroli, Carlos, et al. Op. cit., p. 61-6.

24. Segundo Graziano (1999), "no mundo rural dos países desenvolvidos, a pluriatividade significa que o trabalhador autônomo combina diversas formas de ocupação"; "essa é uma característica nova: uma pluriatividade que combina atividades agrícolas e não agrícolas". O autor sinaliza em algumas regiões brasileiras essa combinação. p. 5-47.

esfera política dos problemas agrários, sobretudo dos trabalhadores,[25] diante da ênfase dada aos seus princípios, às dimensões individuais, tão caras ao pensamento liberal, incluindo a defesa de recuo do Estado em sua substituição pelo mercado e os incentivos à expansão do mercado de terras. Essa prática se concretiza quando o Estado, ao apostar na descentralização da reforma agrária, também deixa por conta dos municípios e dos trabalhadores locais a compra e as negociações de terras, relações essas que expressam muito bem o incremento da mercantilização das políticas agrárias e agrícolas nas agendas neoliberais nas áreas rurais brasileiras segundo os princípios do "Programa Cédula da Terra", uma imposição do Banco Mundial.

No campo do conhecimento social, ponderamos a importância que têm a produção e a reprodução das relações sociais na compreensão desses fatos. Essa polêmica teórica foi travada desde os clássicos do pensamento social e agrário, sobretudo em Marx e Lênin, tendo historicamente, como centro desse debate, a dinâmica social de relacionamento entre a grande e a pequena agricultura no sistema capitalista, cuja revisão teórica corresponde às reconceituações da realidade rural em meio a "velhas e novas roupagens" num debate recheado de polarizações.

Balsadi (2001), analisando os novos processos produtivos e as mudanças no mundo do trabalho agrário, mostra que há uma crise internacional na agricultura, em virtude do "(...) esgotamento do sistema de regulação do comércio mundial do pós-guerra".[26]

Para esse autor, o advento das rupturas dos acordos bilaterais, as inovações tecnológicas veiculadas pelos Estados Unidos, e a "crise política entre as organizações dos agricultores e o Estado, os problemas ambientais",[27] justificariam a hegemonia dos mercados de *agribusiness*

25. Sauer, Sérgio. A Terra Por uma Cédula: Estudo Sobre a "Reforma Agrária de Mercado". In: Martins, Mônica Dias (Org.). *O Banco Mundial e a Terra*. Ofensiva e resistência na América Latina, África e Ásia. São Paulo: Viramundo, 2004. p. 40.

26. Balsadi, Otávio V. Op. cit.

27. Balsadi, Otávio V. Idem, Op. cit.

e dos *commodities*.[28] Ainda com apoio em Balsadi, identificamos que esses fatores resultam dos desmontes e das instabilidades do setor agrícola diante da "(...) internacionalização da produção e acumulação da economia mundial".[29]

Essa revisão conceitual agrária está em correlação com as atuais estratégias de modernização lideradas pelos Estados Unidos e Europa, que confirmam correspondências às imposições do capitalismo em sua condição histórica de busca de revalorização dos processos produtivos em que a agricultura familiar integra o conjunto das alterações dessa nova divisão social do trabalho, de dimensão não apenas semântica, mas, de nomenclatura, de caráter científico e político. Daí, esta análise sobre tais imposições capitalistas revelam suas contradições e características que implicam em "(...) processos desiguais de valorização, produção e reprodução do capital";[30] a agricultura familiar integra essas alterações.

Essas transformações têm reflexos nas esferas do trabalho e são apreendidas em suas expressões nas esferas da produção e da reprodução social, no dizer de Ariovaldo, em que "(...) a valorização é produto do trabalho humano nas suas diferentes mediações sociais, e (...) a produção é produto contraditório de constituição do capital; (...) a reprodução é produto do processo de reprodução ampliada do capital".[31]

A implantação dessa "Nova Reforma Agrária de Mercado" — justificada pelo esgotamento do modelo anterior de desenvolvimento rural, em meio à essa "modernização conservadora" — remete à apreensão das condições de viabilidade da agricultura familiar, se-

---

28. Esses termos são empregados para definir as formas de organização e integração nas relações comerciais e industriais na "nova economia" globalizada de mercado, entre a economia rural e os organismos políticos internacionais envolvidos nessas relações.

29. Balsadi, Otávio V. Idem, p. 3

30. Oliveira, Ariovaldo Umbelino. A agricultura brasileira: desenvolvimento e contradições. In: Christofoletti, A. Becheker, B et al. (Orgs.). *Geografia e meio ambiente no Brasil*. 3. ed. São Paulo: Hucitec, 2002, p. 281.

31. Idem, ibidem.

gundo as noções de "pluriatividade" e de "multissetorialidade" da produção.

Embora o tema "modernização conservadora" tenha sido historicamente objeto de amplas pesquisas, para efeitos dos objetivos deste estudo, é necessário identificar-se algumas caracterizações desse novo "agrorreformismo", parafraseando os termos de Veiga (2002).

1.3 Reconceituação da relação campo-cidade e "Modernização Conservadora"

No âmbito das políticas agrárias e agrícolas brasileiras, o modelo agrário brasileiro foi reconhecido como padrão de "modernização conservadora", até ao final dos anos 70, quando perduravam duas linhas de pensamento no estudo das funções desse setor: uma, com preocupações mais voltadas às relações sociais de produção; outra, de caráter mais técnico, ou melhor, mais economicista. Essa última liderada e defendida pelo pensamento conservador, especificamente por Delfim Neto e acolhida no período do governo militar.

Calcado no pensamento funcionalista norte-americano, a agricultura deveria desempenhar, conforme Delgado (2001) "(...) funções clássicas ao desenvolvimento econômico (...)" e balizado em uma "modernização sem reformas, ou com reforma, ocorreria apenas onde se comprovasse ineficiência da estrutura agrária".[32] Essas estratégias teórico-metodológicas tinham por objetivo "(...) fazer crescer a produção e a produtividade do setor agrícola, puxadas pela demanda urbana e pela demanda externa em processo acelerado de crescimento".[33]

---

32. Delgado, Guilherme. Expansão e modernização do setor agropecuário no pós-guerra: um estudo da reflexão agrária. In: *Dossiê Desenvolvimento Rural*. Estudos Avançados 43 — USP, dezembro de 2001, p. 162.

33. Ibid., p. 164-5. Reconhece que esse processo expressa a integração entre agricultura e indústria, o que ocorre de forma atrasada no Brasil, por volta dos anos 60/70, fato ocorrido nos Estados Unidos e Europa no início do século XX. Ele atesta que com "a articulação pela União do Sistema Nacional de Crédito Rural, a partir de 1965, ocorreu a reorientação das po-

Tal ideário atravessara não só o período da industrialização acelerada — conforme os grandes projetos nacionais do período do "desenvolvimentismo" —, mas culminara com o período de apogeu na implementação das políticas agrícolas, cujas orientações econômicas e políticas consolidaram um "(...) pacto modernizante e conservador"[34] com reflexos importantes no delineamento e na consolidação de um padrão particular de desenvolvimento capitalista no Brasil. Como diz Oliveira (2003), era um "modelo absolutamente voltado a atender às necessidades da acumulação e não às do consumo",[35] mesmo porque este último não corresponderia provavelmente à dinâmica desse sistema, pois "não é do consumo que vive o capitalismo, mas, sim, do movimento que faz entre suas inter-relações sociais".[36]

A segunda vertente vigente a partir dos anos 80, esse modelo agrário dá sinais de esgotamento, em consonância ao advento de "(...) nova ordem mundial, de cunho econômico-liberal".[37] Tem reflexos que alcançam não só o setor industrial como também a agricultura. Inicia-se, nessa época, não somente no Brasil, mas também nos países centrais, o incremento de um conjunto de transformações societárias, que, desde os anos 70, acenavam para a introdução de um novo cenário societário, uma nova ordem econômica, política e social, que terá início principalmente em economias do capitalismo central, repercutindo nos mais diferentes setores das sociedades.

Diferente de boa parte dos estudos sobre essas reestruturações do mundo rural, essas mudanças são apreendidas à luz da nova di-

---

líticas agrícolas por Institutos por produtos (IAA, IBC, CTRIN-DTRING, CEPLAC, etc.) e o fortalecimento das estruturas fomentadoras da produtividade e funcionamento capitalista no setor". p. 165.

34. Idem, p. 165.

35. Oliveira, Francisco. *Crítica à razão dualista. O Ornitorrinco*. São Paulo: Boitempo, 2003, p. 50.

36. Referência extraída de anotações feitas durante o Curso "Trabalho e Valor", ministrado pelo Professor Francisco José S. Teixeira e promovido pelo Núcleo de Pesquisa sobre a "Centralidade do Trabalho, Modernização Produtiva e Políticas Públicas Empresariais" sob a Coordenação da Professora Nobuco Kameyama. Escola de Serviço Social da UFRJ, em julho de 2004.

37. Delgado, Guilherme. Op. cit., p. 166.

visão social do trabalho nesse novo contexto de economias globalizadas, cujos impactos não se restringem ao setor urbano, mas exercem influência sobre o rural, alterando não só a natureza, mas, igualmente, as formas de gestão das políticas públicas de reforma agrária. Tais transformações decorrem do advento da abertura internacional dos mercados, quando são feitas alterações "nas relações comerciais com o setor externo da economia",[38] que são frutos da reorganização das relações multilaterais e geopolíticas entre os países desenvolvidos e em desenvolvimento, processos que, no Brasil, têm reflexos não somente nas *relações sociais de propriedade fundiária*, mas têm fomentado o incremento de políticas sociais no campo da "proteção social" rural.[39]

No âmbito dos processos de trabalho rurais e das relações de produção, esses fatos causam alterações nas condições materiais e de reprodução social. Assim as mudanças nas formas de regulação da vida social alteram a lógica de produção, de distribuição, de consumo de bens e de serviços na sociedade. Desta forma, considero que a concepção da "pluriatividade" não pode ser entendida estritamente como uma mudança na forma e na diversificação do trabalho, mas como necessidade do sistema em difundir ideários que justifiquem a recriação de novas formas sociais de trabalho. Tudo isso com vistas a amenizar os impactos das mudanças no mundo do trabalho, sobretudo a necessidade de exploração do sobretrabalho, diferente de entender essas metamorfoses apenas como busca de outras oportunidades de trabalho, de forma naturalizada, linear, como veiculado em parte do debate do "novo rural". Sob o ângulo dos sistemas produtivos e dos processos de trabalho, alguns estudos reconhecem o potencial da pequena agricultura, apoiados nessa ideia da "pluriatividade", tendo nela as novas alternativas ao desenvolvimento da agricultura familiar no Brasil. No âmbito dos processos de produção

---

38. Delgado, Guilherme. Op. cit., p. 166.

39. Delgado, Guilherme. Nova Configuração da Política Agrária nos Anos 90 e o Processo de Globalização. In: Castro, Iná Elias de; Miranda, Mariana; Egler, Cláudio A. G. (Orgs.). *Redescobrindo o Brasil*: 500 anos depois. Rio de Janeiro: Bertrand Brasil/FAPERJ, 1999, p. 233.

e reprodução das relações sociais, como já sinalizados, indica-se o desenvolvimento de novas bases técnicas de produção a partir da combinação de atividades produtivas agrícolas com outras atividades não agrícolas.[40]

Kageyama (2004), apoiada no Censo Agropecuário de 1985 e 1996, mostra essas mudanças numa apreensão de redução do número de empregos agrícolas no país e afirma que os empregos permanentes passaram de 2,19 milhões para 1,84 milhão. Já os temporários passaram de 2,77 milhões para 1,83 milhão. Isso significa que o avanço das forças produtivas e da mecanização tem como tendência a dispensa de força de trabalho. Sua análise se aproxima da leitura de Delgado apenas no que diz respeito à expansão das rendas nas áreas rurais passarem a ser originadas dos programas sociais, no lugar de advirem do trabalho na produção agrícola, como veremos mais adiante.

A pesquisa da autora é semelhante às leituras de Graziano da Silva e de Balsadi e Veiga no que se refere à redução das atividades agrícolas para as não agrícolas, mas sua análise ultrapassa esses estudos, pois ela descobre as diferenças entre a diminuição das rendas rurais provenientes do trabalho e o aumento de rendas originadas de fontes das políticas sociais. Esses fenômenos acenam para a emergência de análises que ampliem e agreguem novos elementos sociais e políticos, com vistas e explicitar as novas determinações dessas tendências de substituição da lógica da produção pela distribuição de proventos, e benefícios sociais como meios de enfrentamento da pobreza, intensificados nesse padrão de acumulação dos governos neoliberais a partir dos anos 90 até os dias atuais.

Para Veiga, as características desse novo padrão de reforma agrária significam que:

> (...) por mais parcial e malograda que possa ser uma reforma, é impossível negar o efeito redistribuidor da transferência de terra. Ele pode ser

---

40. Silva, Graziano. *O Novo Rural Brasileiro*. 2. ed. Campinas: Unicamp, 1999. (Coleção Pesquisas, 1), p. 5.

reduzido, até neutralizado, por outras políticas públicas, mas ele não pode ser desqualificado, por mais pessimista que possa ser a avaliação.[41]

Assim, essa mundialização econômico-financeira impõe redefinições nas formas de regulação econômica da sociedade, sendo que numa dessas estratégias potencializadoras dos lucros está a incorporação de novos segmentos sociais e produtivos, como é o caso do sistema de produção familiar. Portanto, as alterações nos processos de trabalho e as novas formas de organização da produção refletem o esgotamento das formas de produção e de reprodução que retira desses processos a ideia de simples redefinição abstrata, conceitual. É incorreto percebê-los fincados em bases analíticas do passado, como fora no auge da industrialização acelerada — conforme crítica feita por Oliveira (2003) nos termos em que foi considerada, como expressão isolada do atraso —, portanto, motivo de obliteração da expansão capitalista.[42]

O "reformismo agrário" de hoje comporta outras determinações que combinam modos tradicionais de processos de trabalho, só que a apreensão do novo requer agregar também velhos segmentos sociais, visando recompor unidades de seus primórdios com algumas diferenciações, desde que assegurem possibilidades históricas ao seu desenvolvimento. Neste sentido, segmentos produtivos antes consi-

---

41. Veiga, José Eli da. *Fundamentos do Agrorreformismo.* Op. cit., p. 69. Nessa análise, Veiga estuda os impactos econômicos da Reforma Agrária em países ricos como o Japão, os Estados Unidos, a Alemanha, a França etc., para compreender a importância econômica de uma reforma agrária no Brasil, apesar de o autor defender um projeto de Reforma Agrária que torne viável a agricultura familiar no Brasil. Suas projeções demonstram certas simetrias com o modelo defendido atualmente por Graziano, quando acena para uma "reforma agrária com pouca terra"; porém, quando caracteriza o modelo brasileiro como pré-fordista de crescimento, ao criticar o favorecimento da política agrícola destinada à agricultura patronal, deixa uma apreensão confusa dessas ideias em termos da indefinição dos padrões agrários necessários para a viabilidade da pequena agricultura.

42. Ver a crítica que Oliveira faz ao processo brasileiro de expansão capitalista nos anos da industrialização acelerada, em que existe a "modernização conservadora" ou a "revolução produtiva sem revolução burguesa". Contrário à tese da CEPAL, ele observa que "o específico da revolução produtiva sem revolução burguesa era o caráter 'produtivo' do atraso como condômino da expansão capitalista". Oliveira, Francisco. *Crítica à Razão Dualista. O Ornitorrinco.* Op. cit., p. 131 (Grifos do autor).

derados excluídos ainda que de forma seletiva, os menos capitalizados, são agora chamados à inserção no mundo do trabalho. Mas, atenção! É preciso entender o sentido anacrônico que essa estratégia enfrenta, pois tudo indica que nem todos os segmentos integram esse novo projeto. O limite está na capacidade de atendimento de forma mais imediata às exigências do capital em sua necessidade de remuneração, o que, provavelmente, abarca um enfrentamento de tensões e contradições.

A proposta central à viabilidade econômica da agricultura familiar está assentada na diversificação de caráter "utilitário" e "multissetorial" da produção. Essas categorizações ocorrem não só nas acelerações e nos avanços tecnológicos na agricultura. Pode-se identificar na dispensa da força de trabalho, quando absorvem apenas aquelas mais qualificadas, frutos dos avanços da ciência. Por exemplo, a descoberta de novas atividades ou de formas de cultivo não agrícola, de aproveitamento de recursos naturais, locais e regionais instiga novos processos e formas sociais de trabalho, o que requer incluir, aí, o caráter de extração de *"sobretrabalho"* camuflado no disfarce da busca de novas alternativas não agrícolas, cuja alternativa justifica os desmontes do trabalho na agricultura. Ora, somente como detentor de condições de trabalho em detrimento da condição de possuidor dos meios de produção, o trabalhador se expõe a essas condições de exploração.[43]

No Brasil, as condições precárias — de pobreza — em que se encontra boa parte da população rural (58,3%) e urbana (mais de 41,3%), os impactos das descartadas "velhas" modalidades dos processos de trabalho mantenedores da reprodução da força de trabalho são principalmente reflexos das transformações capitalistas em sua expressão maior: o atual nível de desemprego estrutural que assola as sociedades capitalistas.[44]

---

43. Marx, Karl. Capítulo VI Inédito de *O Capital*. Op. cit., p. 94.

44. Pesquisa realizada pela Confederação Nacional da Agricultura (CNA) confirma que 88,81% dos proprietários rurais utilizam mão de obra temporária contra 6,48% que utilizam empregados temporários e 4,70% que empregam mão de obra permanente. Dados do mesmo relatório da CAGED, do Ministério do Trabalho e Emprego, afirmam que o crescimento do

Essa queda de emprego é explicada pelo decréscimo das rendas derivadas do trabalho, o que ocorreu em todas as regiões brasileiras. No Nordeste, esse nível foi de 74% para 66%, enquanto no Sudeste, exceto São Paulo, foi de 84% para 17%.[45]

Essa dinâmica dos processos de trabalho e das reestruturações constitui mediações importantes à apreensão desses fenômenos, a despeito de interpretações reducionistas que só encobrem significados recorrentes aos processos de produção e de reprodução social como esferas de "significado fundante à especificidade do ser social do qual funda todas as outras determinações".[46]

Daí, a produção e o trabalho são considerados chaves heurísticas essenciais, ainda que não exclusiva nem única porta de entrada à compreensão das condições "objetivas" e "subjetivas" da vida social. É a partir dessas transformações no mundo do trabalho que emanam outras possibilidades de leitura da realidade numa perspectiva de totalidade das transformações rurais. Qual o significado dos desmontes das atividades na produção agrícola, e da ênfase do setor privado como parâmetros na compreensão desse padrão de desenvolvimento rural?

Assim, o âmbito da construção do direito à propriedade e da divisão do trabalho constituem as bases centrais sobre as quais se encontram fincadas as origens das desigualdades na sociedade burguesa. Numa rápida incursão teórica vemos que isso fora motivo de observações de pensadores clássicos, como Rosseau, que mostrara essa

---

emprego formal no setor agropecuário no ano de 2000 foi de 18,74% enquanto o emprego total só cresceu 1,82%. Esse desempenho do emprego formal no setor primário, segundo essa pesquisa, deve-se à promulgação da Emenda Constitucional n. 28, de 25 de maio de 2000, que equiparou em cinco anos o prazo de prescrição dos direitos trabalhistas no campo e na cidade. Salvo, Antonio Ernesto W. de. *O mercado informal de trabalho no setor rural*. Mercado de Trabalho, Conjuntura e Análise. Confederação Nacional da Agricultura (CNA).

45. Kageyama, Ângela. Mudanças no Mundo do Trabalho. *Rev. Agricultura*, São Paulo, v. 51, p. 81.

46. Lukács, Georg. *A Reprodução*. Tradução para o português de Sérgio Afrânio Lessa Filho. La riproduzione, Capítulo II do v. II* de *Per l'ontologia dell'l essere sociale*. 1. ed. Versão italiana de Alberto Scarponi, a partir de cópia datilográfica da redação em alemão, preparada por Ferenc B. e Gabor R., revista por Lukács. Roma: Editori Riunit, 1981. p. I.

questão em suas inflexões sobre o "(...) novo Contrato Social em 1762".[47] Tal pensador identificara a gênese da existência dos privilégios previstos na regulação dos direitos legais de propriedade, donde pode-se perceber expressões teóricas sobre a gênese das diferenciações entre os homens, em que a estrutura agrária altamente concentrada é uma determinação na constituição das classes sociais.

No Brasil pode-se ter ideia sobre esse fenômeno na divisão da propriedade, observando-se que, em 1920, a área total dos estabelecimentos, que correspondia a 63% do total da área, era ocupada por proprietários com mais de mil hectares, ou seja, 4% dos estabelecimentos rurais; em 1992, a área total era de 49,4, e os estabelecimentos de mais de mil hectares eram 1,4%, ou seja, houve queda inexpressiva.[48]

Portanto, em se reconhecendo esses indicadores de desigualdade e de diferenciação na sociedade capitalista é possível identificar que as alternativas à reprodução social no trabalho agrícola — quer esses segmentos sejam os trabalhadores assalariados ou outras relações e formas sociais de trabalho não assalariados — implica a seguinte questão: as mudanças nas bases técnicas de produção agrícola de base familiar podem ser explicadas à luz dessas formas de trabalho? As mudanças nas formas tradicionais de organização dos processos de trabalho na agricultura por si só explicam os sentidos das novas alternativas à viabilidade da agricultura familiar? O trabalho ajuda a elucidar os fenômenos envolvidos nas dimensões da produção e da reprodução social?

Acredito que essas reestruturações do sistema ocorrem combinadas com outras mudanças que afetam não somente as relações sociais de produção, como as relações entre o Estado e a sociedade e as classes sociais, mas tem rebatimentos diferenciados entre essas, podendo legitimar/alterar quadros de desigualdades sociais.

Portanto, pode-se afirmar que o capital deve ser visto como "relação social", e o capitalismo, uma "totalidade histórica" dentro de

---

47. Campos, André et al. (Orgs.). *Atlas da Exclusão Social no Brasil*. São Paulo: Cortez, 2003. v. 2. Dinâmica e manifestação territorial, p.28.

48. Pochman, Marcio et al. (Orgs.). *Atlas da Exclusão Social*. São Paulo: Cortez, 2004. v. 3. Os ricos no Brasil, p. 30.

processo mais amplo, sobre o qual são construídas e reconstruídas as relações sociais. É um sistema atravessado por contradições e conflitos, no qual sua reprodução histórica pressupõe que "(...) algumas relações sociais se dissolvem, outras (novas) são produzidas ou modificadas, no seio do processo de reprodução das relações sociais".[49]

Se observados à luz da crítica de Marx, esses aspectos não foram esclarecidos pela Economia Política Clássica, principalmente no debate sobre a produção. A face mais evidente na obstrução dessa concepção real dos fenômenos é a naturalização, ou melhor, a "dissociação" da lógica orgânica própria entre os processos produtivos e as relações sociais de produção: produção, distribuição e consumo, em que "distribuição" surge como autonomizada da produção, apresentando esta última como algo eterno.[50]

Em se tratando da agricultura familiar, as possibilidades de sua viabilidade na atual conjuntura impõem que se observe o que muda e o que permanece na óptica do chamado "novo mundo rural". Sabe-se que a produção como processo de objetivação constitui apenas a porta de entrada para a análise da "totalidade", sendo a totalidade social uma chave heurística na compreensão das relações sociais entre as classes na ordem burguesa. Por isso, a indissociabilidade entre essas esferas constitui um caminho possível para consolidar uma concepção de sociedade enquanto "totalidade", na qual a sociedade mantém um conjunto de relações sociais interconectadas com interações e legalidade própria.[51]

---

49. Para entender o desenvolvimento do capitalismo brasileiro enquanto processo mais amplo, para além da relação capital e trabalho assalariado, Soto se apoia na categoria de "produção capitalista de relações não capitalistas", central no pensamento de José de Souza Martins, ao explicar essas particularidades que assume o desenvolvimento "(...) de um capitalismo que não necessariamente precisa destruir relações sociais anteriores, mas que as recria e utiliza". SOTO, William Héctor Gómez. A produção de conhecimento sobre o "Mundo Rural" no Brasil. As Contribuições de José de Souza Martins e José Graziano da Silva, 2002, p. 168.

50. Marx, Karl. Elementos Fundamentales para la Crítica de la Economia Política. (Grundrisse) 1857-1858, 5. ed. México: Siglo Veintiuno Editores. v. I, p. 16-7.

51. A noção de totalidade aparece em Marx no texto *Miséria da Filosofia*, escrito em 1847, obra na qual expressa seu entendimento sobre o funcionamento da ordem burguesa. Essa di-

A emergência desse novo debate no capitalismo agrário advém das alterações nas regras públicas que modelam os padrões de regulação da vida social, os meios e as formas de intercâmbio de mercadorias e suas implicações — no caso específico, a produção de alimentos na estrutura da propriedade privada da terra e suas expressões nos processos produtivos — e nas relações sociais de produção em áreas rurais. O setor agrário é atravessado por interesses antagônicos de classes sociais, em que a dinâmica dessas relações demanda reconhecer a essência do papel da agricultura não apenas pela via da produção em si, de forma isolada. Trata-se de uma questão que não se reduz a esse aspecto, até porque a ciência econômica tem tratado dessa dimensão com ampla competência. Para além dessa dimensão da produção e longe de simplificações economicistas estruturalistas, esses fenômenos são aqui apreendidos como produto de uma sociedade construída historicamente por um processo social de relações desiguais, cujas fraturas sociais impregnaram um padrão capitalista fortemente dependente e subordinado aos interesses externos assim, sacrifica, em boa medida, a força de trabalho tanto da cidade como do campo, delineando um padrão de modernização "excludente e conservador" onde o padrão de reforma agrária à brasileira é um parâmetro relevante. Longe de qualquer perspectiva equivocada numa visão utópica, idealista, da existência de um sistema capitalista fechado e isolado, o que chama a atenção é o fato de esse padrão econômico ser historicamente consolidado com sacrifícios extremamente onerosos e à custa dos esforços da força de trabalho em suas mais diversas modalidades, e corroborado no contexto atual da globalização econômico-financeira.[52]

---

mensão implica entender a sociedade como um sistema de relações sociais composto de conexões necessárias com interação de suas instâncias com legalidade própria, que emana dessas instâncias da totalidade. Essa interação tem seu momento determinante na "produção", quando os homens interagem entre si para dominar a natureza, momento esse que é também determinado por outras instâncias, consolidando, assim, a síntese marxiana "a unidade é unidade do diverso". (Ideias extraídas de anotações feitas das aulas ministradas pelo Professor José Paulo Netto na Disciplina Tópicos Especiais em Teoria Social).

52. Ao contrário, há indícios de reafirmação dessas tendências do pensamento conservador. É sintomática a emergência de políticas de qualificação da força de trabalho excedente, o que

Nesse sentido, é que se percebe que *"a exclusão se naturaliza, sendo encarada pelos segmentos conservadores como fruto do atraso, e não como resultado de uma modernidade específica"*.[53] Essa visão conservadora também disfarça os reflexos desse modelo e desconsidera a relação orgânica entre a noção de crescimento urbano exacerbado em suas relações com as mudanças na participação da agricultura na economia.

Nesse ramo da produção, essas mudanças reafirmam um setor constituído por classes com condições sociais extremamente diferenciadas em termos da situação de propriedade da terra, dos meios de produção, de acesso a serviços de créditos e financiamentos. Apesar disso, um fato curioso revela essas contradições: é que a taxa de inadimplência da grande agricultura em 1995 era de 71%, enquanto da pequena, *dos pequenos, era de apenas de 0,8%*.

A reincidência de insolvências principalmente diante das "renegociações e securitização"[54] de grandes dívidas e dos desvios de créditos ajudam a subtrair e comprometer o sistema nacional de crédito agrícola. A propriedade dos meios de produção, o acesso às políticas agrícolas e agrárias bem como aos subsídios ao desenvolvimento da produção se expressam na agricultura como um setor que também incorpora interesses diferentes e conflituosos.

Sob essa visão, desconsideram-se quaisquer possibilidades de autonomização entre as esferas de produção e de reprodução, entendendo-as como processos que ocorrem em condições simultâneas,[55] ressalvando-se os limites das diversas modalidades de relação de trabalho na agricultura sinalizadas — assalariados e não assalariados, temporários, arrendatários, meeiros etc. — como condição essencial a essa discussão. Ao contrário, esses fenômenos são percebidos em uma

---

indica certas complexidades no campo do trabalho. A culpabilização dos processos de exclusão do mercado, ou seja, o despreparo dos indivíduos disfarça a real característica dos efeitos desses processos, que ficam por conta dos considerados "despreparados", estratégia que vale igualmente para as áreas rurais na óptica sincrônica com o ideário liberal/conservador.

53. Op. cit. *Atlas da Exclusão Social no Brasil*. v. 2, p. 56.

54. Bittencourt, Gilson. Abrindo a Caixa Preta: O financiamento da agricultura familiar no Brasil. Dissertação de Mestrado. Unicamp, Instituto de Economia. São Paulo, agosto de 2003.

55. Karl, Marx. *O Capital*. Livro 1, v. 2. Op. cit., p. 659.

perspectiva na qual as relações entre as esferas materiais e as relações sociais — em suas dimensões políticas, jurídicas e legais — formam um conjunto indissociável e se interpenetram na realidade social.

Vale lembrar que as principais reformulações teóricas e práticas para o setor agrário foram propostas e viabilizadas no início dos anos 90 durante o governo Fernando Henrique Cardoso, consolidando-se, a seguir, no governo de Luiz Inácio Lula da Silva.[56]

No campo científico há certas simetrias com as reorientações oficiais e a produção intelectual mais recente de Silva (1999), especificamente, em suas reflexões sobre os fenômenos agrários nas pesquisas, como já mencionei, sobre o "Novo Rural Brasileiro" em que afirma a seguinte tese: "o meio rural brasileiro não pode ser mais caracterizado como essencialmente agrícola (...) apenas como o conjunto das atividades agropecuárias e agroindustriais".[57] Essa reinterpretação da realidade rural assemelha-se com estudos sobre realidades internacionais. Não se trata apenas de constatações intelectuais, mas de reorientações teóricas e práticas mais amplas com significados sociais relevantes a esta investigação social, especialmente, quanto à *"redefinição"* da concepção da relação cidade-campo uma ampliação que decorre do ponto de vista econômico e social, da evolução das forças produtivas e que atualiza a acepção teórica entre agricultura e indústria.

Esses fundamentos na literatura clássica constituem um dos fatos mais importantes da divisão social do trabalho.[58] No pensamento

---

56. Ver artigo do Ministro da Agricultura e do Abastecimento do governo FHC. *Revista de Política Agrícola*, ano V, n. 4, out./nov./dez. 1996, que apresenta uma síntese sobre as mudanças institucionais e econômicas constantes do Projeto de Reorientação Institucional do Ministério da Agricultura e do Abastecimento, no qual se confirmam as redefinições conceituais para o setor rural, isto é: "A ideia central é rever conceitos ultrapassados e reorientar as ações para métodos e processos mais modernos no setor agropecuário que propicie resultados práticos e efetivos, garantindo melhor qualidade e competitividade aos produtores do complexo agropecuário agribusiness brasileiros".

57. Silva, José Graziano. *O Novo Rural Brasileiro*. Coleção Pesquisas. Campinas: Unicamp, 1999. p. 28-30. (Grifos nossos).

58. Marx, Karl. *A Ideologia Alemã*. Tradução de José Carlos Bruni e Marco Aurélio Nogueira, 8. ed. São Paulo: Hucitec, 1991, p. 78.

clássico, isso significa que a separação entre esses dois espaços físi-co-geográficos advém da consolidação da "propriedade privada" na sociedade burguesa e da *"subsunção do indivíduo à divisão do trabalho, a uma atividade que lhe é imposta"*.[59] Tal constatação sugere algumas com-plexidades decorrentes dessas transformações, por exemplo, hoje, esse ideário de modernização rural propõe de forma enfática que seja eli-minada a dicotomia rural-urbana e agrega uma diversidade de inter-pretações ainda pouco claras quando tratam de mostrar a "ruptura" ou sugerem a redução das distâncias entre essas áreas. Não vamos aqui nos alongar nesse complexo debate, pois convém apenas tecermos algumas considerações iniciais. A maioria dos estudos que se ocupa desse debate elege uma matriz teórica mais identificada com leituras economicistas ou estruturalistas próximas do pensamento liberal-con-servador. As preocupações se voltam basicamente para a organização das estruturas burocráticas formais, como o desmonte da noção de "centralização" e adotam concepções descentralizadas como fragmen-tos dos espaços locais, recomposição de territórios, microespaços e regiões combinadas à noção de territorialidades físicas e espaciais, potencialidades regionais, deixando obscuras as dimensões de caráter mais social e político.

Com isso, tornam-se indiferentes no trato das expressões da "questão social" nos espaços rurais, nos níveis de desigualdades sociais e de exclusão, que caracterizam a formação social brasileira. Ao que indica, vivencia-se um processo de "refuncionalização do modelo conservador", predominante em uma sociedade de elites pouco inte-ressadas em alterar os fundamentos da sociedade burguesa, pois tem as três grandes expressões e trunfos desse modelo: a concentração da propriedade privada da terra, da renda e de poder. Ressurge aí a re-forma agrária à brasileira de cunho "reformista conservador" que desenha um padrão fundiário, para usar os termos de Veiga, um "agrorreformismo". Esta versão reformista privilegia uma estratégia de "reforma agrária com pouca terra", similar à concepções defendidas

---

59. Idem, op. cit., p. 78.

em suas origens por Inácio Rangel, e apropriadas, salvo diferenças nas posições, de pensadores contemporâneos.

Nota-se que as políticas alternativas, "distributivistas" — em sua ênfase centrada no "consumo" de alimentos como políticas de "exceção" de média e curta duração — vêm sendo usadas na garantia da reprodução social imediata de camadas marginalizadas e empobrecidas da sociedade como respostas aos processos de expropriações, cunhados pelas formas de *"subsunção formal e real do trabalho ao capital"*, nos termos de Marx, as quais aviltam as condições de existência, vias alternativas de sobrevivência. Situação essa que vai exigir do Estado intervenções com políticas públicas, como políticas assistencialistas e compensatórias de cobertura aos segmentos vulneráveis a esses processos.

Resguardada a importância dessas cautelas oficiais, esses meios tendem a operar na revitalização e/ou fortalecimento de processos de "alienação" — no sentido da falta ou restrição disfarçada de maturidade de consciência dos direitos políticos e sociais, assim como de cidadania —, atraso de potencialidades subjetivas, que só ajudam a fragilizar uma participação cidadã na sociedade. Por ironia, o reverso desse jogo é que nem sempre esses meios materiais têm tanta durabilidade, sendo às vezes pouco consistentes ou descontínuos pelo caráter "voluntarista" dessas políticas cíclicas.

1.4 Reforma Agrária de Mercado e Agricultura Familiar

Esse projeto de modernização agrária em suas reconceituações veiculadas a partir de novas bases paradigmáticas sobre as mudanças nos processos técnicos, nos produtivos e nos de trabalho faz uma releitura sobre as condições de viabilidade da agricultura familiar.

Silva (1999), apoiado em pesquisas internacionais, introduz algumas ideias sobre essas reformas, por exemplo, a noção de "reconceituação do setor agrário" é um dos focos centrais de suas análises, mas há outras prospecções, entre elas, o "desmonte" da noção antes construída sobre a relação setorial entre a indústria e o setor de serviços, mais conhecidos como campos restritos ao setor urbano, e as atividades agropecuárias como ações específicas do meio rural.[60] Esta afirmativa acena a novos desafios a serem enfrentados pelas pesquisas sociais interessadas em melhor compreensão desses novos fenômenos, que não se restringe às condições históricas internas.

Examinando a proposta de Silva (1996; 2001), identifica-se que a nova noção de produção agrícola tem como alternativa a noção de produção "multissetorial" não agrícolas. Sua tese é a de que existe outro tipo de criação de riquezas no Brasil agrário, advindas não mais estritamente da produção de bens materiais, isto é, em suas palavras, "(...) o mundo rural está criando outro tipo de riqueza, baseada em bens e serviços não materiais e não suscetíveis de desenraizamento" (...),[61] cujo sentido se contrapõe à ideia de mobilidade populacional.

Embora o autor não esclareça, nesse desenraizamento fica subentendido que a população não precisa mais abandonar seu local de origem, (como nos tempos das migrações em massa, nos tempos da industrialização acelerada), já que podem recorrer a outras atividades fora da produção agrícola. Isso é justificado pelo advento da expansão do setor de serviços em outras atividades produtivas, como turismo, serviços pessoais, lazer e, até, caça e pesca (cf. Silva, 1999; Balsadi, 2001).

Para Silva, "(...) a proporção de trabalhadores ocupados em atividades não agrícolas no país, cresceu de 20,8% em 1992 para 22,8% em 1995, e em São Paulo passou de 3,5% para 4,4%".[62] Isso demonstra o crescimento maior da produção não agrícola ou multissetorial, tributados à expansão do setor de serviços, também em áreas rurais, ativi-

---

60. Idem, p. 4-11. Esta pesquisa e outros estudos mais recentes de Graziano da Silva chamaram minha atenção, sobretudo, pela sua afirmativa sobre a expansão das atividades não agrícolas em detrimento das atividades na produção agrícola em áreas rurais como tendência e alternativa ao desenvolvimento da agricultura familiar no Brasil, além de outros temas, como o expressivo aumento da população rural em relação à urbana a partir dos anos 90, fato inverso ao que ocorrera em décadas recentes no país.

61. Silva, José Graziano. *O Novo Rural Brasileiro*. Op. cit., p. 28. Segundo o autor, essa expressão é uma terminologia consagrada pelo grupo de Pisani (1996) (Grifos do autor).

62. Silva, José Graziano. *O Novo Rural Brasileiro*. Op. Cit., p. 38.

dades requisitadas pela demanda capitalista na implantação de novas atividades mais competitivas, capazes de diversificar os enclaves da produção, e que possibilitem também a agregação de valor à economia para além da produção agrícola.

De fato, isso atende a procura incessante de novos métodos de extração de mais trabalho, portanto, de mais lucros e maior extração de mais-valia. Isso se daria desde que houvesse completa revolução nos métodos de extração de "sobretrabalho", combinando novas formas de subordinação ou de "subsunção formal e real do trabalho ao capital", como afirmara Marx em seu tempo histórico, pois "é apenas na sua condição de possuidor das condições de trabalho, que, neste caso, o comprador faz com que o vendedor caia sob a sua dependência econômica".[63]

Por sua vez, as bases fragmentárias aí requisitadas negam o caráter coletivo e social da produção e da organização do trabalho, descaracterizam a noção de "produção social", que, apesar de mais utilizada no tratamento da produção industrial, é identificada igualmente nos espaços rurais. Esses fundamentos colocam em questão a ideia anterior, que considerava o "desenvolvimento rural" de acordo com uma estratégia mais ampla de seus avanços, hoje vista como reflexos da chamada "crise de paradigmas".[64]

---

63. Marx, Karl, cap.VI Inédito. Op. Cit., p. 94.

64. No texto de Zander Navarro, "Desenvolvimento Rural no Brasil: os limites do passado e os caminhos do futuro", encontra-se um resumo sobre diferentes interpretações teóricas da categoria desenvolvimento rural, mostrando que adquire diferentes interpretações de acordo com as mudanças que sofre nos contextos históricos. O autor sugere que desenvolvimento rural implica pensar as dimensões agrárias e agrícolas não de forma segmentada, mas com estratégia correta na construção de um desenvolvimento amplo, que inclui dimensões ambiental e sustentável. Suas prospecções sobre esse debate nos anos 90 acenam para nova caracterização do setor rural como não mais necessariamente agrícola, cuja posição se assemelha às de Graziano e de Eli Veiga. Navarro demonstra concordâncias quanto à não necessidade de reforma agrária no Brasil. Seu ceticismo quanto à possibilidade da ultrapassagem do capitalismo parece correto apenas se pensarmos essa transformação de regime como tarefa apenas das "(...) organizações populares do campo". Por causa desse ceticismo, ele propõe basicamente uma aliança de classes. Assim, afirma "(...) nesta quadra da história, o padrão econômico e o regime político que sustentam a sociedade brasileira estariam ancorados no capitalismo e a sua superação, sequer remota-

O argumento principal é que o velho padrão de desenvolvimento rural, fundamentado em dimensão macro dos fenômenos, não explica mais os problemas da sociedade, razão pela qual entram em cena outras premissas teóricas na assimilação dos fenômenos sociais tanto urbanos como rurais. Daí os destaques à importância do planejamento local, à estratégia da descentralização, que formam um arsenal categorial que substitui as concepções de centralização pela descentralização, o global pelo local, esferas estruturais como redução de distâncias urbano-rurais, além da revalorização das identidades e a negação das diferenças.

Com isso negam-se as diferenças campo-cidade, daí — para usar um termo pós-moderno — entra em cena a novidade da combinação de "ruralidade". Esta categoria teórica tem origem nas determinações da OCDE a partir de 1994. Conforme seus idealizadores, emergem a necessidade não só no Brasil, mas, também, na maioria dos países do primeiro mundo, — os quais, ainda no início do século XX, optaram pelo fomento à agricultura familiar,[65] — de um novo ideário destinado a resgatar a importância de revalorização do mundo rural. Pois coube à OCDE redirecionar a visão de que a "ruralidade não é mais sinônimo de atraso".[66]

Essa visão simplifica e reduz de certa forma os efeitos das transformações da realidade vistas pela noção abstrata de "redução das distâncias entre o rural e o urbano" em termos da distribuição física dos territórios que separam a agricultura e a indústria e que acabam por eliminar a importância da realidade concreta em suas dimensões

---

mente, encontra-se no horizonte". Dossiê Desenvolvimento Rural. *Estudos Avançados* — USP, 15, n. 43, v. 1. São Paulo: IEA, 2001, p. 83-95.

65. Veiga, José Eli. *O Agrorreformismo.* Op. Cit. p. 77

66. Em sua análise sobre as mudanças na relação cidade-campo, Veiga mostra que essa proposta é resgatada de países desenvolvidos, os quais, na atualidade, passam a re-valorizar o ambiente natural em estratégia para reduzir as diferenças na relação campo-cidade como forma de eliminação da separação entre a produção e o "setor terciário". Segundo o autor, essa estratégia visa à eliminação de distâncias entre agricultura e indústria. Veiga, José Eli da. *Cidades Imaginárias.* O Brasil é menos urbano do que se imagina. Campinas: Autores Associados, 2002, p. 95-7.

econômicas, sociais e políticas. Sob um ângulo linear, espacial, aumentam os riscos de desprezo às outras mediações que melhor explicam a dinâmica capitalista em sua lógica de reprodução e os seus processos de transformação da sociedade, da produção agrícola, que se transforma, de sua forma natural, material, em produção agro-industrial — forma de produção de mais-valia — em seus reflexos para a esfera da reprodução social. Em outras palavras, essa transição de suas formas aparentes à ultrapassagem para uma concepção das relações sociais nas quais se insere a agricultura familiar requer entender que não há milagres nesses processos. Eles resultam dos efeitos dos avanços tecnológicos na agricultura, cuja dinâmica do mercado, da concorrência e da competitividade com impactos diferenciados às camadas mais vulneráveis, condição que envolve não só as determinações econômicas, mas também as formas sociais e políticas implicadas nas relações sociais de produção.[67]

Do ponto de vista econômico, esses processos respondem aos imperativos do capital em períodos de crise, de buscar outros níveis, bem como de recriar espaços de valorização, cujo fim último é a busca de "centralização de capitais", nos termos de Marx, como uma das condições essenciais à acumulação nesse estágio do capitalismo globalizado; com isso, revolucionam a organização, os fundamentos centrais da dinâmica capitalista, conforme a relação entre produção, circulação, consumo.

Ao repor elementos novos, recompõe igualmente os processos de produção e as formas sociais do trabalho, além das formas de apropriação e extração de sobretrabalho com vistas à efetivação de seus interesses. Do ponto de vista social, busca não só o consentimento social, como formula alternativas políticas para a garantia da repro-

---

67. Veiga (Apud Servolin, 1989) mostra que foi o padrão de modernização agrícola que acabou vingando em todos os países avançados. Na França, coube ao Estado assegurar o melhor preço possível no conjunto dos mercados agrícolas: "Um preço o mais baixo possível para o orçamento do consumidor e garantindo ao produtor uma justa remuneração de seu trabalho". Só que esse preço justo seria determinado de forma subordinada às necessidades globais do sistema econômico: "o orçamento do consumidor determina em grande parte o nível dos salários e, através dele, um bom número de variáveis econômicas". Op. cit., p. 82.

dução da força de trabalho através de medidas mais específicas destinadas àqueles segmentos mais vulneráveis aos impactos dessas mudanças, de forma a garantir, na óptica do capital, um ambiente
"harmônico",[68] que permita efetivar, de preferência sem atropelos, seus
interesses. Trataremos desse debate nos capítulos sobre a nova lógica
de reorientação institucional e das políticas de ajuste estrutural na
discussão sobre a diversificação da produção a seguir.

O Programa Nacional de Agricultura Familiar (PRONAF), criado
em 1996 no governo FHC, destinava-se à modernização e ao fortalecimento da agricultura familiar, e era visto como uma das experiências
de políticas públicas operacionalizadas através de parcerias público-privadas de execução descentralizada, sendo indicado como via de
superação do mito histórico quanto ao potencial de viabilidade econômica de segmentos rurais médios e pequenos. Essa ideia se confirma
no fato de que os agricultores familiares no Brasil, segundo dados da
"FAO e o Censo Agropecuário — geram em média por hectare 136%
mais renda do que as explorações patronais, e são responsáveis por
77% do pessoal ocupado no setor agrícola".[69]

---

68. Através de programa televisivo, exibido no dia 28 de maio de 2004, constatamos que
um Senador Federal do Estado do Piauí apresentava proposta por ele conceituada como "Reforma Agrária Harmônica" a ser implantada através do PRONAF, em que sugeria o retorno
do modelo de arrendamento de terras. Segundo ele, seria nova agenda, paralela à Reforma
Agrária, destinada a lavradores que moram na cidade e trabalham no campo. Os recursos
seriam repassados para associações de trabalhadores rurais, cujos empréstimos seriam de R$
500,00 (quinhentos reais). Tal estratégia teria por objetivo gerar empregos nos municípios,
evitar invasões, buscar "harmonia" entre proprietários e lavradores. Nas palavras do Senador:
"os coitados dos lavradores não têm instrução, como administrar um volume maior de recursos?". Fez, na ocasião, uma série de cálculos, tomando por base o total de trabalhadores e os
recursos emprestados, mostrando o lado que considerava "positivo" em sua proposta de
"Reforma Agrária Harmônica." Resta sabermos os desdobramentos e a viabilidade dessa
política de Reforma Agrária.
69. Jungmann, Raul Belens. O Desenvolvimento do Meio Rural. Abril 2000. Disponível em:
<www.bnaf.org.br/palest09.htm>. A principal novidade apresentada por esse programa está em
introduzir um conjunto de mudanças conceituais desde a categorização econômica dos agricultores, cujos grupos tornam-se seletivos em termos não somente da situação hierárquica entre os
segmentos que o compõem, mediante as situações heterogêneas dos produtores, de forma que
o acesso aos financiamentos e ao crédito segue critérios baseados na proporção da renda dos
grupos de menor para os de maior renda. A estratégia central do programa é fortalecer a agri-

O PRONAF volta-se a compor e recompor estratégias de integração e de diversificação entre setores produtivos das regiões, reafirmando, ainda que contraditoriamente, a eminência da reprodução financeira de certas camadas, mas, também, uma estratégia de extração de mais trabalho, daí, a perspectiva de que essas camadas "se mantenham produtivas e dinâmicas". Soma-se aos incentivos obtidos pelos avanços tecnológicos o uso de meios modernos de produção, pelo que não só transferem, como visam "à agregação de valor aos produtos pela via da agroindústria",[70] e à obtenção de "mais-valia".

Isso reafirma a noção de que, também no setor agrário, essa expansão e a diversificação de atividades geram e conferem os propósitos e ganâncias desse sistema que, em termos relativos, *"(...) à sua própria natureza, o capital não tolera limites geográficos à sua expansão"*,[71] cujas expressões são válidas em relação às novas buscas produtivas para além dos espaços nacionais, regionais e locais, até em âmbitos internacionais: "O crescimento do capital social realiza-se através do crescimento de muitos capitais".[72]

A consolidação dos complexos agroindustriais é um marco à compreensão dos avanços na relação campo-cidade, porque foi um período em que — além de promover a integração entre as diferentes categorias de capitais industriais, bancários e agrários — a estreita relação dessa dinâmica capitalista com os grandes projetos, mediada pelas políticas governamentais macro, consolidaram os grandes projetos agroindustriais desde 1975, contribuindo para a consolidação de um modelo de desenvolvimento concentrado de propriedade, "pelo alto", demarcado por uma apreensão distorcida do papel que poderia assumir a pequena agricultura em termos da "produção de bens e salários, ou seja, produção de bens alimentícios e produção de força

---

cultura familiar, por considerá-la "atividade econômica voltada para o mercado e que constitui o 'vetor básico' desse desenvolvimento". (A marcação em negrito é do original. Os grifos em asteriscos são nossos).

70. Idem, op. cit.

71. Mandel, Ernest. *O Capitalismo Tardio*. São Paulo: Abril Cultural, 1982, p. 219.

72. Marx, Karl. *O Capital*. v. 1, p. 726.

de trabalho".[73] O problema é que os desvios feitos pelos grandes latifundiários mudaram substancialmente as regras de financiamentos,
como a redução do crédito rural.

Isso nos faz voltar ao modelo de modernização brasileiro, em sua
gênese mostrada por Caio Prado (1977) e percebida, salvo particularidades, também por Coutinho (1999), à luz do conceito gramsciano de
"revolução passiva", percebido como um padrão em que o fortalecimento do Estado ocorre em detrimento da sociedade civil. Ou seja,
quando conservam formas autoritárias em suas relações com certos
segmentos sociais e preserva a "(...) a prática do transformismo como
modalidade de desenvolvimento (...) que implica exclusão das massas
populares",[74] como veremos no capítulo 3.

A reconstrução desse padrão de reforma agrária não necessariamente centrada na propriedade define que ela seja metamorfoseada
como política social de natureza "redistributivista", enquanto alternativas aos esquemas de reprodução capitalista e de reprodução social,
que dão suporte aos efeitos dos avanços das forças produtivas sobre
a força de trabalho. Disso decorre a funcionalidade de uma base insti-
tucional-burocrática formal, mas social e intelectual, de sustentação e
legitimidade.

Desde os anos 80, Silva (1999) vem sinalizando novos rumos
"paradigmáticos" de compreensão do papel da agricultura familiar no
Brasil sob o ângulo das transformações capitalistas, sobretudo ao tratar da relação entre a transição dos *complexos rurais à consolidação dos
complexos agroindustriais*". Suas prospecções quanto à viabilidade desses segmentos mostram as particularidades do padrão agrário brasileiro em suas reflexões sobre a divisão social do trabalho.

Nesse sentido — salvo ambiguidades, como o pouco aprofundamento sobre temáticas das obras clássicas tanto de Marx como de

---

73. Silva, José Graziano. "O Desenvolvimento do Capitalismo no Campo Brasileiro e a Reforma agrária". In: *A Questão Agrária Hoje*. Porto Alegre: Ed. UFRGS, 2002, p. 140.

74. Coutinho, Carlos Nelson. *Gramsci: um Estudo sobre seu Pensamento Político*. Nova edição
revista e ampliada. Rio de Janeiro: Civilização Brasileira, 1999, p. 202-3.

Lênin no que se refere aos fundamentos econômicos e sociopolíticos, especialmente o caráter indissociável entre as esferas infra e superestruturais — suas análises sobre as particularidades do capitalismo brasileiro — principalmente os destaques à relação agricultura-indústria e as tendências na evolução desse sistema — são componentes fundamentais reveladores das novas tendências desse padrão, como o fenômeno da proletarização camponesa como consequência do padrão "excludente" de modernização agrária no Brasil.

Por sua vez, essas descobertas têm permitido reconhecer o padrão capitalista brasileiro como modelo perpassado por "debilidades/fragilidades"[75] — aliás, absolutamente equivocado — quando comparado ao que ocorreu em circunstâncias semelhantes, mas não idênticas, com os países ricos.

De certo modo, alguns aspectos sinalizados por Silva (1999) se aproximam com os objetivos desta investigação, quando considera a agricultura como setor situado na divisão social do trabalho, portanto não autonomizado da dinâmica do modo de produção capitalista em suas etapas de reestruturação. Seus estudos sobre "O Novo Rural Brasileiro" e "Projeto Rurbano", são expressivos e mais representativos dessa reconstrução da política de reforma agrária no Brasil, em especial quando trata das mudanças das atividades agrícolas para as não agrícolas e as inovadoras alternativas aos processos de produção. Mas há diferenças entre as análises desse autor e nosso estudo, por exemplo, quando ampliamos a compreensão dessas mudanças rurais a partir das transformações ocorridas no mundo do trabalho, da reforma do Estado e da ampliação do setor privado na regulação da reforma agrária, pois considero esses fenômenos interconectados às reestruturações capitalistas nesse novo estágio de acumulação.

---

75. Ver a tese de doutoramento de William Soto, o qual, com muita competência, faz um resgate de toda a obra intelectual de José Graziano e de José de Souza Martins, mostrando que esse fenômeno da debilidade do capitalismo brasileiro é determinação das mais importantes e perpassa todos os seus estudos. SOTO, William Héctor Gomes. *A produção de conhecimento sobre o "mundo rural" no Brasil*: as contribuições de José de Souza Martins e José Graziano da Silva. Santa Cruz do Sul: EDUNISC, 2002.

A ideia de urbanização do mundo rural é um dos motes intelectuais de Silva (1999) o qual incorpora o fenômeno da "pluriatividade" como a novidade central desse novo padrão de desenvolvimento agrário. Coerente com seus estudos sobre a industrialização brasileira e sobre o debate concernente à formação dos complexos agroindustriais, ele mostra a tendência de consolidação da integração entre agricultura e indústria no Brasil. Atualmente, tomando por base o Estado de São Paulo, o autor afirma:

> (...) a população rural residente que vinha caindo nos anos 80, apresenta crescimento no período de 1992/95 de 2,3% a.a muito superior ao crescimento da população urbana, que foi de 1,5% a.a no mesmo período, e da população residente total.[76]

Em relação às ocupações, observa que só na "Região Sudeste, em 90, mais de 40% da PEA estava ocupada em atividades não agrícolas, isto é, em serviços pessoais e agroindustriais".[77] Em termos mais gerais, a pesquisa mostra que houve expressivo crescimento de pessoas ocupadas em atividades não agrícolas entre 1992 e 1995, de 3,5% a.a. contra 1,2% a.a. em períodos anteriores. O autor afirma, com base nas PNADs, que há queda em torno de 460 mil pessoas no número daquelas ocupadas em atividades agrícolas.[78]

Na nossa avaliação, estes fenômenos resultantes das transformações capitalistas na agricultura são frutos do crescimento da industrialização e da mecanização que acontecem num processo contraditório de exclusão de certos segmentos, mas a inclusão de outros vai exigir especialização da força de trabalho, que, por sua vez, dispensa "trabalho vivo" devido à introdução da mecanização, fato que tem reflexos nos processos de mobilizações populacionais.

As expressões dessas transformações societárias que atingem a maioria das sociedades capitalistas nos fazem entender, analisando

---

76. Silva, José Graziano. Op. cit., p. 25.

77. Graziano da Silva não esclarece o que chama de serviços pessoais em áreas rurais, apesar do destaque quantitativo nas tabelas apresentadas em seu estudo.

78. Silva, José Graziano. *Pesquisas. O Novo Rural Brasileiro.* Op. Cit., p. 11-24.

fenômeno semelhante, que a *"industrialização acelerada da agricultura"*, como percebeu Mandel (1982, p. 267), nas economias centrais, a *"proporção de pessoas ocupadas na agricultura caiu para menos de 10% da população ativa na maioria dos casos, e em alguns países, como a Inglaterra ou os Estados Unidos, chegou a 5% e às vezes menos ainda.*[79] *Para ele, a conversão de produtos agrícolas em mercadorias industrializadas faz com que "essa separação de setores inteiros da produção da agricultura propriamente dita explica por que a percentagem da população ativa trabalhando na agricultura caiu muito mais que a percentagem da alimentação relativamente ao consumo em geral".*[80]

Nessa mesma direção quanto às modalidades desse padrão de reforma agrária, uma síntese apresentada por Guilherme Delgado (2001) sobre o "Novo Rural Brasileiro" confirma que os principais eixos dessas reorientações são: "a reconceituação do setor rural à luz dos novos aspectos demográficos e socioeconômicos da ruralidade; as novas funções do setor agrícola no processo de desenvolvimento, (...) novos aspectos da teoria do desenvolvimento; o enfoque no território e na categoria 'pluriatividade'" como novas interpretações sobre a racionalidade do setor rural.

Sob o ângulo econômico, esse novo ciclo de acumulação intensifica a participação dos mercados e de produtos externos, que passam a contar com respaldo estrito do mercado diante da redução da intervenção pública na regulação e no controle do comércio interno segundo preceitos da ordem neoliberal, cuja dinâmica de mudanças na lógica dos processos de trabalho afetam a reprodução social. As expressões disso são as alterações negativas na organização das estruturas ocupacionais no "mundo do trabalho", como mostram as pesquisas:

> (...) essa concepção de política agrícola e comercial é responsável pela desarticulação em menos de três anos de cerca de 400 a 500 mil empregos agrícolas e provavelmente de um número igual ou superior de estabe-

---

79. Mandel, Ernest. *O Capitalismo Tardio*, p. 267. (Os grifos são nossos; o itálico é do original)
80. Idem. Op. Cit. p. 267.

lecimentos rurais familiares que se desativaram neste processo, ou refluíram para o sistema de economia de subsistência.[81]

Tal desmonte do trabalho centrado na produção agrícola resulta
dos avanços tecnológicos que subsumem o trabalho, de maneira que
esse progresso impõe as formas de "subsunção real do trabalho", as
quais se metamorfoseiam em formas de extorsão ou de "subsunção
formal do trabalho". Isso quer dizer que o retorno às atividades de
subsistência forja novas modalidades de apropriação do valor produzido pela pequena produção, personificado nesta última forma de
subordinação. Essa dinâmica de desregulamentação da lógica de reprodução econômica e social dos segmentos que vivem de seu trabalho
ajuda a reconstruir novas bases, redefinindo os padrões de produção
e as formas sociais do trabalho.

As mudanças nos processos do trabalho calcado no padrão de
reforma agrária "produtivista" resultam em alterações nas condições
de produção e reprodução dos segmentos sociais aí envolvidos. As
complexidades sociais daí resultantes vão forjar a intensificação de
mecanismos de enfrentamento da pobreza por parte do governo
brasileiro, que intensifica a implementação de políticas sociais de
recorte assistencialistas com a finalidade principal de garantir o esgotamento ou trânsito do modelo produtivista para outras bases
econômicas de centralidade não mais fincada no trabalho e produção
principalmente agrícola, mas entra em cena com fortes expressões o
padrão distributivista dos benefícios sociais através das políticas
sociais compensatórias.

1.5 Integração Agricultura-Indústria: Trabalho e Produção

No Brasil, as críticas ao "modelo produtivista" perduraram desde
os anos 50 até meados dos anos 80 e ressurgiram, de forma mais enfá-

---

81. Delgado, Gulherme C. Idem, p. 236.

tica, no segundo mandato do governo Fernando Henrique Cardoso. Dentre outras razões, essas reformas realizam alterações no modelo convencional de reforma agrária, salvo os limites, nas formas de regulação do papel entre o Estado e o mercado, uma política que, em parte expressiva de suas ações, hoje, é muito mais viabilizada pelo "mercado", considerado como esfera mais apropriada a desenvolver atividades de distribuição e organização das relações de propriedade, entre outras, a "comercialização de terras".

Observando-se por esse viés, torna-se notório o rompimento aparente de algumas funções remanescentes do modelo intervencionista dos tempos do keynesianismo, em que o Estado interventor assumia a totalidade das atribuições: formulação e implementação de políticas agrárias e agrícolas, às atividades de compra e venda direta de terras, que prevalecera até o final dos anos 80, cujas alterações não se encerram aí.

As reformas nessa lógica de intervenção são lentamente introduzidas, e, a princípio, mais direcionadas a acomodar as tensões sociais no campo. Uma delas foi a criação, pelo referido governo, de novos instrumentos sociojurídicos e políticos para a consolidação dos negócios imobiliários rurais, dentre os quais os principais são "o Banco da Terra e os leilões de terras em detrimento das desapropriações".[82]

Além desses instrumentos legais, houve O Projeto Cédula da Terra, bem como o Programa de Inscrições para Assentamentos pelos Correios e a Medida Provisória n. 2.109 — esta última proíbe a vistoria de imóveis ocupados por dois anos. Por último, a Portaria do Ministério do Desenvolvimento Agrário n. 62, de 27 de março de 2001, que exclui assentados por atos de invasão; todas essas foram medidas de caráter inibidor em detrimento de relações mais democráticas entre o Estado e a sociedade civil.

---

82. Carvalho Filho, Jose Juliano de. Política agrária do governo FHC: Desenvolvimento rural e a nova reforma agrária. In: Leite, Sérgio (Org.). *Políticas públicas e agricultura no Brasil.* Porto Alegre: Ed. UFRGS, 2001, p. 215.

Essas reestruturações são vistas por Umbelino Oliveira[83] como destinadas a mudar as regras tradicionais de relações do Estado com a sociedade, cuja finalidade era introduzir novas regras e formas de gestão pública mais identificadas com a estratégia da nova "reforma agrária de mercado". Como garantia à efetividade dessas propostas, o governo Fernando Henrique decreta tais medidas, usando, dentre outros, os argumentos sobre o esgotamento do modelo de desenvolvimento focado na industrialização acelerada em áreas metropolitanas e na agricultura patronal como um "modelo em crise".[84] Este é um forte indicador da transição dos padrões agrários modernos calcados na gestão pública para outro modelo mais condizente com as premissas do novo padrão de acumulação fundamentado no modelo neoliberal, cujos enfoques são mais direcionados à "redistribuição de ativos, terra e educação" (cf. Fernandes, 2001; Carvalho Filho, 2001).[85]

Tem-se aqui o divisor de águas "central", sobre o qual essas mudanças se consolidam efetivamente enquanto fruto das imposições da reestruturação do capital, cujas alterações atingem todos os ramos da produção. Esse novo padrão de acumulação desarticula, de certa forma, o ideário da construção "clássica" do sentido teórico da contradição cidade/campo cujo padrão

> (...) fordista/imperialista tende a se dissolver com a urbanização generalizada promovida pelas comunicações, pelo consumo e pela produção sintética de alimentos. Assim, o conteúdo e o significado econômico-po-

---

83. Oliveira, Ariovaldo Umbelino. A longa marcha do campesinato brasileiro: movimentos sociais, conflitos e reforma agrária. In: *Estudos Avançados USP*, n. 43 Dossiê Desenvolvimento Rural, v. 15, set./dez., São Paulo: IEA, 2001, p. 202-3.

84. Ver também o texto de José Juliano de Carvalho Filho, no qual estão detalhadas as premissas centrais que fundamentam a proposta de desenvolvimento rural feita pelo governo de Fernando Henrique Cardoso, na implantação da "Nova reforma agrária de mercado". Idem, p. 214-15.

85. Fernandes (2001, p. 35) define essa nova política de redistribuição, observando-a a partir da proposta do PRONAF, e inclui a terra como um de seus ativos. Já Carvalho Filho cita apenas a educação como referência dessa política de redistribuição com base no próprio documento do Governo Fernando Henrique, em sua proposta chamada Nova Reforma Agrária. (Carvalho Filho, 2001, p. 215.) (Grifos e interrogação são nossos).

lítico da questão da terra sofre alterações profundas, exigindo uma re-leitura que transcenda a fórmula da aliança operário-camponesa.[86]

A preocupação principal de Fernando Henrique Cardoso era, de fato, incorporar a estratégia de reforma agrária, com vistas a possibi-litar "(...) condições de inserção competitiva dos agricultores familiares no mercado interno e global".[87] Tais mudanças se expressam como respostas aos níveis de complexidades das relações sociais veiculadas pelas organizações da sociedade civil e o Estado, em especial, os mo-vimentos sociais do campo, que, a rigor, continuam a exigir maiores intervenções do Estado na mediação dos antagonismos e do agrava-mento dos conflitos agrários.

Desse modo, cabe lembrar alguns questionamentos. Como essa revalorização do sistema da base agrícola familiar visa recompor, de fato, as formas de "subsunção formal e real do trabalho ao capital" enquanto exigências desse novo padrão de acumulação? A crise do modelo pautado na produção, no Brasil, vai consolidar um novo padrão calcado em políticas compensatórias, ou apenas serve de resposta às manifestações da "questão social em suas expressões no setor rural"?

Historicamente, as reestruturações agrárias resultam das chama-das "reformas de base", as quais, em diferentes contextos históricos, integram as estratégias de desenvolvimento do sistema. Nesse caso, os papéis da agricultura em suas relações com o setor industrial são colocados em discussão, tendo a reforma agrária como um dos temas constitutivos da agenda.

Kameyama, ao analisar a dinâmica do desenvolvimento do ca-pitalismo no final dos anos 60, mostrara um movimento quanto ao papel da agricultura em face da divisão nacional e internacional do

86. Del Roio, Marcos. O Capital além do imperialismo. Disponível em: <http://www.mhd.org/artigos/delroio-imperialismo.html>. Acesso em: 19 maio 2004.

87. Governo Federal — Ministério do Desenvolvimento Agrário. INCRA — Instituto Na-cional de Colonização e Reforma Agrária. "Novo Retrato da Agricultura Familiar: O Brasil Re-descoberto". Brasília, fev. 2000.

trabalho, e que as repercussões econômicas afetariam, de forma diferenciada, a agricultura em economias mundiais, implicando na
recriação da dinâmica nas relações entre a agricultura e a indústria.
Tais mudanças na divisão do trabalho atingem o papel da agricultura, em suas funções clássicas, na produção de alimentos e de matérias-primas.[88]

Observando a dinâmica capitalista no período da "Aliança para
o Progresso", surgem duas ordens de questões análogas com o debate
aqui viabilizado: a relação entre a "política produtivista" semelhante
à dos anos 60/70 assentada nas grandes linhas da produção e da produtividade, ou a "política distributiva",[89] embora aquele período ti-
vesse tido o objetivo de implementar programas de reforma agrária,
o que significaria desmontar os "(...) sistemas injustos de propriedade
e exploração da terra, (...) substituindo o regime de latifúndio e de
minifúndio por um sistema mais justo de propriedade (...)".[90]

Portanto, estas questões têm reflexos nos processos de produção
e reprodução social, na organização dos processos de trabalho, em
particular, quando as críticas são direcionadas à relação das necessidades de valorização, que, na agricultura, é demorada, daí as exigências de exploração de trabalho vivo. Esse novo padrão de acumulação
demonstra interesse na valorização de outras bases, dentre as quais:

> (...) a propriedade, o controle e gestão dos meios de produção do co-
> nhecimento científico, em maior medida do que a propriedade dos

---

88. Kameyama, Nobuco. Structures agraries, ideologies et mouvements paysans au Bresil.
Tome I. Ecole des Études em Sciences Sociales. Université de Paris I — Pantheon — Sorbonne.
(Tese de Doutorado). Paris, abr. 1978, p. 258.

89. Idem, op. cit. Trata-se das políticas propostas para países da América Latina nos anos
60, durante o período do pacto "Aliança para o Progresso", pelo Presidente dos Estados Unidos,
John Kennedy, com o intuito de sugerir reformas de base para esses países. Essas medidas tinham
o sentido de se contrapor ao ideário comunista, que vinha se propagando por esses países. No
Brasil, uma melhor proposta de reforma agrária foi implantada pelo programa da OEA em 1964.
Mas o pacto de reforma agrária, através da distribuição da propriedade, foi substituído por
políticas produtivistas, como parece ser confirmado com as políticas assentadas no incremento
da produtividade, da produção, idealizadas por Delfim Neto nos anos 60/70 (Grifos nossos).

90. Idem, p. 262.

meios materiais de produção (terras e máquinas) onde a matéria-prima passa a ser o "saber" e a "inteligência", mais do que bens físicos e materiais.[91]

Nesse caso, um dos aspectos centrais dessa proposta de uma agricultura moderna é o conhecimento, considerado um dos carros chefes, combinado aos avanços tecnológicos do referido setor. Por isso, a ênfase em novas bases técnicas e produtivas menor no campo agrícola e com maior intensidade nas atividades não agrícolas, ou seja, inserem-se aí, áreas de diferentes campos da produção, principalmente o setor de serviços, e os aprimoramentos do conhecimento científico nesse ramo da produção.

Essas tendências são constatadas hoje mediante os efetivos avanços das pesquisas nos campos da biotecnologia, da produção de alimentos e de grãos, na produção e cultivo dos transgênicos e no setor de reprodução animal e vegetal. Fenômenos esses que, por si, reafirmam a lógica histórica desse sistema de valorização, qual seja, a busca incessante do capital não só na necessidade de exploração de novos recursos naturais como sua base primeira, essencial, mas, também, a extração da lucratividade e da rentabilidade, através dos métodos de extração de sobretrabalho, isto é, o aumento da produtividade do trabalho.[92]

---

91. Del Roio, Marcos. Idem, p. 6. (Grifos nossos).

92. Matéria recente publicada na *Revista Veja* em edição especial sobre "Agronegócio e a Exportação" brasileira contém reportagem especial sobre os avanços da pesquisa agropecuária no Brasil. A Empresa Brasileira de Pesquisas Agropecuárias (EMBRAPA) é considerada protagonista de uma das maiores revoluções tecnológicas do século XXI. Não restam dúvidas de que os avanços no campo da biotecnologia foram absolutamente expressivos em termos da quantidade, da qualidade e dos resultados obtidos nos mais diversificados campos, desde a produção de frutas, verduras, animais, produtos, como algodão, máquinas e equipamentos etc., usando os mais diferentes e requintados recursos tecnológicos de ponta. A EMBRAPA vem colocando o Brasil como o mais importante centro de referência em agricultura tropical do mundo. Segundo os pesquisadores, "no início da década de 1990, o Brasil produzia em torno de 60 milhões de toneladas, a produtividade média nacional era de 1,5 tonelada por hectare. Hoje, com uma produção de 120 milhões de toneladas, o índice é de 2,7 toneladas — quase o dobro". Revista Veja, n. 36, out. 2004, p. 48-53. Só resta saber quais são as camadas que deverão ser beneficiadas com esse fruto do progresso tecnológico.

Segundo as formulações de Marx e Lukács, essas relações decorrem dos avanços e das descobertas científicas usadas pelo homem com vistas à "ultrapassagem das barreiras naturais", do conhecimento e das relações iniciais do homem com a natureza, as quais evoluem, de fato, para formas superiores mais complexas, para além das relações de produção, que se personificam nos níveis das relações sociais — para usar os termos de Luckács, das "relações dos homens entre si".

Desse modo, o caráter evolutivo das forças produtivas na agricultura tem sido mostrado recentemente na descoberta de novas variedades de plantação de grãos, no caso do milho selecionado por Regiões, onde a colheita pode ser prevista de forma antecipada, nos avanços da soja transgênica, sem falar dos avanços tecnológicos alcançados no agronegócio, isto é, do incremento do capital fixo em insumos e implementos agrícolas, nas máquinas e equipamentos.

Essa lógica não foge à regra, isto é, corresponde à necessidade que o modo de produção capitalista tem, o de avançar na descoberta de novas tecnologias. Isso altera a relação capital-trabalho diante da busca do aumento da produtividade e da extração de mais-valia. De modo contrário, o desenvolvimento das forças produtivas na pequena produção exige a extensão da jornada de trabalho vivo. Essa relação se efetiva a partir de dois ângulos: o primeiro ocorre em função do uso de máquinas, equipamentos e de outras tecnologias nos processos de trabalho, com uma particularidade específica: ao contrário do que ocorre na indústria, a redução da dimensão variável do capital em decorrência do crescimento de sua dimensão constante, ou, melhor dizendo, "(...) a substituição do trabalho vivo pelo trabalho morto, a mecanização na agricultura"[93] não modifica, necessariamente o "(...) tempo de produção de uma dada mercadoria" e como "reduz o tempo de trabalho" acaba por aumentar "(...) o tempo de trabalho não pago".[94]

93. Antunes, Ricardo. *Adeus ao Trabalho?* Ensaio Sobre as Metamorfoses e a Centralidade do Mundo do Trabalho. São Paulo/Campinas: Cortez/Editora da Unicamp, 1995, p. 47.

94. Silva, José Graziano. *Tecnologia e Agricultura Familiar.* Op. Cit., p. 44-47.

O outro ângulo é a possibilidade de penetração capitalista na agricultura com vistas à integração com a indústria, na direção da ultrapassagem das barreiras naturais, o que se dá mediante o uso de tecnologias como os produtos químicos, para "(...) acelerar os efeitos do progresso técnico".[95]

Em relação a isto constatamos que, no período de janeiro a setembro de 2004, com a produção de máquinas e equipamentos, o agronegócio faturou US$ 29.864 bilhões, aumentando a venda de grãos limpos, que agregam valor, para a Argentina e os Estados Unidos.[96]

Como podemos perceber, o trabalho na agricultura, em função desses avanços, assume funções, às vezes, idênticas às da indústria, embora guarde diferenças, o que demonstra que, apesar das diversidades, a regra parece ser a mesma em certos momentos ou ciclos produtivos: em essencial, os avanços científicos, a necessidade do aumento do lucro, da rentabilidade, da produtividade e da agregação de valor à produção capitalista compõe as determinações capitalistas, seja na produção agrícola ou não. O problema esbarra em limites conforme seus rebatimentos sobre o mundo do trabalho, pois essa dinâmica ocorre, além dos condicionantes das formas de subordinação, de forma heterogênea para as classes que integram o setor agrário, em especial, aquelas que vivem de seu trabalho.

Retomando as características da pequena agricultura em função dessa transição ao novo padrão e diante das novas interpretações sobre seu potencial, os destaques são dados à necessidade emergente de inverter noções supostamente equivocadas sobre a viabilidade da agricultura familiar como vetor importante ao desenvolvimento da economia. Hoje, a agricultura familiar ressurge revalorizada como setor potencialmente capaz de ajudar no crescimento da "nova economia social de mercado", mas não fica claro em que condição esse segmento poderá concorrer com o forte poder que exerce o agronegó-

---

95. Idem, p. 46.
96. Conforme o Programa da Rede Globo — "Globo Rural" do dia 10 de agosto de 2004.

cio como modelo agrário que se expande em sintonia e com fortes influências do governo.

Ao que tudo indica, é preciso identificar que segmentos são incluídos nessa revalorização pois nem todos os agricultores inseridos nessa lógica do sistema são considerados aptos em potencial para atender as exigências e requisitos econômicos mais imediatos, como, por exemplo, a capacidade para remunerar o capital. Aliás, isso parece mesmo não fazer diferença, se considerarmos que esse novo padrão de reforma agrária está calcado na grande propriedade.

Ou seja, não se pode pensar nas possibilidades dessa incorporação numa perspectiva "generalista" desses segmentos no "sentido estrito" da expressão, a despeito de correr o risco de se pensar a realidade agrária brasileira num quadro homogêneo e abstrato à luz de categoriais sociais envolvidas na produção, sem levar em conta as diversidades regionais e locais, pois são muitas envolvidas e devem ser observadas. Não se trata apenas das características estruturais e conjunturais, mas das peculiaridades econômicas, sociais, geográficas e, até, climáticas que demarcam a estrutura da formação social brasileira.

Neste sentido, as mudanças no mundo do trabalho na agricultura não podem ser vistas como excluídas ou isoladas das transformações mais amplas na sociedade. Entretanto, precisamos observar outro paradoxo relativo à caracterização particular do capitalismo agrário brasileiro. Originado na configuração da propriedade privada da terra desde a Lei de terras de 1850, este padrão capitalista guarda singularidades em sua lógica de reprodução e acumulação como modelo que mantém um "(...) caráter ambiguamente conservador", pois — além do reforço ao poder político patrimonialista e de oligarquias,[97] fato histórico de obliteração à liberalização do acesso a terra — jamais constituiu objeto de preocupação das classes proprietárias em termos

---

97. Não adentramos as particularidades históricas sobre as características oligárquicas e patrimonialistas que caracterizam o sistema político brasileiro em suas expressões nas relações sociais e sobre os problemas agrários no Brasil, por entendermos que o volume de pesquisas nessa direção tem sido suficiente.

de considerar a terra como "(...) um fator de mudança e de modernização social e econômica".[98]

O modelo de desenvolvimento capitalista brasileiro consolidou um padrão absolutamente contrário aos moldes clássicos em termos da relação entre terra e capital, em que a terra constitui fator de obstrução à circulação e à reprodução do capital: "(...) *no modelo brasileiro o empecilho à reprodução capitalista do capital na agricultura não foi removido por uma reforma agrária, mas pelos incentivos fiscais*".[99]

Estas considerações mostram uma reconfiguração na lógica desse setor pois o mercado vem assumindo funções cada vez mais amplas e diversificadas, conforme as determinações da nova divisão nacional e internacional do trabalho, cujas alterações — fruto dos avanços das forças produtivas no capitalismo agrário — buscam maior integração entre a agricultura e a indústria.

Assim, o problema mais imediato que se coloca é sabermos como fica e quais as tendências do trabalho direto na produção agrícola diante dessa integração, cujos indícios teóricos e práticos apontam para uma espécie de desprestígio dessa forma de produção agrícola, em especial na produção de alimentos, para depois tratarmos das particularidades do trabalho.

1.6 Reforma agrária e as metamorfoses da acumulação capitalista

Vivemos, portanto, um período em que a agricultura, em seus avanços tecnológicos, cada vez mais se integra à lógica do mercado,

---

98. Martins, José de Souza. "O poder do atraso". In: *Ensaios de sociologia da história lenta*. São Paulo: Hucitec, 1994, p. 76-7.

99. Idem, p. 79-80. Martins mostra claramente que em formas ilícitas de propriedade da terra, mesmo adquiridas de forma ilegal, os proprietários recebiam incentivos para a exploração das propriedades. Essa lógica permite que Martins afirme: "O modelo brasileiro inverteu o modelo clássico. Nesse sentido, reforçou politicamente a "irracionalidade da propriedade fundiária" no desenvolvimento capitalista, reforçando, consequentemente, o sistema oligárquico nela apoiado" (itálico no original).

numa interconexão estreita com a indústria. As transformações atuais do capitalismo alteram a divisão do trabalho vigente no contexto da grande indústria, tornando obsoleta a separação entre estes dois setores produtivos em busca de recomposição de suas necessidades e possibilidades históricas. Essas mudanças ocorrem em diferentes setores, econômicos, de produção, e no campo social, nas bases técnicas de produção, bem como nos processos de organização e nas formas e no caráter do trabalho os quais são colocados em questão. Tais processos têm repercussões tanto na grande como na pequena produção agrícolas, exigindo outras interpretações que ajudem a desvelar as mudanças operadas nas relações sociais de produção na sociedade contemporânea.

Para Silva (2002), ocorrem novidades acerca dos novos rumos do trabalho na forma familiar de produção no contexto atual, e mostra uma tendência generalizada de "queda da importância da produção de alimentos" por parte de pequenos agricultores, fato que sinaliza indícios da discussão acerca da relação entre o padrão produtivista e distributivista, como venho sinalizando.

Essa integração não se explica apenas por uma visão linear de junção ou fusão de setores de produção nem diante da evidência de novos padrões de produção. Ao contrário, seu significado tem implicações históricas e teóricas importantes, com expressões nos campos não só da economia como no da política. Isso tem implicações nas relações sociais estabelecidas entre os homens, pois não se trata apenas de um fenômeno a ser tratado em suas dimensões categoriais, mas é produto das alterações na lógica do sistema social, com reflexos nas relações sociais, nos processos de trabalho e de produção, de distribuição, de consumo e outros corolários, que, de outra forma, inspirando-me em Oliveira (2003) reiteram uma "revolução produtiva sem revolução burguesa".[100]

Por isso recorreremos, a partir de agora, a um exame sobre as alterações indicadas no mundo do trabalho rural como mediação im-

---

100. Oliveira, Francisco. *Crítica à razão dualista*. O Ornitorrinco. Op. cit. p. 131.

portante, mesmo que não suficiente, porém, necessária, como via analítica a partir da qual emanam outras determinações essenciais aos desdobramentos de nossa análise.

Essa integração entre agricultura e indústria significa uma fase mais evoluída das forças produtivas nas relações de produção, interpretada em recentes elaborações de Silva (2002) e de Stédille (2002). Esses autores têm posições absolutamente diferentes sobre tais processos de integração agricultura-indústria e, sobretudo, quanto à importância da reforma agrária no Brasil[101] como política de caráter social.

Entretanto, em relação às mudanças no papel da pequena produção frente ao desenvolvimento atual do capitalismo na agricultura, demonstram posições mais análogas no que se refere às prospecções sobre a perda de importância da pequena produção na agricultura. Tais semelhanças indicam que a consolidação da agroindústria vem provocando mudanças substantivas não só na produção, como também no consumo de alimentos da população brasileira, especialmente aquela residente em grandes metrópoles. Essas aumentaram o consumo de verduras e legumes em detrimento dos produtos mais tradicionais, tais como arroz e feijão.

Ora, uma explicação desse porte não pode ser examinada apenas pelo ângulo do consumo ou da integração entre agricultura e indústria, o que não revela significados mais importantes subsumidos nas formas sociais de subordinação do trabalho, nos mecanismos de produção, troca e distribuição aí engendrados. Apenas em uma visão de conjunto dessas relações sociais de produção podemos perceber o significado sobre "como os homens produzem" e em que "condição eles produzem".

---

101. Graziano diz que uma reforma agrária do ponto de vista do desenvolvimento capitalista e do desenvolvimento das forças produtivas não é mais uma necessidade nem para a burguesia nem para as classes produtoras. Idem, Op. cit, p. 142. Entretanto, Stédille acredita e defende a necessidade de uma reforma agrária de caráter socialista, que promova a reorganização da propriedade e a socialização dos meios de produção, mas diz que esta só será efetiva com a implantação do socialismo. Questão Agrária e o Socialismo. In: *Questão agrária hoje*. Porto Alegre: Ed. UFRGS, 2002, p. 318-321.

Eis o caminho que nos leva à essência das relações entre o capital e o trabalho, como um processo desigual e diferenciado. Sua razão efetiva não se encerra nas duas esferas da distribuição, da produção e do consumo na produção de valores de uso, mas enquanto conjunto de relações interdependentes. Como diz Luckács apoiado em Marx, "antes de ser distribuição de produtos, ela é: primeiro, distribuição dos instrumentos de produção, e, segundo, distribuição dos membros da sociedade pelos diferentes tipos de produção".[102]

Seguindo a lógica de funcionamento do mercado, a troca e a circulação dos produtos bem como a centralização de capitais e a concentração ganham novos sentidos na reestruturação atual do capital. Aqui surgem duas questões que precisam ser melhor examinadas: a primeira delas é que, como diz Silva (2002), essas mudanças vêm sendo observadas de forma particular e com maior ênfase nas grandes cidades. Isso indica, portanto, que a maior parte da população não se enquadra nessas constatações nem se integra na mesma classificação social, o que exigiria incorporar outros parâmetros além dos econômicos, isto é, outras bases sociais e políticas necessárias à captação do real sentido desses fenômenos.

Estes não se explicam apenas em suas formas aparentes, mas se expressam nas quedas de consumo de produtos industriais em virtude dos aumentos de preço, na perda de poder de compra dos trabalhadores envolvidos nas mais diferentes formas de trabalho, assim como no dos assalariados, desempregados etc. Enfim, implica que observemos a lógica funcional entre as esferas da produção e da distribuição, cujas determinações para as distintas classes sociais contêm distinções como as desigualdades no acesso aos bens de consumo, embora também o limite. Em segundo lugar porque esse processo, do ponto de vista social, inclui fatores que não se restringem apenas à questão de escolhas individuais a despeito de desconsiderar as diferenciações sociais.

---

102. Luckács, György. *Ontologia do ser social*. Os princípios ontológicos fundamentais de Marx. Tradução de Carlos Nelson Coutinho. São Paulo: Ciências Humanas, 1979, p. 71.

Isso significa que, em se tratando da evolução das forças produtivas, o modo capitalista de produção, em sua "fase tardia", para usar os termos de Mandel, tem como uma de suas características o fato "(...) de que a agricultura está se tornando tão industrializada quanto a própria indústria, a esfera da circulação tanto quanto a esfera de produção, o lazer tanto quanto a organização do trabalho".[103]

Por conseguinte, os avanços desses processos consolidam novas modalidades, sob a forma clássica do capitalismo, em que a "centralização" de capitais, ou seja, a "reprodução ampliada" completa o processo de acumulação, no qual os capitais ampliam seu rastro de operação para vários setores da indústria de matéria-prima e buscam integração maior com o consumo.

Tem-se assim a ampliação dos processos produtivos, em que o capitalismo globalizado expande sua atuação para diferentes campos, reconstrói novas bases mais adequadas às suas necessidades, como veremos no capítulo 4. Com isso, "acelera os efeitos da acumulação, a centralização, amplia e acelera ao mesmo tempo as transformações na composição orgânica do capital (...) aumentam a parte constante às custas da parte variável, reduzindo assim a procura relativa de trabalho".[104]

As mudanças nos processos de trabalho, sob o ângulo da pequena produção, significam que o aprofundamento não só quantitativo mas qualitativo dos avanços tecnológicos forjam a "(...) subordinação direta do processo de trabalho ao capital", isto é, "a subsunção real do trabalho como uma forma superior de produção de mais-valia, por agregar valor à matéria-prima, o que corresponde à industrialização da agricultura".[105]

Nessa nova versão da acumulação alteram-se as noções categoriais de "concentração" e de "centralização", em que a primeira imprime

---

103. Mandel, Ernest. *O Capitalismo Tardio*. Idem, p. 271-2.

104. Marx, Karl. *O Capital*. (Crítica da Economia Política). Livro 1: O Processo de Produção Capitalista. 2.ed. Trad. Reginaldo Sant'Anna. Rio de Janeiro: Civilização Brasileira, 1971. v. II, p. 727-9.

105. Idem, Op. Cit.

crescimento da unidade produtiva com o aumento do capital constan-te, ocorrendo a evolução capitalista com o aumento da riqueza social, enquanto a segunda não exige o crescimento dessa riqueza social, portanto, não se trata da criação de novas riquezas, porém da fusão entre estas.[106] Isso quer dizer que a "concentração de capitais" cria a necessidade de ampliação e de diversificação na sua aplicação em outros setores produtivos, para além da agricultura, como no comércio, na indústria e no mercado financeiro.[107]

Como ilustração acerca dessa dinâmica agrícola e industrial que conduz à "centralização de capitais" constata-se que, no Brasil, "apenas 46 grandes grupos econômicos controlam, sozinhos, mais de 20 milhões de hectares de terras",[108] o que justifica a condição que tem a terra enquanto "meio de trabalho" sob o domínio do capital, criadora de valor através do trabalho, portanto, uma mediação social que se valo-riza no processo de produção de mercadorias, daí, o sentido do con-trole e da conservação enquanto "valor de uso" em sua capacidade e absorção como "valor de troca".

Esse novo padrão de reforma agrária de incentivo à "agrodiver-sidade" significa que a diversificação da produção atende às exigências do capital no sentido de incorporar certos segmentos produtivos que se enquadrarem no circuito da agricultura familiar capitalista, cuja viabilidade vai potencializar os canais de valorização e da lucrativida-de. Essa dinâmica se efetiva sob novas formas de "subsunção real do trabalho" nas relações mercantis, o que denota a recriação de ativida-des produtivas fora da produção agrícola, que variam desde criação de peixes, plantações de flores, trabalhos artesanais, pequenas oficinas de meios de trabalho e equipamentos agrícolas.

---

106. Reflexões extraídas de anotações feitas durante o Curso sobre Trabalho e Valor, minis-trado pelo Professor Francisco José Soares Teixeira nos dias 19, 20 e 23 de agosto na Escola de Serviço Social da UFRJ, promovido pelo Núcleo de Estudos e Pesquisas Sobre a Centralidade do Trabalho, coordenado pela Professora Nobuco Kameyama.

107. Stédile, João Pedro. *A questão agrária e o socialismo*. Op. cit., p. 314.

108. "Hoje o maior projeto de laranja em Itapeva São Paulo, que nem começou a produzir ainda, é do Grupo Votorantim (...) A Votorantim tem fábrica de cimento, tem banco, tem fábrica de computador, fábrica de fax". Stédile, p. 314-15.

O conjunto das alterações na política macroeconômica, tais como a "desvalorização cambial de 1999 e da política cambial posterior",[109] trouxeram mais vantagens ao setor agropecuário empresarial — melhor dizendo, para a agricultura patronal e ao setor agroindustrial — diante do aumento expressivo de vendas de máquinas e instrumentos agrícolas formando o alicerce tecnológico necessário ao desenvolvimento da produção capitalista. Somente no período entre "1996 e 2002, a venda de máquinas agrícolas para o setor de agronegócios cresceu em 190,7%".[110]

Na atualidade, o crescimento da exportação de produtos agrícolas — ou seja, de matérias-primas — é expressão disso. De janeiro a julho de 2004, as exportações brasileiras cresceram 32,5% no ano, somando US$ 52,298 bilhões. No período de agosto de 2003 a julho de 2004, as exportações, de modo geral, somaram US$ 86,275 bilhões e as importações, US$ 55,402 bilhões.[111] A maior parte das importações refere-se à compra de bens de capital, as máquinas, os quais vêm impulsionando tanto a indústria quanto o agronegócio.[112]

Para o IPEA, o agronegócio é o setor da economia que mais cresceu. Só no ano de 2002, ele respondeu por 41,15% das exportações, isso em função da abertura de sua economia e da conquista de mercados internacionais na venda de matérias-primas, — grãos, carne bovina e suína — para países como China, Rússia, países do Oriente Médio, Chile e Indonésia.[113] Esse avanço tecnológico viabiliza o processo de valorização, subordinando o trabalho de forma que o trabalho morto, objetivado, conduz a dinâmica dos processos de trabalho; nas palavras de Marx: "não é o trabalho vivo que se realiza no trabalho material (...)

---

109. Relatório do Instituto de Pesquisa Econômica e Aplicada (IPEA-DISET) "Desempenho e Crescimento do Agronegócio no Brasil: Síntese dos Fatores Explicativos" (resumo executivo). Gasques, José Garcia et al. Brasília, jan. 2004, p. 5.

110. Idem, Op. cit., p. 5.

111. Jornal *O Globo Online*. Economia. "Exportações somam mais de US$ 50 bilhões de dólares no ano". Acesso em: 02/08/2004.

112. Informações extraídas da *Revista Veja*, n. 24, 16/7/2004.

113. Instituto de Pesquisa Econômica Aplicada (IPEA). Desempenho e Crescimento do Agronegócio no Brasil. Gasques, José G. et al. Op. cit., p. 9-11.

é o trabalho material que se conserva e se acrescenta pela sucção do trabalho vivo, (...) se converte em valor que se valoriza em capital".[114]

Portanto, nos anos 90 fica evidente, em boa parte das pesquisas agrárias, que a reforma agrária — pelo menos na óptica dos grandes proprietários — não se configura como prioridade, como fora no período da industrialização. Mas, diante dos paradoxos entre a importância que tem a terra como meio de trabalho criador de valor e a terra como capital, sua conservação na sociedade burguesa combinada aos discursos de revalorização da agricultura familiar e da "reforma agrária com pouca terra", em meio às contradições aí estabelecidas, os desmontes do trabalho e a importância da produção alimentar, instigam um exame cuidadoso sobre esse novo padrão agrário.

É verdade que a propriedade privada da terra no Brasil constitui um tema importante, se levarmos em conta os conflitos e tensões sociais vivenciados nas áreas rurais entre proprietários fundiários e ocupantes de terras. O crescimento das invasões de propriedades,[115] o número expressivo de acampamentos de trabalhadores rurais montados de Norte a Sul do País, e os conflitos em função da propriedade privada da terra expressam a emergência dessa análise.

Essa Nova Reforma Agrária introduzida por FHC mostra, a partir de dados da Comissão Pastoral da Terra (CPT), que essa política não fica isenta de responsabilidade quanto ao quadro extremamente complexo de violência no campo.[116] A permanência da concentração

---

114. Marx, Karl. Capítulo VI. Inédito, Idem, p. 54.

115. Segundo Miguel Rosseto, Ministro do Desenvolvimento Agrário, existem 120 mil famílias acampadas e um total de 700 mil famílias cadastradas pelo Correio, aguardando assentamentos. Dados acessados em *Jornal do Brasil Online*, extraídos de entrevista com o ministro realizada no dia 8 de julho de 2003, ocasião da publicação da proposta de Reforma Agrária perto das cidades e dos consumidores pleiteada pelo governo Lula da Silva. Disponível em: <http:// www.jb.com.br>. *JB Online*, "Reforma Agrária chega perto das Cidades". Acesso em: 8 jul. 2003.

116. Ver informações extraídas de relatório da CPT e apresentadas no artigo de Juliano. A CPT reconhece o Estado como o principal responsável pela situação de violência com os trabalhadores da agricultura: "*Em 1998, os conflitos no campo chegaram a 1.100, contra 736 em 1997, impulsionados pelo aumento do conflito de terra, trabalhistas e de seca*". "*A Região Nordeste apresenta o maior número de casos de conflitos (542), a Sudeste 195, a Centro/Oeste 133, a Sul 130 e a Região Norte com 100*". "*As ocupações de terras continuam mantendo crescimento desde o início da década, saltando*

da estrutura fundiária no país favorece a manutenção do monopólio da terra. Mas essa predominância de concentração tem relação direta com a extração da renda da terra como um forte atrativo na conservação da propriedade. Este fato instiga observar a relação entre essa questão e a existência da propriedade privada e a "renda absoluta", já que esta só pode existir na agricultura mediante um atraso que se acumulou no decorrer do processo histórico, atraso que é assegurado pelo monopólio.[117]

Nesse caso, o monopólio da propriedade é um fator de atraso ou um condicionante na reedição do padrão de modernização conservadora, base das intensas resistências das elites latifundiárias na proteção da propriedade. É fato que do monopólio especial da propriedade privada da terra provém a irracionalidade desta no sistema capitalista de produção, fato esse que torna impeditivo o puro desenvolvimento do capital, aspecto central de diferenciação entre o padrão brasileiro e o de outros países que fizeram a reforma agrária, exatamente para remover esse obstáculo.

Por conseguinte, a importância da propriedade privada da terra se intensifica nesse contexto do capitalismo especulativo globalizado, haja vista que, enquanto meio de produção, a busca de fonte de valor torna-se um imperativo não descartável. Ora, mas não foi o próprio capitalismo que uniu em uma única as três formas de capitalismo — o agrário, o industrial e o financeiro — desde os anos 70 com o episódio da formação dos complexos agroindustriais brasileiros?

Embora estejamos em estágio superior de "acumulação flexível", é importante ressaltarmos alguns aspectos que particularizam o modelo capitalista agrário brasileiro. Trata-se de um padrão equivocado, por não ter eliminado o latifúndio para fazer a reforma agrária. Ao manter

---

para o total de 599, em 1998 (em 1991 foram 77, em 97 foram 463), envolvendo 76.482 famílias (em 91 foram 14.720; em 1997 foram 58.266"). Carvalho Filho, José Juliano de. Política agrária do governo FHC: desenvolvimento rural e a Nova Reforma Agrária. In: Leite, Sérgio (Org.). *Políticas públicas e agricultura no Brasil*. Porto Alegre: Ed. UFRGS, 2001. p. 217-8.

117. Ilich, Vladimir Lênin. *O Programa Agrário da Social-Democracia na Primeira Revolução Russa de 1905 — 1907*. São Paulo: Ciências Humanas, 1980. p. 85

a terra concentrada no modo de produção capitalista, conserva traços, e, em certo sentido, confirma que "a propriedade privada da terra impede a livre concorrência, impede a nivelação do lucro, a formação do lucro médio nas empresas agrícolas e não agrícolas,"[118] se é fato que faz parte da lógica burguesa em sua essencialidade econômica para reprodução do sistema mercantil remover os obstáculos impeditivos de seu pleno desenvolvimento. Ou seja, ao não "eliminar a base do monopólio — a propriedade privada, fundamento essencial da sociedade burguesa", deve contribuir na constituição de um padrão capitalista agrário com particularidades.

A conservação da propriedade reafirma a ideia marxiana de uma estratégia que "ataca a existência, mas não a essência real, do monopólio".[119] Contudo, significa desobstruir os "(...) entraves que impedem a livre aplicação de capital na agricultura e a passagem livre de capital de um ramo para outro".[120] Por conseguinte, a afirmação de um padrão empresarial agroindustrial no Brasil calcado na concentração da propriedade assegura a não eliminação de terras produtivas. Nesse caso, o capital investe fortemente, justificando a potencialidade da "produtividade", e do produto social que tem como carro-chefe desse propósito o agronegócio, o qual se encarrega dessa consolidação.

Observando-se as particularidades que assumem as relações sociais de produção entre as classes, a exploração do trabalho é uma determinação presente nessas relações a partir das quais não se pode prescindir da extração da renda da terra como uma forma de extorsão do trabalho, fato que vem ressurgindo nas áreas rurais brasileiras. A partir daí podemos destacar a importância da apreensão correta de que "a renda da terra resulta das relações sociais nas quais se faz a exploração" (...) e que "a renda da terra provém da sociedade, e não do solo".[121]

---

118. Idem, p. 85.

119. Marx, Karl. *Manuscritos Econômico-Filosóficos*. Textos Filosóficos. Trad. de T. B. Bottomore. Lisboa: Edições 70, 1975. p. 152.

120. Lênin, Op. cit., p. 102.

121. Marx, Karl. *A Miséria da Filosofia*. Resposta à Filosofia da Miséria de Proudhon. São Paulo: Centauro, 2001, p. 144. Ver também *O Capital*. Livro 3, v. VI.

Não se pode negar que é exatamente por conta da construção desse regime de propriedade no Brasil, caracterizado por um arraigado entrosamento jurídico e legal combinado ao compromisso com a renda fundiária, que é possível reconhecer-se como uma condição de impasse na "redistribuição da terra" que, por sua vez, consolida a propriedade fundiária, como esclarece Martins (2000, p. 126).

Essa particularidade teórica da renda da terra explicita que a propriedade da terra não pode ser considerada em sua forma natural, mas como meio de produção de valor e de riqueza sob a criação e o domínio do capital. Suas diversificadas "personificações" decorrem das relações sociais entre os homens.

O Estado demonstra, em suas relações com as classes agrárias, a natureza destas por meio da propagação de leis, que, no Brasil, tem servido muito mais para disfarçar a lógica desse padrão conservador de modernização e de reforma agrária com características semelhantes à "revolução passiva".

O Congresso Nacional em suas relações com as classes proprietárias tem intercedido na amenização de conflitos agrários, com a adoção de Medida Provisória n. 192 que trata da compra de terras pelo governo, que, apesar de derrotada recentemente constitui exemplo dos novos rumos que assumem as relações agrárias. Nesse caso há indícios de forte influência da esfera política e das relações de poder que perpassam, de forma disfarçada, e que não se limitam apenas ao âmbito econômico, da produção e de distribuição da terra. Mais que a propriedade imóvel e a renda, também está em jogo o valor da acumulação obtido da terra como capital além da função social que desempenha, que parece ser objeto de disfarces que asseguram seu valor como objeto de dominação na sociedade burguesa.

O conhecimento dessas relações, incluindo a intervenção do Estado burguês, torna-se condição indispensável à apreensão da natureza real do desenvolvimento capitalista no campo em sua fase monopolista, a caminho da fase "imperialista", e suas expressões para a agricultura familiar. Se isso é correto, pode-se afirmar que o dinamismo econômico-social dessas relações significa, como nos diz Marx, que "o próprio lucro médio é resultado, formação do processo social que se efetua dentro de relações históricas bem determinadas de produção (...) ou seja, só se pode falar de renda onde o capital submeteu a si o trabalho social".[122]

Nesse conjunto de relações, a concentração de capital e a propriedade constituem veículos de intensificação da personificação do "capital-terra", quando *a acumulação dos capitais aumenta e diminui entre eles a concorrência, quando o 'capital e a propriedade agrária' se encontram unidos nas mesmas mãos, e também quando o capital é capaz, devido ao seu aumento, de combinar diferentes ramos da produção*.[123]

A centralização de capital é entendida como acumulação em "mão de um só, porque escapou das mãos de muitos outros, e que (...) não se confunde com a acumulação e a concentração".[124] É esta a "metamorfose" que o capital utiliza para se reproduzir e garantir a acumulação. Assim, transforma-se em proprietário de terras e da produção social, uma vez que "o capital não pode existir sem a propriedade da terra — a transformação das condições de trabalho em capital pressupõe que os produtores diretos sejam expropriados da terra. (...) A propriedade da terra é produto do capital".[125]

Reafirma-se assim a impossibilidade da desvalorização da propriedade imóvel ou móvel aos interesses do capital, em que a terra é desconsiderada — equivocadamente — como meio de acumulação e

---

122. Marx, Karl. *O Capital*. Crítica da Economia Política. 5. ed. Tradução de Reginaldo Sant'Anna. Livro 3, v. IV. Rio de Janeiro: Bertrand, 1991. O processo Global de Produção Capitalista. Nessa análise sobre a Gênese da Renda Fundiária Capitalista, Marx critica os economistas modernos por explicarem "que o fenômeno da renda relativa ao capital empregado na agricultura deriva de efeito especial do próprio campo de investimento, de propriedades inerentes à crosta terrestre como tal." E diz que isso "equivale a renunciar ao conceito mesmo de valor, por conseguinte a toda possibilidade de conhecimento científico nesse domínio". p. 898-900.

123. Marx, Karl. *Manuscritos Econômicos e Filosóficos*. Texto Integral. Trad. de Alex Marins. São Paulo: Editora Afiliada Martin Claret, 2001. p. 95 (grifos nossos).

124. Marx, Karl. *O Capital*. (Crítica da Economia Política). Livro 1, v. 2: O Processo de Produção Capitalista. 2. ed. Trad. de Reginaldo Sant'Anna. Rio de Janeiro: Civilização Brasileira, 1971. p. 722-9.

125. Rosdolsky, Roman. *Gênese e estrutura de* O Capital *de Karl Marx*. Trad. de César Benjamin. Rio de Janeiro: Ed. EDUERJ/Contraponto, 2001. p. 44-6.

de domínio do capital, a quem a terra como reserva de valor torna-se subsumida.

É provável que o Brasil permaneça, muito mais, como grande exportador de matérias-primas, no limite, como área fomentadora de mão de obra barata, razão das condições de subalternidade às economias desenvolvidas. Longe de qualquer apologia entre realidades tão distantes, se observarmos a crítica de Marx aos fisiocratas, confirma-se as diferenças nas reflexões sobre a renda da terra, que, para esses, essa seria a única forma existente de mais-valia produzida pelo capital agrícola. O mérito desse raciocínio, diz Marx, foi pensar "(...) o capital produtivo como fonte original da mais-valia, e não o capital mercantil".[126] Estas considerações levam à apreensão do sentido da emergência e aceleração da conversão de capitais industriais em financeiros e a apropriação privada da terra cujos fatos explicam as metamorfoses desse padrão de reforma agrária.

Reafirma-se aqui a validez da assertiva marxiana segundo a qual

a verdade é que a acumulação capitalista sempre produz, e na proporção de sua energia e extensão, uma população trabalhadora supérflua relativamente, isto é, que ultrapassa as necessidades médias da expansão do capital, tornando-se, desse modo, excedente.[127]

Considerando-se o papel que tem a pequena produção nas distintas formas de subordinação ao sistema econômico-financeiro, creditício, via pagamentos de juros, conclui-se que a terra exerce o papel de suporte e de serventia ao grande capital via produção de mercadorias. Trata-se de um processo de transformação em capital através do trabalho. Este se insere sob as mais diferentes atividades, desde a preparação do solo, o plantio, a colheita etc. A consolidação nas formas de "subsunção real do trabalho ao capital" se efetiva no desenvolvimento dos processos modernos de trabalho com o uso de altas tecno-

---

126. Nessa crítica aos fisiocratas, Marx chama a atenção para o fato de que "nesta crítica ao sistema mercantilista está se referindo apenas às concepções de capital e mais-valia". Op. cit., p. 900.

127. Marx, Karl. *O Capital* (Crítica da Economia Política). Idem, Livro 1, v. II, p. 731.

logias. Nesse sentido, a terra passa a ser capitalizada e transfigurada pelo capital ao ser absorvida pelo trabalho, ou seja, ao ser desprovida de suas funções naturais, apenas como meio de trabalho.

A rigor, se a síntese anterior se mostra válida à apreensão das novas formas de viabilidade dessa nova reforma agrária em suas aparentes bases "reformistas" e "conservadoras", tais confirmações sugerem exame mais cuidadoso acerca dos mecanismos de produção e dos processos de trabalho em suas metamorfoses de subordinação e reprodução da força de trabalho.

Cabe aqui fecharmos esta discussão com a constatação de que, em qualquer contexto histórico ou mediante a recriação de velhos ou a invenção de novos meios de reprodução, a questão agrária hoje, em termos das relações produtivas e sociais, sob o ângulo da propriedade dos meios de produção e a exploração do solo. confirma a tendência de produção destrutiva desde o período concorrencial de acumulação, em que:

> (...) na agricultura moderna, como na indústria urbana, o aumento da força produtiva e a maior mobilização do trabalho obtém-se com a devastação e a ruína física da força de trabalho. E todo progresso da agricultura capitalista significa progresso na arte de despojar não só o trabalhador mas também o solo; e todo aumento da fertilidade da terra num tempo dado significa esgotamento rápido das fontes duradouras dessa fertilidade. "A produção capitalista, portanto, só desenvolve a técnica e a combinação do processo social de produção, exaurindo as fontes originais de toda riqueza: a terra e o trabalhador".[128]

A força de trabalho — aqui entendida teoricamente como decorrente de situações específicas de assalariamento ocorridas também no mundo rural, as quais não se encerram nesta condição de relações de trabalho frente às diversas formas rurais — se expressa em condições seja de aviltamento ou de reorientação das bases técnicas e dos processos de trabalho pautados em formas tradicionais, para outras, em que revolucionam por completo essa dinâmica, como veremos a seguir.

---

128. Marx, K. Op. cit., p. 578-9 (As aspas da última frase são nossas).

CAPÍTULO II

Trabalho, produção e reestruturação produtiva

2.1 Mudanças no mundo do trabalho e reformismo agrário: desconstrução da lógica produtivista?

Conforme os processos de reorganização da lógica das atividades produtivas da forma familiar de produção, essa reestruturação produtiva promove alterações nos processos de trabalho, redefinindo seu caráter social e deslocando o lugar do trabalho agrícola — ao atribuir-lhes novos sentidos —, pois reorienta as bases técnicas e os processos produtivos, com reflexos nas relações sociais de reprodução e na reprodução social. Estes fatos colocam em questão certos paradigmas tradicionais de interpretação da dinâmica do setor.

Como vimos, as teses atuais acerca do desenvolvimento da agricultura familiar apresentam divergências, mas também convergências na avaliação desse padrão, segundo o qual as atividades diretas na produção agrícola encontram-se agora condicionadas ou devem ser substituídas ou combinadas com atividades não agrícolas como alternativas mais viáveis a esses sistemas de produção.

A prioridade dada a essas alternativas tem conduzido boa parte das abordagens a uma releitura sobre a racionalidade da agricultura familiar, com privilégio mais expressivo ao ângulo da produção, tendendo assim a reduzir a apreensão das mudanças no setor rural, cujas interpretações não ampliam a compreensão desses fatos a outras dimensões sociais e políticas, impregnadas nas esferas institucionais onde se regulam as relações sociais de produção, determinantes das relações políticas e sociais e das relações transnacionais e multilaterais, que certamente conduzem ao entendimento mais completo acerca dos processos de "reprodução social".

Mas, por que considerar não somente a produção, mas igualmente a *reprodução* como matrizes teórico-*ontológicas* relevantes à análise das características desse modelo de desenvolvimento rural, especialmente da agricultura familiar no capitalismo contemporâneo?

Em primeiro lugar, é necessário esclarecermos que se descartam aqui quaisquer cotejamentos *a priori*, em que as categorias teóricas serviriam de ponto de partida em uma espécie de enquadramento dos fenômenos. Assim, não partimos dos conceitos, mas da realidade, onde se expressam as refrações da questão social.

Por conseguinte, a leitura dos fenômenos tem como prioridade suas dimensões e caracterizações ontológicas e históricas, como via de captação das complexidades da sociedade moderna, das relações sociais vistas como originadas dos ciclos "evolutivos" das forças produtivas na agricultura, que correspondem à esfera da "Reprodução Social". Esta significa, para nós, uma modalidade analítica melhor apropriada à análise dos efeitos das transformações capitalistas atuais e suas feições na agricultura e suas expressões no mundo do trabalho, produção e reprodução social.

Nesse sentido identificamos, a princípio, a definição de "reprodução social" na formulação de Lessa (1999), sob inspiração de Lukács, como "um rico, contraditório e 'complexo processo' que, fundada pelo 'trabalho', termina dando origem a relações entre os homens que não mais se limitam ao trabalho enquanto tal".[1]

---

1. Ver texto de Lessa, em que discute os temas da produção, da reprodução social, do trabalho e da sociabilidade. Apoiamo-nos em suas ideias, porque consideramos que o autor

Desse modo, os níveis de complexidade social alcançados pelas sociedades capitalistas na contemporaneidade — frutos dos avanços tecnológicos do setor agrário — nos levam a eleger o trabalho como uma esfera social a partir da qual emanam todas as outras determinações que se apresentam. Em razão disso, sua escolha como mediação relevante e de convergência, as nossas reflexões acerca do sentido evolutivo têm as relações entre os homens como conteúdo central nesse atual contexto histórico. Consideramos os homens em suas experiências concretas, em sua práxis social, entendendo-as em dimensão mais ampla, que não pode se limitar à esfera do trabalho nem da produção.

Lukács tematiza o trabalho como protoforma, isto é, como forma privilegiada ou modelo de práxis manifesta nas diferentes formas de produção enquanto construção do sentido das determinações sociais do próprio trabalho. Ele percebe, a partir do trabalho, o problema da ultrapassagem das barreiras naturais, em que a participação do ser social em sua práxis ocorre com o rompimento ou redução das determinações naturais.[2] A partir do trabalho, o homem é capaz de dominar as barreiras naturais, "(...) que independem da consciência humana apropriando-se dessas forças naturais e irradiando-se por meio do trabalho".[3]

Isso nos leva a apreender o trabalho como um componente que, além de circunscrito nas relações homem-natureza, também atravessa as relações homem-homem como esfera importante — embora não a única —, constituindo uma chave heurística relevante à elucidação do

---

permitiu que se vislumbrassem os significados da dinâmica agrária ao ampliar a compreensão da categoria "trabalho" como chave teórica para a compreensão das relações sociais de produção e seus desdobramentos para a esfera da reprodução — onde as relações de poder remetem à formação de outros complexos sociais, como o Estado, a Política e o Direito. A esfera do Estado e das políticas públicas apontadas pelo autor como via de interpretação dos processos de reprodução social formam um conjunto categorial fundamental para a apreensão da realidade da agricultura familiar. Lessa, Sérgio. Processo de produção/reprodução social: Trabalho e Sociabilidade. *Revista Temporalis*. CEAD, 1999, p. 25-26.

2. Anotações extraídas de anotações de aula sobre Lukács, ministradas pelo Professor José Paulo Netto na Disciplina oferecida pelo Curso de Doutorado em Serviço Social da UFRJ, outubro de 2002.

3. Iamamoto, Marilda Vilela. *Trabalho e Indivíduo Social*. São Paulo: Cortez, 2001, p. 41.

sentido das relações que os homens mantêm nas sociedades capitalistas, conforme os níveis de complexidade alcançados nas relações sociais de produção.

Aqui incorporamos a noção marxiana do homem como um ser social genérico, histórico, em suas distintas capacidades ontológicas de interagir com os fatores externos, com a natureza, ou, como diz Iamamoto (2001, p. 39), influenciada por Marx e Lukács, "para prover suas necessidades interage com objetos de natureza orgânica e inorgânica",[4] ultrapassando os limites dessas relações através do trabalho.

Nesse caso, destaca-se o significado histórico das mudanças no mundo do trabalho, enfatizando-se as prospecções sobre as atividades na produção agrícola e suas influências sobre a dinâmica do trabalho no setor rural — os processos de trabalho e as bases técnicas e produtivas — como expressões da nova divisão social, nacional e internacional do trabalho, capitaneada pela dinâmica do modo de produção capitalista em seu atual estágio.

É com base nessas premissas que julgo correto a apreensão do trabalho na agricultura por ser um dos setores econômicos fortemente afetados por tais mudanças frente ao papel que esse ramo da produção desempenha na economia nacional e até internacional.

O projeto "Novo Rural Brasileiro" veicula a ideia de resgate da importância do trabalho familiar seja na agricultura ou em atividades não agrícolas, como novas alternativas à modernização desse setor. Paralelo a ele e direcionado às pequenas e médias propriedades, existe igualmente outra via direcionada à grande propriedade, como nos referimos antes, o "agronegócio". Esses dois projetos constituem as bases técnicas e burocráticas centrais de reconstrução do novo padrão de reforma agrária, que vem se consolidando a partir dos anos 90 sob novos parâmetros científicos, permeados por um debate polarizado.

Silva (1999), em uma de suas teses sobre essa "modernidade", diz que não vê mais importância na discussão a respeito das migrações no

---

4. Idem, p. 39-40.

Brasil — fenômeno tão alardeado pelos estudos agrários nos tempos da industrialização/urbanização acelerada — por que percebe o inverso. Suas projeções mostram uma lógica de mobilidade demográfica contrária; reconhece que, nos anos 90, o que ocorre é um aumento expressivo de populações que retornam às suas áreas rurais de origem.

No entanto, partes dessas constatações são criticadas por Guanziroli et al. (2001), que afirmam ser inadequado estabelecer analogia entre a realidade da agricultura familiar no Brasil e a de países como os Estados Unidos e os da Europa, no que diz respeito ao apoio do Estado em relação ao desenvolvimento desse setor.[5]

A hierarquia formulada pelo governo Fernando Henrique Cardoso dá origem a uma inovadora divisão do trabalho na agricultura, conforme a classificação constante na proposta do PRONAF,[6] ou seja: "agricultura patronal" e "agricultura familiar". De fato, essa nova divisão consolida uma categorização dos processos agrários e dos produtores cuja divisão atribuo uma das clivagens que efetivam a transição do "modelo produtivista" agrícola para nova base paradigmática distributivista. Isto é, os trabalhadores não incluídos nos critérios de produção exigidos devem ter como alternativa a inserção nas políticas sociais de recorte assistencialista.

A dinâmica rural passa a ser fundamentada sob a noção de novos padrões de produção definidos como "pluriatividade" e "multissetorialidade". Essa definição contém uma diferença teórica central: o setor

---

5. Além da observação quanto à falta de apoio do Estado ao desenvolvimento desses segmentos, destaca as particularidades destes no Brasil, cuja ênfase na distorção do modelo de desenvolvimento rural voltado para a realidade urbana seria, do ponto de vista do autor, estratégia prejudicial ao país. Afora isso, faz críticas aos limites da pesquisa de Graziano, por basear-se nas avaliações das PNADs e do IBGE, que, para ele, ao não enfatizarem a importância da reprodução da produção familiar, não permitem "(...) saber a proporção das rendas agrícolas e não agrícolas sobre as rendas totais, e em economia é a variável renda (y) a que normalmente é usada como fator dependente de outras variáveis explicativas". Por isso é difícil afirmar se há ou não mudanças estruturais no Brasil, como ocorrera nos EUA e em países da Europa. (Guanziroli et al., 2001, op. cit., p. 34.)

6. Não se trata aqui de uma análise sobre os termos desse Programa Oficial nem dos acontecimentos que motivaram sua formulação e implementação. Apenas o citaremos na medida em que haja interesses que correspondam aos objetivos deste estudo.

rural não se caracteriza mais, de forma restrita, à produção agrícola, pois absorve outras esferas produtivas e/ou não produtivas fora da agricultura. Ou seja, a viabilidade da agricultura centralizada apenas na produção agrícola passa a ser considerada obsoleta.

Essas mudanças remetem a uma proposta que amplia e reestrutura a compreensão do desenvolvimento da agricultura familiar, seguindo os preceitos da chamada "nova economia social de mercado". Acerca da produção, incorpora um conjunto categorial extremante diversificado, inclui outras modalidades de exploração não agrícolas bem como à busca de extração de "sobretrabalho", metamorfoseadas no ideário de aproveitamento dos recursos naturais, regionais e locais associados à noção de não separação de espaços geográficos entre o urbano e o rural.

Não fica claro o real significado dessa reestruturação das relações sociais de produção, pois os novos sentidos da viabilidade da agricultura são dissimulados, em que essas relações envolvem interesses polarizados entre dois projetos, a saber: por um lado, estão os defensores do agribusiness e, por outro, aqueles que reconhecem a existência de polêmica "(...) entre velhos e novos dilemas da questão agrária".[7]

Os primeiros, enquanto defensores da

> (...) integração externa da economia rural protagonizada pelas grandes corporações internacionais do comércio e da indústria de commodities, livres de quaisquer restrições às políticas nacionais, mas fortemente impelidas pela política comercial norte-americana.[8]

Contudo, os segundos se preocupam em entender a questão agrária para além das resoluções econômicas, priorizando esferas sociopolíticas que atravessam o tratamento desse setor, cujas polêmicas não se explicam em visão linear de supervalorização dos campos econômicos, que subsumem os recortes sociais e políticos. Por isso é impor-

---

7. Delgado, G. Idem, op. cit., p. 166.
8. Idem, op. cit., p. 166.

tante avaliar em que condições se inserem a grande e a pequena agricultura nesse padrão de produção, e seus reflexos nos esquemas da "reprodução social".

Sob o ângulo de desenvolvimento das forças produtivas, as indicações mais importantes vêm se convertendo numa direção social de redução do emprego, estrito na agricultura, fruto da modernização e mercantilização da terra. Paralelo a isso, ocorre a expansão ou a exploração de novas atividades no setor não agrícola, como constatado nas pesquisas consultadas.

Uma pesquisa de Silva (1996) sobre a formação dos complexos agroindustriais sinaliza esses fenômenos, não os interpretando nos moldes teóricos como perda da centralidade do trabalho que proponho neste estudo, mas, pode-se ver o trabalho livre como um componente na reorganização das atividades na agricultura, denota um significado de que essas reestruturações econômicas e produtivas em percurso comprometem a reprodução da força de trabalho na agricultura e mostram as novas tendências desse novo padrão de reforma agrária. Este fato, no Brasil, reitera um modelo de desenvolvimento que ocorre com a expulsão de trabalhadores de suas áreas de origem.

Esses processos decorrem de contradições nas relações sociais de produção em que as diferenciações na relação entre agricultura patronal e familiar, tendo em vista a evolução e integração entre a agricultura e a indústria, têm relação com a dinâmica entre os avanços das forças produtivas. A incidência das relações de poder contribui para reforço da natureza histórica do padrão capitalista de produzir riquezas, mas, na mesma proporção, gerar pobreza e miséria.

A queda do nível de emprego na agricultura como consequência da tecnologização dos avanços das forças produtivas exige necessariamente a dispensa de força de trabalho. É fato, na década de 80, que o Brasil investia cerca de 19 bilhões de dólares na agricultura. No entanto, entre 1994 e 1998, a média de investimentos foi de apenas 6 bilhões de reais. Observa-se também que, dentre aos 32 milhões de pessoas que passam fome no país e os que se alimentam de forma precária, metade reside em áreas rurais. Reflexo disso pode ser o fato de que cerca de 30 milhões de pessoas migraram do campo para a cidade entre 1970 e 1990.[9]

Curioso é que autores como Silva e Veiga chegam a constatações diferentes desse quadro. Amparados na ideia de urbanização, suas prospecções a respeito do grau de urbanização brasileiro contêm diferenças substantivas. Veiga (2002, p. 96) critica como "anacrônico e obsoleto" o método que define o grau de urbanização das cidades brasileiras, uma vez que, de seu ponto de vista, pelo menos 60% da população brasileira pertence à rede urbana e não 80%, como declaram as pesquisas oficiais. Por sua vez, Silva (1999) observa um movimento de aumento do número de população rural, como mostramos no decorrer deste estudo.

A categoria "pluriatividade", embora interpretada sob diferentes clivagens e em meio a discordâncias, é central na maioria das pesquisas (cf. Silva, 1999; Guanziroli, 2001; Scheneider, 1999) para explicar o trânsito das atividades na produção agrícola, à não agrícola. Essa categoria, nessas novas interpretações, substitui, no limite, os parâmetros tradicionais de compreensão do desenvolvimento de segmentos da agricultura familiar, antes essencialmente responsáveis pela produção de alimentos.

A essência teórica desse debate tem como foco a multissetorialidade da produção. Em certos aspectos apresenta convergências e divergências sobre as questões amplas, como "o aumento da produtividade do trabalho na agropecuária, a industrialização difusa, a descentralização de serviços sociais e de serviços de empresas".[10]

Guanziroli et al. (2001, p. 39), por exemplo, critica a interpretação de Silva (1999) e mostra as implicações que pode ter a importação de modelos de desenvolvimento para a nossa realidade, a qual difere imensamente daquela dos países ricos, como os Estados Unidos e o

---

9. *Revista Justiça Global*. Relatório Nacional Sobre a Situação dos Direitos Humanos e a Reforma Agrária no Brasil, p. 3. Disponível em: <http//www.global.org.br>. Acesso em: 13 maio 2004.

10. Veiga, José Eli. *Cidades imaginárias*. Op. cit., p. 115.

Japão. O autor, contudo, não adentra de forma suficiente ao significado da revalorização de certos setores da agricultura familiar como via utilizada pelo capital na busca de valorização da produção de mercadorias através da "subordinação do trabalho".

Reitero aqui que a análise sobre a viabilidade da agricultura familiar vista apenas sob a via da produção autonomizada das determinações superestruturais nega o caráter de totalidade da sociedade, cujas mediações nas condições sociais e históricas envolvem as relações sociais de produção. Portanto, é sob a perspectiva do trabalho à luz das formas de "como os homens produzem" e em que "condições produzem"[11] que podemos apreender a totalidade social.

A falta de percepção desses fatores dissimula o sentido da "pluriatividade" como uma via de extração do "valor-trabalho" auferido à pequena produção pelo capital por meio de diferentes formas de subsunção. Isso significa que as famílias inseridas nesses processos, compelidas a estender sua jornada de trabalho, acabam por ter que produzir mais e em novas condições e forma social do trabalho. Sob essas condições, a busca incessante de outras "atividades não agrícolas" serve como complementos a sua reprodução social, nessas novas condições de viabilidade econômica e social aos que vivem do seu trabalho nesse ramo da produção. Condições que não se encerram na produção nem nas simples mudanças nas bases técnicas de "produção" ou nas tipologias de atividades. Esses processos não se explicam em sua forma natural, porque são atravessados pelas contradições engendradas nas relações sociais de produção. A não naturalização da apreensão desses complexos exige considerar as condições históricas e ontológicas imbricadas nas novas formas de personificação do trabalho, da produção em suas relações sociais e nos processos em que este se insere, e se subordina, às reestruturações capitalistas.

Nessa lógica, a produção constitui apenas o momento primário, seguido da complexidade de relações mediadas pelo trabalho em vias

---

11. Marx, K. *A Ideologia Alemã*. Trad. de José Carlos Bruni e Marco Aurélio Nogueira. São Paulo: Hucitec, 1991. p. 27-8.

de momentos superiores referentes à reprodução social. O caráter histórico, objetivo e material da produção e as dimensões subjetivas dos trabalhadores são submetidos a certas alterações mediante as transformações macrossocietárias. Portanto, isso implica não só o trabalho, isto é, o homem como produtor de objetos necessários à reprodução de suas condições de existência:

> (...) produção de meios de vida, através dos quais os homens produzem indiretamente sua vida material. "Sob o ângulo subjetivo, é processo de criação e acumulação de novas capacidades e qualidades humanas" (...) é produção objetiva e subjetiva de coisas materiais e de subjetividade humana.[12]

Assim, o trabalho visto no sentido ontológico mostra o sentido do sobretrabalho, que fica subsumido em certas leituras. Embora o trabalho não seja a única via, é a partir de sua subordinação ao sistema que procuro identificar as metamorfoses que revestem essas reformas no meio rural. Portanto, o trabalho é uma esfera de mediação social capaz de conduzir à compreensão real das múltiplas determinações postas nas condições objetivas e subjetivas que envolvem o ser social em suas relações sociais de produção.

Feitas estas considerações, é preciso esclarecer a que formas sociais do trabalho estamos nos referindo. Como sabemos, na agricultura, assim como na indústria, o trabalho assume formas simples de início, para, depois, se complexificar, assumindo outras formas. Porém, é importante observarmos certas particularidades que este assume nesse setor, isto é, as diferentes classificações de trabalho aí existentes. Identifica-se que, na agricultura brasileira, existe "um total de 23 milhões de trabalhadores, dos quais 6 milhões são assalariados, 8 milhões são arrendatários, meeiros e parceiros, enquanto 8 milhões são pequenos agricultores que trabalham por conta própria".[13] Essa diversidade de tipos e de formas sociais nas relações de trabalho requer que façamos alusões quanto ao significado dessas mudanças para além do campo

---

12. Iamamoto, Marilda. Idem, p. 41.
13. Stédille, João Pedro. In: *Questão Agrária Hoje*. Op. cit., p. 316.

da produção. Mas, é a partir desta que se volta a atenção também ao campo da reprodução.[14] Afora essas características, existem, na agricultura, as mais diferenciadas condições de propriedade da terra e dos meios de produção, o que envolve os que possuem muita terra, os que possuem pouca e os que não têm terra.

Tais elementos mostram que a "propriedade e o trabalho" são dois campos de tensão, nos quais se engendram as diferenciações de classe. Em geral, os "pequenos", por não disporem de autonomia suficiente para consolidar seus objetivos, dependem necessariamente das relações de mercado, quando, por exemplo, não oferecem as garantias exigidas pelo sistema e a contrapartida demandada pelas instituições financeiras tanto para compensar como para garantir a realização de investimentos técnicos, de modo a consolidar os processos agrícolas por completo.

Nessas relações, instauram-se as mais diferentes formas de subordinação do trabalho ao capital, não só financeiras, mas bancárias e industriais, através da submissão às condições dos empréstimos e dos juros embutidos nessas trocas. Essas formas diferenciadas de inserção no circuito mercantil forjam processos de subordinação entre os grandes e os pequenos produtores, de modo a transformar os setores menos produtivos em mais produtivos, subsumindo-os aos diferentes capitais. Tal dinâmica se efetiva nas diferenciações entre os segmentos sociais e entre as regiões brasileiras, bem como entre os mais diversos produtos. As múltiplas determinações nos processos de produção e consumo, bem como às diferenças do usufruto dessas relações de produção, estabelecem níveis de desigualdade econômica delineadas também pelas relações de poder expressas na distribuição de renda e de riqueza na sociedade. No contexto atual, ainda que este tema não seja explorado neste estudo, existem novas formas de acesso aos recursos destinados a pequenos agricultores, como o caso do Cresol ou das cooperativas de crédito.[15]

---

14. Karl, Marx. *O Capital*. Livro I, v. II, p. 659.

15. Abramovay, Ricardo e Bittencourt, Gilson A. Inovações institucionais no financiamento à agricultura familiar: o Sistema Cresol. Disponível em: www.eco.unicamp. Acesso em: 3 set. 05.

A Síntese dos Indicadores Sociais de 2002, do IBGE, afirma que, em 2001, 22,9% das famílias brasileiras tinham rendimento mensal de meio salário-mínimo. Só no Nordeste, 42,2% das famílias viviam com meio salário-mínimo *per capita*, ou seja, as desigualdades de rendimento no Brasil não melhoraram nos últimos vinte anos. Essa pesquisa diz mais: que o 1% mais rico da população acumula o mesmo volume de rendimentos dos 50% mais pobres e os 10% mais ricos ganham 18 vezes mais que os 40% mais pobres.[16] No ano de 2008, reiteram-se características desse padrão de desigualdades e pobreza. No entanto, o segmento da agricultura familiar é considerado na Conferência da FAO como fator de combate à fome segundo o representante do Brasil que afirma que esse segmento "é responsável por 65% do que a população consome de alimentos no país, e responde por 10% do PIB, apesar da falta de incentivos públicos".[17]

Semelhante situação tende a se agravar com a perda de rendimentos rurais através do trabalho em todas as regiões brasileiras, como mostra Kageyama (2004, p. 81): "(...) verifica-se a perda de participação do rendimento do trabalho em todas as regiões (...) no Nordeste (de 74% para 66%) e Sudeste e menos São Paulo (de 84% para 71% aproximadamente)".[18]

No esforço de entendermos essas peculiaridades desse padrão de reforma agrária, constatamos que Veiga (2001) critica "(...) a especialização que devora postos de trabalho e defende a diversificação das economias locais" como algo negativo para o trabalho, mas não trata das "diferenciações" que conformam a realidade dessas classes. Essas são metamorfoseadas agora como "diversidades multissetoriais", em que "pluriatividade" significa "(...) o aumento da produtividade do trabalho na agropecuária".[19]

---

16. IBGE, Síntese dos Indicadores Sociais de 2002. Disponível em: <https://www.fao.org.br>. Acesso em: jul. 2004.

17. Disponível em: <https://www.fao.org.br>. Acesso em: 16 abr. 2008.

18. Kageyama, Angela. Op. cit., p. 81.

19. Veiga, José Eli. Idem, p. 113.

Silva (1999) percebe mais além, quando defende que "(...) a tecnologia tem função econômica e a reprodução da divisão do trabalho onde a tecnologia depende da forma de poder existente na sociedade (...) a escolha é eminentemente política, (...) na economia capitalista as regras são as que maximizam os benefícios privados do capital".[20] Por outro lado, o autor ressalta, em suas recentes obras, "a falta de organização política dos trabalhadores da agricultura", como uma determinação importante no exame dos "limites" no avanço das lutas sociais, mas não aborda o significado dessa questão.

Parece não ser do interesse de Silva adentrar no cerne dessas correlações de força na sociedade de classes; prefere explicar que as diferenças estão no usufruto dos avanços tecnológicos e da integração dos agricultores ao sistema e diz que a esfera política advém da "falta de organização dos trabalhadores", diante da "pouca influência desses sujeitos na definição das políticas".[21] O autor mostra-se coerente ao atribuir o caráter de classe da tecnologia; esclarece ainda que seu papel, no capitalismo, é "o aumento da produtividade do trabalho para aumentar o lucro capitalista",[22] mas deixa insuficiente a noção relativa às formas de "subsunção formal e real do trabalho" — nos termos de Marx —, o que poderia ser objeto do debate sobre o progresso técnico pleiteado pelo projeto do "novo rural brasileiro".

É importante apreender o trabalho como esfera de desenvolvimento não só material, mas exaltar suas influências nos níveis da consciência humana. Isso significa considerar o homem para além da noção limitada do humanitarismo: "(...) ser de natureza orgânica (...) produção de objetos a serem utilizados pelo homem, produção de meios de vida", mas o descaso à noção de que o trabalho pressupõe também "(...) o nascimento da consciência e do conhecimento humano".[23]

---

20. Silva, José Graziano. *O novo rural brasileiro*. Op. cit., p. 17.
21. Silva, Idem, p. 17.
22. Silva, José Graziano. Idem, p. 17.
23. Iamamoto, Marilda. Idem, p. 41.

Nessa perspectiva, incluo as potencialidades humanas e sociais, objetivas e subjetivas, de criação e recriação de todas as esferas nas quais se integra. Sob o ângulo subjetivo, "(...) o trabalho é também criação de novas necessidades", acumulação de novas capacidades e qualidades humanas, portanto, (...) um ato histórico".[24]

Examinando-se algumas formulações de Lênin sobre os fenômenos rurais na Rússia, observa-se que ele considerava a relação entre as condições econômicas e a esfera política, reconhecendo-as como esferas importantes na captação de "diferenciações" da realidade das classes sociais proprietárias e não proprietárias. Ressalvadas as particularidades históricas que separam tais realidades — esses requisitos devem ser reconhecidos pelas distinções nas relações de produção, de propriedade e de acesso aos recursos financeiros e tecnológicos —, as alternativas de extração de renda da terra levam à compreensão do sentido do progresso técnico não só para o capital, mas também para o trabalho.

No que se refere às condições de reprodução da agricultura familiar, observo que, em suas relações na sociedade, certos extratos sociais vendem seus produtos por preço inferior, e são pouco capazes de contabilizar os próprios recursos. Com isso, acabam por se endividar a tal ponto que só lhes resta a alternativa de hipotecarem suas terras às instituições financeiras; em geral, têm dificuldades de assegurar a reprodução do conjunto familiar. Aí, consolidam uma das modalidades de subordinação do trabalho ao capital na agricultura como uma via da transformação do valor em capital financeiro ou a "subsunção do trabalho ao capital". E há a falta de condições de atenderem as exigências embutidas nos critérios econômicos, pois, descapitalizados, tornam-se excluídos pela insuficiência de condições em "(...) oferecer garantias e contrapartidas"[25] ao sistema social.

Essa cadeia de subordinação forma comumente um ciclo ininterrupto, resultando em aumento dos níveis de empobrecimento, e, rumo à proletarização, acabam por hipotecar a propriedade. O agravamen-

---

24. Iamamoto, Marilda. Idem, p. 41.
25. Abramovay, Ricardo e Bittencourt. Idem, p. 3-4.

to dessas contradições e os conflitos engendrados no progresso das forças produtivas e o incremento da produtividade determinam as relações entre "(...) a propriedade privada dos meios de produção e a distribuição do produto social entre capital e trabalho".[26] Na ordem do capital, as consequências disso requisitam um conjunto de políticas públicas e/ou privadas, que favoreçam e viabilizem tanto a reprodução social como a dinâmica produtiva. Isso implica a exequibilidade de ações efetivas desde o ciclo inicial da produção, incorporando outros estágios dessa cadeia, afora a assistência financeira e técnica, a comercialização, o transporte e a conservação da produção, de modo a garantir a sustentabilidade da pequena produção.

Observando-se as condições dos investimentos destinados aos trabalhadores, nos anos 90, pelo governo FHC, chamam a atenção a efetividade dos assentamentos. Desde 1995 até 2001, o governo afirma que foram assentadas 584.655 famílias em 20 milhões de hectares de terras, tendo aplicado R$ 14,4 bilhões no plantio e custeio através do Programa Nacional de Reforma de Fortalecimento da Agricultura Familiar.[27] Esses resultados, embora superiores aos dos governos Collor e Itamar Franco,[28] mostram-se acanhados e questionáveis, porque a pequena agricultura familiar, ainda que tenha contado com esses suportes, vem apresentando resultados pouco significativos nas avaliações de representantes do Movimento dos Trabalhadores Sem-Terra. Estes declaram que, das 580 mil famílias assentadas no governo FHC, apenas 64.000 receberam recursos do PRONAF.[29] Por sua vez, o gover-

---

26. Silva, José Graziano da. *Tecnologia e agricultura familiar*. Idem, p. 55.

27. Instituto Nacional de Colonização e Reforma Agrária (INCRA). "Balanço da Reforma Agrária e da Agricultura Familiar 2001". Brasília, agosto de 2003. Disponível em: <http://incra. org.br>. Acesso em: 15 mar. 2001.

28. Um quadro comparativo, apresentado pelo governo Fernando Henrique, afirma que, de 1964 a 1994, foram assentadas no país apenas 218.033 famílias, enquanto que esse governo teria assentado, de 1995 a 2001, 584.655 famílias. Ministério do Desenvolvimento Agrário — Reforma Agrária — INCRA — Instituto Nacional de Colonização e Reforma Agrária. Brasília. Disponível em: <http://www.incra.gov.br/reforma/recordes>. Acesso em: 19 ago. 2001.

29. Conforme declaração de um representante do MST convidado a participar de um debate sobre a luta pela terra, promovido pela Escola de Serviço Social da UFF, de Niterói, no dia 28 de junho de 2004.

no Lula previu assentar um total de 115 mil famílias em 2004, mas, segundo informações oficiais, conseguiu realizar apenas 81 mil assentamentos de famílias, número questionado pelo movimento dos trabalhadores, que assegura terem sido assentadas apenas a metade deste total.

A crise mundial agrícola que assola países desenvolvidos e em desenvolvimento desde os anos 80 tal como os desmontes dos acordos — temas tratados a seguir — diante do novo modelo de relações internacionais que reorienta o desenvolvimento rural, explicam as diferenças na inserção desses países no mercado internacional. Pode-se exemplificar tal fato pela queda dos preços de produtos agrícolas, como arroz, feijão, cebola, mandioca etc., de quase 40% na rentabilidade das atividades tradicionais da agropecuária nos anos 90 em relação a décadas anteriores, o que aponta para o desmonte da centralidade da produção agrícola.

A legitimação do novo sistema creditício pautado no cooperativismo vem sendo tratada por autores que expõem algumas contradições que atravessam os financiamentos à pequena agricultura dentro da lógica econômica. Exemplo disso é mostrado por Abramovay em relação ao PRONAF, cuja experiência tem onerado os cofres públicos diante das contradições, em que "(...) quanto menor for o valor do contrato, maiores serão os custos de administração bancária".[30] A necessidade de cobrir inadimplências levou o Tesouro Nacional, em 1999, a gastar quase R$ 94 milhões com taxas de juros do PRONAF, além das incoerências de "em 1999/2000 menos de dois terços do dinheiro do Tesouro chegaram aos agricultores".[31]

Outras relações sociais devem ser apreendidas na análise das dificuldades enfrentadas por esses pequenos segmentos, como as diferenças nas formas da apropriação de terras, de capital e da produção social na obtenção dos lucros suplementares adquiridos, bem como a importância da propriedade privada da terra como mercado-

---

30. Abramovay, R. e Bittencourt, G. Idem, p. 4.

31. Idem, op. cit.

ria, centro das particularidades da formação social brasileira. Tais meios funcionam especialmente como fontes de extração de mais-valia conforme o tipo de exploração de agroindústria, à extração de rendas e lucro, em se tratando de trabalho assalariado, como descobriu Marx sobre a lógica, em *O Capital*, que se apropria das terras, mediante as formas de renda, definidas por ele como "renda diferencial" e "renda absoluta".[32] Essas bases de exploração geram impactos na modernização da propriedade e da produção, combinados ao incremento de implementos, máquinas e insumos agrícolas, como substratos dos avanços tecnológicos.

Quanto a essa dinâmica sob o ângulo do progresso técnico, Silva (1999) mostra que o incremento de máquinas na agricultura tem as mesmas funções que na indústria, na medida em que, em primeiro lugar, elas envolvem trabalho vivo, cuja condição e ritmo de trabalho é da competência desses recursos tecnológicos e não da vontade estrita do trabalhador, uma vez que os meios de produção o empregam e não o contrário. Em segundo, além de constituir em instrumento de exploração do trabalho ou de extração de sobretrabalho, serve não só no barateamento do preço das mercadorias, como na ampliação do tempo de trabalho excedente.[33] Nesse caso, acrescento que a "subsunção real" do trabalho torna inegável uma condição concreta à prevalência do progresso tecnológico na agricultura, enquanto uma condição essencial ao desenvolvimento de qualquer ramo da produção, seja agrícola ou fabril.

Silva expõe alguns aspectos similares e os que diferenciam a agricultura e a indústria na lógica capitalista, em que, na primeira, "o progresso técnico aumenta os tempos do não trabalho" em função do ciclo produtivo, fato que, na indústria, "o período da produção é definido pelo tempo de trabalho".[34] Pode-se afirmar que as políticas

---

32. Marx, Karl. *O Capital. Crítica da Economia Política*. 5. ed. Trad. de Reginaldo Sant'Anna. Processo Global de Produção Capitalista. Livro 3, v. VI. Rio de Janeiro: Bertrand, 1991.

33. Silva, José Graziano. *Tecnologia e agricultura familiar*. Rio Grande do Sul: UFRGS, 1999, p. 18.

34. Idem, p. 27.

"reformistas" e o caráter "seletivo" entre os avanços da tecnologia e a falta de soluções mais efetivas ajudam a obstruir a solução da questão estrutural da sociedade, a Reforma Agrária pretendida pelos trabalhadores.

No plano conceitual, a ultrapassagem dessas constatações exige que se compreenda que, por um lado, a lógica do progresso técnico determina que a produção é cada vez mais social: "a tecnologia é uma relação social", pois a Ciência e a tecnologia têm caráter de classe;[35] por outro, a apropriação dos meios de produção é, cada vez mais, privada, o acesso à terra é feito pelo mercado. Porém, as determinações sociais que engendram esses processos, não se restringem às constatações de que o trabalho na agricultura incrementa a produção de matérias-primas e eleva a produtividade do trabalho, rebaixando o valor da força de trabalho e elevando a taxa de mais-valia e a acumulação de capitais.[36] Nesse conjunto inclui-se também o processo de desregulamentação das funções do Estado em seu papel de formulador e de gestor das políticas públicas agrárias e agrícolas.

Retomando a análise anterior e em contraposição ao quadro de dificuldades ao desenvolvimento da pequena agricultura, redesenha-se nesse contexto um quadro favorável às culturas de exportação no Brasil contemporâneo mediante o reconhecido mercado do agronegócio. Este é um campo de maior interesse econômico do capital, diante dos avanços tecnológicos no setor agrário.

Essa resposta irônica do capital vem se efetivando em reação contrária à divisão da grande propriedade, um modelo de reforma agrária calcado na reedição de um padrão de "desenvolvimento pelo alto" não no sentido da exploração extraeconômica ou de medidas estatais, como fora no período da industrialização. Mas, os instrumentos de dominação políticos e jurídicos utilizados pelo Estado nesse padrão reafirmam a função hegemônica das classes proprietárias, principalmente na e pela concentração da propriedade da terra como

---

35. Silva, José Graziano, Op. cit.
36. Idem, p. 23.

capital. A concentração da terra no Brasil continua a ser uma das maiores do mundo: "Cerca de 1% das propriedades rurais detêm em torno de 46% de todas as áreas cultiváveis, aproximadamente, 400 milhões de hectares titulados como propriedade privada, apenas 60 milhões de hectares são utilizados como lavoura".[37]

O Movimento dos Trabalhadores Sem-Terra (MST) declarou recentemente que os proprietários com mais de dois mil hectares de terras aumentaram mais de 58 milhões de hectares.[38] Além dessas observações, devemos lembrar que a natureza e a quantidade dos conflitos e resistências persistentes no campo agrário brasileiro são dados importantes para essa interpretação.[39]

Portanto, confirma-se a importância da terra em gerar diferentes formas de renda na sociedade capitalista. E, levando em conta os objetivos deste estudo, em apreender as reais condições de viabilidade da agricultura familiar frente às reestruturações capitalistas, numa visão de totalidade, cabe observar metamorfoses do mundo do trabalho bem como a renda da terra no setor agrário, que são determinantes para a apreensão dos processos de produção e reprodução social.

2.2 Trabalho, produção, reprodução social e agricultura familiar: alguns aportes teóricos

No âmbito da Teoria Social no pensamento clássico, o debate sobre a renda da terra foi apreciado por Marx em sua crítica a Proudhon, porque este atribuía *"a renda ao juro de um capital"*, da mesma forma

---

37. Relatório Nacional sobre Direitos Humanos e Reforma Agrária no Brasil. Justiça Global. Idem, Op. cit. Disponível em: <http://www.global.org.br>. Acesso em: 13 maio 2004.

38. Segundo informações do representante do MST em um debate na UFF. Idem, Op. cit.

39. Segundo a Ouvidoria Agrária do INCRA, conforme dados da Comissão Pastoral da Terra (CPT), em 1996 ocorreram 397 invasões, em 1997 foram 502, em 1998 existiram 446 invasões de terras, em 1999 foram 455 e no ano 2000 ocorreram 226. Ministério do Desenvolvimento Agrário. INCRA — Instituto Nacional de Colonização e Reforma Agrária. Balanço 1999 da Reforma Agrária e da Agricultura Familiar. Programa Parceria e Mercado. Brasília, abril de 2002.

que os economistas clássicos tinham uma visão naturalizada da *"fertilidade do solo"*.

Marx mostra que a "renda da terra tem origem nas 'relações sociais', de onde provém a 'exploração' e não da natureza". Como vimos antes, ele afirma taxativamente, em sua obra *A Miséria da Filosofia*, escrita em 1847, que "a renda da terra provém da sociedade e não do solo".[40] Em suas afirmativas, esclarece o significado do "valor" que tem a propriedade privada da terra no sistema capitalista, ou seja, não é estritamente valor econômico, mas, além de terra-capital, contém outros significados sociais e políticos.

Essa caracterização serve para nortear a ideia de que a propriedade privada na sociedade burguesa é heterogênea em suas características, conforme os determinados contextos históricos. Tomando em conta os dias atuais, esse novo modelo agrário brasileiro vem reeditando o conhecido padrão de concentração de terras, consequentemente, a de riquezas, com maior intensidade no governo Fernando Henrique Cardoso diante do crescimento do agronegócio, padrão esse confirmado e aprimorado pelo governo Luiz Inácio Lula da Silva.

Nos marcos desse projeto, observa-se a funcionalidade das rendas agrárias nessas relações de produção, se seguirmos a óptica teórica, tanto por Kautsky como Lênin, vemos que, apoiados em Marx, esses pensadores reconheceram que a:

> (...) "renda diferencial" provém do caráter capitalista da produção e não da propriedade privada sobre a terra, enquanto a "renda absoluta" depende da existência da propriedade privada da terra de que existe na agricultura um "atraso" que se acumulou no decorrer do processo histórico, atraso que é assegurado pelo monopólio.[41]

Isso nos lembra que uma das peculiaridades do desenvolvimento capitalista no Brasil é a sua caracterização segundo a combinação

---

40. Marx, Karl. 1818-1883. *A Miséria da Filosofia*. Idem, p. 144. (Grifos nossos).
41. Lenin, Ilicht. *O Programa Agrário*. p. 85 (Grifos nossos).

e a convivência entre o moderno e o arcaico como formas funcionais ao sistema. Acrescenta-se a isso que, na atualidade, circula um novo debate que discute essas características acusando suas implicações de "atraso".

Neste sentido, questiona-se o fato de as análises atuais serem mais direcionadas às mudanças na produção agrícola, dissociadas tanto do trabalho como de suas interações com as esferas subjetivas, ou superestruturais — para usar os termos gramscianos — sociopolíticas e jurídicas. Ou seja, ao se separar a relação orgânica entre as bases objetivas das subjetivas, perde-se a noção da totalidade, abandonando-se as relações sociais entre a produção e a reprodução social.

Percebida de forma reduzida, as condições de viabilidade da agricultura familiar podem ser capturadas, mas as conclusões ficam encapsuladas, porque abstraem "o caráter do trabalho (...) o qual expressa-se essencialmente no fato de que o homem só pode realizá-lo através das relações com outros homens".[42] Em virtude disso prescindem do reconhecimento da interlocução orgânica existente entre os diferentes ciclos dos processos de produção até a esfera do consumo, os quais se inserem nas "relações dos homens entre si".

Em outras palavras, isso significa entender as formas de subordinação do "trabalho" agrícola para além de sua aparência, para não subsumir o real sentido dos processos de "reprodução social", encrustados nas contradições entre o capital e o trabalho, frutos do progresso da ciência e da tecnologia. Pois essa visão naturalizada obscurece as formas de participação do produto social fruto das complexidades das relações sociais de produção, o que numa visão de totalidade vislumbra as alterações nas bases materiais, nos processos de trabalho, as metamorfoses e as formas que o trabalho se subordina aos imperativos econômicos e sociais, incluindo os reflexos nos processos de produção e de reprodução social.

Tomando-se por base as inflexões de Veiga, percebe-se que este não trata os fenômenos agrários sob o ângulo do trabalho, ainda que

---

42. Iamamoto, Marilda. Idem, p. 43.

forneça pistas para a apreensão dos significados da viabilidade da agricultura familiar. Ele sinaliza para os impactos nas atividades agrícolas e observa diferenças sobre as interpretações do novo modelo de desenvolvimento rural. Suas formulações sugerem as condições dessa viabilidade a partir da tese de valorização desse setor pela via da "diversificação" da produção e da "pluriatividade". Dão ênfase à produção, às inovações tecnológicas, mecânicas e genéticas, mas desmontam o caráter social, que tem a subordinação não apenas do trabalho, mas também do tamanho da terra, ao seu desenvolvimento econômico, a sua capacidade produtiva, o que ele critica como "ditadura da terra".[43]

Sua tese demonstra certas simetrias com o ideário pós-moderno, quando defende a "Reforma Agrária com pouca terra" cujo padrão reforma agrária vem sendo afirmado também por Silva, apoiado nas ideias de Inácio Rangel, e reitera esse novo padrão de modernização, como veremos a seguir.

Sob a perspectiva de Rangel, a modernização da agricultura decorreria "naturalmente", em uma espécie de "determinismo histórico" linear, frente aos efeitos do desenvolvimento capitalista. Para ele, a princípio, não deveria ocorrer a mediação do Estado — porém, em etapas superiores do desenvolvimento, surgiria a importância da reforma agrária em função das mudanças históricas. Tem-se assim uma perspectiva naturalizada de crescimento das forças produtivas, cujos desdobramentos resultariam na remoção de forças de trabalho, que seriam liberadas para outras atividades não agrícolas. Essa tese, defendida por Rangel, mostra-se acrítica e nega a historicidade dos fatos, e as contradições do sistema econômico, caracterizando-se muito mais como uma leitura "evolucionista" em torno das relações sociais e os avanços das forças produtivas.

O que se observa nessas teses é um abandono de temas importantes como: a propriedade privada da terra, as contradições do sistema capitalista, as lutas de classes como mediações importantes à análise dos processos sociais agrários. Esses antagonismos tor-

---

43. Veiga, José Eli. *Empreendedorismo rural*. Idem, p. 4-7.

nam-se camuflados em prol de uma "suposta harmonia", similar ao caráter conservador predominante na sociedade burguesa. As percepções do crescimento das atividades não agrícolas no meio rural incluem a proposta de eliminação de distâncias urbano-rurais cujas chaves teóricas são apreendidas no pensamento de Rangel (apud Silva, 2000):

> (...) se a procura de mão de obra fora do setor agrícola se manifesta firme, o setor agrícola investirá para, simultaneamente, libertar mão de obra e aumentar o suprimento de bens agrícolas ao mercado e esses investimentos tenderão a fazer-se em condições capitalistas. Se essa procura declina, configurando o estado de crise e desemprego, e a agricultura reage pela reconstituição de condições propícias ao complexo rural, o setor agrícola imobilizará recursos no sentido de aumentar a autarcia da unidade familiar, absorvendo parte do excedente e recriando o equilíbrio do mercado não agrícola de mão de obra.[44]

Entre as circunstâncias previstas na autossuficiência desse padrão estaria a evolução imanente dos avanços tecnológicos, que criariam tempo livre para outras atividades ao liberarem força de trabalho. Perpassa também a noção de redução do tempo de trabalho dedicado às atividades agrícolas como fruto do envolvimento da força de trabalho em "plantation *de tipo capitalista*",[45] em que o tempo livre deveria ser empregado em atividades fora da produção, acenando para a busca de novas alternativas de trabalho. Semelhante liberação é voltada às exigências da industrialização do período — substituição de importações. Essas bases vão servir de orientação ao quadro social caracterizado por crises e desemprego, cabendo à agricultura papel

---

44. Rangel, Ignácio. *Questão agrária, industrialização e crise urbana no Brasil.* Porto Alegre: Ed. UFRGS, 2000, p. 14.

45. Idem, p. 13. Rangel pensou as relações entre agricultura e indústria nos primórdios da industrialização brasileira. Destacou a realização dessa relação como "essencialmente na transferência de certas atividades de âmbito rural para o âmbito urbano, o que resulta em considerável aumento da produção per capita". A conclusão de Silva é que "(...) a industrialização é, portanto, um processo que se nutre a si mesmo: por um lado depende da imobilização de recursos para fazer-se e, por outro, cria esses recursos".

importante no restabelecimento da economia, justificado através da dinamização das atividades não agrícolas em áreas rurais.

Essas teses são pouco suficientes para explicar as particularidades históricas e as diferenciações econômicas, sociais e políticas da realidade agrária brasileira em suas diversidades regionais, cujas referências, a nosso ver, são indispensáveis às prospecções deste estudo. Melhor dizendo, onde esses autores percebem favorecimentos desse modelo, em leituras muito mais de caráter das estruturas ou restritas à economia, percebo insuficiências nas análises quanto à relação orgânica entre as bases materiais, e estruturais/institucionais, a produção, o trabalho, e as não materiais, ou seja, as relações sociopolíticas e de poder estabelecidas entre os homens e as classes sociais.

Neste sentido, certos setores da pequena agricultura até podem ser favorecidos, contudo, vêm se confirmando tendências não condizentes com esta tese. Tanto assim que o incremento dado pelo governo FHC e aprofundado no governo Lula à implantação de políticas distributivas destinadas à reprodução social, pela via estrita de distribuição de alimentos, e outros benefícios sociais como estratégias de atuação na área social, por si só, reflete as preocupações com o nível de contradições que atinge o sistema, fruto das relações sociais como expressões da "questão social" na agricultura. Percebo aí a insolvência da pequena produção familiar como produção mercantil, quando essa se torna demandatária de políticas públicas de recorte social implementadas pelos governos, em lugar do incentivo à produção.

A diversificação das atividades produtivas fora da agricultura na versão naturalizada dissimula a apreensão das condições de trabalho ajustada à formação de consciência dos trabalhadores traduzida como disponibilidade de "tempo livre" ou "tempo parcial". Nas condições tanto de trabalho assalariado como não assalariado, essas relações são moldadas pela apropriação de "mais-trabalho" e escondem o sobretrabalho gerado nas mudanças das atividades. A própria falta de alusões a essas formas de subordinação do trabalho no limite ajuda a encobrir certas bases desse novo padrão de reforma agrária calcado na exploração familiar.[46]

Para Veiga, o *agribusiness* vai minimizar os custos de produção, formando novas cadeias tecnológicas nas relações entre as matérias-primas e as indústrias de transformação e exportação, como processo que impõe força de trabalho qualificada e afirma que esse processo "(...) torna redundante a maior parte da mão de obra não qualificada".[47]

Observam-se convergências e divergências entre as teses de Veiga e Silva sobre essa modernização agrária, em relação à viabilidade de certos segmentos da agricultura familiar. Veiga prevê e afirma que a abertura à maior competitividade do mercado em função da tecnologização do agronegócio tem como consequência a dispensa dos excedentes de força de trabalho, porque, para ele, "a maximização da competitividade do agronegócio brasileiro não comporta a permanência de 18 milhões de ocupados nas atividades de seu segmento primário segundo o CENSO Agropecuário de 1995-96".[48]

Abordando de outra forma, Silva reconhece o agribusiness como dinâmica produtiva que consolida a integração agricultura-indústria, esse processo em que toda a produção — em particular, a de alimentos — passa pela indústria antes de ser consumida. Nesse caso, afirma que "as pesquisas sobre o custo de vida mostram que quem alimenta o cidadão brasileiro não é mais a agricultura, é a indústria de produtos de alimentos".[49]

O autor percebe a modernização agrária brasileira como processo excludente, no qual a sobrevivência de certas camadas de pequenos produtores só será possível pelo caminho do cooperativismo assegurado com a intervenção do Estado. Com isso, mostra as tendências de

---

46. Silva, José Graziano e Del Grossi, Mauro Eduardo. "A pluriatividade na agropecuária brasileira em 1995". *Revista Estudos Sociedade e Agricultura* (CPDA/ UFRJ), n. 11, p. 26, out. 1998.

47. Veiga, Eli. O Brasil rural ainda não encontrou seu eixo de desenvolvimento. In: *Dossiê Desenvolvimento Rural*. Instituto de Estudos Avançados USP, v. 15, n. 43, p. 112, set./dez. 2001.

48. Idem, op. cit., p. 112.

49. Silva, José Graziano. *O Desenvolvimento do Capitalismo no Campo Brasileiro e a reforma Agrária*, 2002. p. 140.

mercantilização da reforma agrária, sobretudo acena para desdobramentos futuros quando esse autor pleiteia políticas públicas destinadas
a esses segmentos em razão de sua fragilidade ante os jogos do mercado. Essa sua aparente aceitação ou "resignação" perante os desígnios
da ordem do capital tende a favorecer o propalado ideário de relações
"conciliatórias" e "harmônicas", numa versão naturalizada das relações
sociais, como se fosse possível neutralizar as contradições e os antagonismos desse sistema.

Apesar disso, seu argumento é correto por tributar ao Estado o
estabelecimento de regras aos oligopólios detentores das matérias-primas, meio de adequabilidade à reprodução subsumida ao capital.
Mesmo assim, demonstra um ceticismo quanto às possibilidades de
mudanças nas condições históricas da sociedade civil em seu protagonismo frente ao Estado burguês, diante dos confrontos e desigualdades
e diferenciações entre as classes.

Faz uma síntese importante acerca da associação entre a tecnologia e as relações de poder na sociedade, quando afirma que: "a questão
é política, e não tecnológica".[50] Apesar de não dissecar essa tese, supe-
ra esse limite quando afirma a "não neutralidade da tecnologia" e
mostra que essa "opção é eminentemente política",[51] âmbito em que
importa, sobretudo, a expansão dos lucros privados adquiridos pelos
proprietários do capital.

Porém, a não socialização da propriedade da terra e a concentração dos meios de produção favorecem relações de dominação e de
poder na sociedade capitalista, o que confirma a ideia de que a "tecnologia é uma relação social", que explora e suga o trabalho vivo, com
implicações na esfera política, justificando a funcionalidade do Estado
na mediação das relações sociais, requerendo, deste, medidas de controle dos supostos "excessos" aí praticados.

Sobre estes aspectos vemos que o governo FHC, em sete anos, de
1995 a 2001, diz ter priorizado a distribuição de crédito rural aos pe-

---

50. Silva, José Graziano. *Tecnologia e agricultura familiar*, p. 174.
51. Silva, José. Graziano. *Tecnologia e agricultura familiar*, p. 17.

quenos agricultores com um montante de R$ 14.478.653.709 bilhões, beneficiando quase 600 seiscentas mil famílias. Afora isso, teria distribuído cerca de 20 milhões de hectares de terra. Contudo, a solução dos conflitos agrários ainda permanece acanhada.

Pensando-se a composição orgânica do capital com a disponibilidade da força de trabalho, segundo a teoria crítica, a tendência histórica do modo capitalista de produção é primar por uma lógica que se reproduz em relação direta entre o aumento da mecanização frente aos avanços tecnológicos em áreas rurais com os fenômenos de liberação de força de trabalho rural, donde os impactos diretos sobre os trabalhadores, como as expropriações e a fragilização das condições de trabalho.

Com base nessas premissas de redução da população agrícola, pode-se reconhecer — obviamente, com atualizações — uma das assertivas marxianas relativas ao progresso tecnológico na agricultura, que explica o movimento indicado na maioria das teses que tratam do aumento das atividades não agrícolas em detrimento das agrícolas como expressão dos avanços das forças produtivas:

> Está na natureza da produção capitalista o decréscimo contínuo da população agrícola em relação à não agrícola, pois na indústria (no sentido estrito) o acréscimo do capital constante em relação ao variável está ligado ao acréscimo absoluto, embora decréscimo relativo, do capital variável, enquanto na agricultura o capital variável exigido para a exploração de determinado pedaço de terra decresce em termos absolutos, só podendo portanto, aumentar, se novas terras forem cultivadas, o que porém supõe crescimento ainda maior da população não agrícola.[52]

Essas indicações de Marx, ainda que referentes ao período histórico de desenvolvimento da manufatura na Inglaterra, evidenciam que o crescimento das forças produtivas no capitalismo em qualquer contexto histórico tende a encobrir a lógica de integração agricultura-in-

---

52. Marx, Karl. O processo global de produção capitalista. In: *O Capital*. Crítica da Economia Política. 5. ed. Trad. de Reginaldo San'Anna. Livro 3, v. VI, cap. XXXVI, p. 730-1. Rio de Janeiro: Bertrand, 1991.

dústria à consolidação de novos estágios produtivos, daí os avanços das relações capitalistas: a centralização e a concentração têm por resultado a formação dos monopólios e a fusão dos diversos capitais sejam industriais, seja financeiros ou agrários.

Observando as transformações nas relações de trabalho nos primórdios do desenvolvimento industrial na Inglaterra, Marx defendeu que um processo dessa natureza é capaz de dissolver a base do trabalho familiar, alterando-a ou, como ele mesmo diz, "(...) desintegrando velhas relações familiares",[53] uma vez que a agricultura pode ganhar novos sentidos nesse novo quadro social. A desintegração resultaria do avanço das forças produtivas com o aumento da mecanização, que causa a redução da proporção de trabalho na agricultura, o que, por sua vez, libera quantidades de força de trabalho e não só reforça, mas o subsume aos interesses do capital.

A reestruturação da dinâmica de organização do trabalho e dos processos produtivos, assim como a intensificação do setor de "serviços" em áreas rurais como deseja o capital nesse novo padrão de acumulação, surge combinando e recuperando novos campos econômicos, além de redefinir outras tendências de desenvolvimento rural, como a expansão de setores secundários e terciários: lazer, turismo, meio ambiente etc.

Longe de quaisquer perspectivas de transmutação grosseira dessas formulações clássicas à realidade, recorremos ao pensamento de Marx e de Lênin, os quais nos ajudam a compreender melhor o sentido das metamorfoses de crescimento das atividades não agrícolas como expressões de nova fase do crescimento da economia capitalista, hoje, não significa estritamente no que disse Lênin:*"o desenvolvimento da economia mercantil significa eo ipso, que uma parte cada vez maior da população se afasta da agricultura, ou seja, que a população industrial cresce às expensas da população agrícola".*[54]

---

53. Marx, Karl. O processo de produção do capital. In: *O Capital.* Crítica da Economia Política. Livro 1, v. 1, p. 560.

54. Lênin, Vladimir Ilitch. *O desenvolvimento do capitalismo na Rússia.* Op. cit., p. 15.

No capitalismo contemporâneo, esse crescimento não se resume à transição de uma para outra atividade, como também não está centrado no modo de "diversificação" das atividades, portanto, nos dois sentidos produtivos, incluindo o setor de serviços. Isso não significa necessariamente a ampliação da "população industrial"; ao contrário, esta decresce, combinada à queda das rendas daí originadas, aumenta o desemprego industrial, delineando forte tendência de crescimento de renda fora do trabalho na produção, como veremos neste trabalho.

Lênin, fundamentado no pensamento de Marx, identificara aspectos dessa dinâmica da diminuição da população agrícola em relação à não agrícola em determinado estágio do desenvolvimento econômico, o que significa dizer que, na indústria, o crescimento entre "capital variável e capital constante" conecta-se ao capital variável, ainda que se considere sua redução, enquanto que na agricultura este último tende "(...) a diminuir de forma absoluta".[55]

Malgrado a validez dessas assertivas, as evidências hoje mostram a inversão da lógica rural-urbana, justificada na ideia de desafogamento urbano industrial diante da crise estrutural das economias capitalistas.

Fica clara a imprecisão da comparação entre realidades tão diferentes; no entanto, sabe-se que, na agricultura, o capital variável só cresce se houver ampliação de terras, daí a possibilidade do crescimento de populações não agrícolas.[56]

Por isso, denoto certa polarização nessa combinação teórica pelas seguintes razões: uma, é a concentração das terras no Brasil, cujo fato tende a negar o crescimento da população em áreas rurais. Os estudos que reconhecem o esgotamento do padrão industrial, invertem a tese marxiana de que "o capitalismo é inimaginável sem (...) o crescimento da população industrial em detrimento da população agrícola, (...) uma particularidade do sistema capitalista"[57] condição contrária à tese de

---

55. Marx. Apud Lênin, Idem, p. 15.
56. Marx apud Lênin. Idem, op. cit.
57. Lênin. Idem, p.15.

diminuição da população urbana e aumento da rural, exceto peculiaridades da formação sócio-histórica do país.

Hoje, essas bases são recriadas de forma que, tanto na agricultura
como na indústria, ocorre expressiva situação de dispensa de forças
de trabalho fruto dos avanços tecnológicos. Essas mudanças nas relações agricultura/indústria ressurgem obviamente com outras determinações, pois vivemos um contexto histórico absolutamente diferente daquele vivenciado por Marx e Lênin, existindo longa distância do
ponto de vista da organização da produção na grande indústria e das
relações entre agricultura e indústria, bem como o advento da formação dos monopólios. Portanto, parece-nos correto apreender que essa
dinâmica sofre relativo esgotamento em sua personificação, em que o
sistema reedita velhas regras e cria novas determinações na lógica de
organização entre esses setores.

Ora, essa reconstrução "paradigmática" seria apenas uma necessidade que tem esse sistema de submeter a agricultura a uma "refuncionalização" de seu papel? Ou isso significa atender as determinações
da nova divisão social nos níveis nacional e internacional do trabalho,
rumo à transnacionalização das relações agrárias? O certo é que tais
alterações pressupõem a "(...) emergência de novos atores rurais,
mudanças nas famílias rurais e nas explorações agropecuárias e similaridades entre os mercados de trabalho urbano e rural".[58] Vistas sob
esse ângulo macroeconômico e nos marcos da crise capitalista mundial,
há sinais de um quadro internacional de grandes transformações
econômicas,[59] mas, também, sociais e políticas.

Temos aí um processo semelhante à fase de "industrialização
crescente da agricultura", na qual "o uso crescente de máquinas e

---

58. Balsadi, Otávio V. Op. cit., p. 3.

59. Balsadi sinaliza que essas transformações se manifestam, por exemplo, na "(...) queda
dos preços dos commodities e da consequente redução no valor da produção agropecuária e na
renda dos agricultores: endividamentos dos agricultores, diminuição no preço das terras '(...)
altas taxas de juros, desmontes dos instrumentos de política agrícola' (...) fortes barreiras protecionistas no mercado interno dos países desenvolvidos (Europa, EUA e Japão)". Balsadi, Otávio.
Op. cit.

produtos químicos na agricultura em processo análogo com o da produção industrial, deve (...) reduzir custos de produção sob a pressão da concorrência, se manifesta na dispensa de trabalho vivo e em sua substituição por máquinas".[60]

Observa-se que esse movimento não ocorre de forma homogênea nas diferentes regiões brasileiras, quando a maior parte dos estudos mostra tendências de um padrão que caracterizamos como "excludente" e "pelo alto". Isso se reafirma quando examinamos os dados sobre o "crescimento do PIB agropecuário — Produto Interno Bruto no Brasil, nos últimos 4 anos, pois este cresceu quase o dobro do PIB total, 4,29% e 2,32%".[61]

O problema é que essa contribuição da agricultura não favorece as disparidades quanto aos acessos a benefícios desse progresso técnico nos setores de produção agrícola entre a grande e a pequena agricultura. Percebe-se que o crescimento das vendas de máquinas e implementos agrícolas modernos vem beneficiando, com mais ênfase, a grande propriedade, favorecendo o aumento da produtividade do trabalho, mediante a adoção de altas tecnologias tanto em máquinas como no campo da produção agrícola, pelo que engordam a pauta do agronegócio.[62]

Em relação ao trabalho, as pesquisas entre 1970-90 mostram crescimento de 40% das rendas agrícolas na América Latina, ao passo que é de 39% no Brasil, fruto da queda dos preços de produtos agrícolas, como arroz, feijão, café, açúcar etc. no mercado e da concorrência internacional entre os anos de 1985 a 1995.

---

60. Lênin, Idem,

61. IPEA — Instituto de Pesquisa Econômica Aplicada. Desempenho e crescimento do agronegócio no Brasil. Op. cit., p. 7.

62. O Brasil é líder mundial na pauta das exportações de café, açúcar, álcool, tabaco, couro, suco de laranja, carne de boi e frango. A pauta dessas exportações agrícolas responde por um terço dos 30 bilhões de dólares de divisas geradas no país em 2004. Caso se consolide o acordo de Genebra na Suíça com a OMC em termos do fim dos subsídios agrícolas dos Estados ricos, fica previsto que o setor agroindustrial brasileiro contribua ainda mais para os superávits. Se assim for, as exportações agroindustriais devem aumentar em 10 bilhões de dólares". *Revista Veja*, n. 36, Ano 37. Edição especial sobre Agronegócio & Exportação. Outubro de 2004, p. 32-7.

Tudo indica que há precipitações quanto à integração entre o urbano e o rural, pois parecem imaturas as condições históricas necessárias à avaliação desses avanços nas regiões. Ilustrando essa dinâmica, só no Paraná, o crescimento das exportações de máquinas agrícolas chegou a 83% e o acúmulo de pedidos foi expressivo, conforme relato de sujeitos envolvidos: "existe o cliente e não existe o produto" [sic]. Também, na feira de modernização agrícola realizada em Ribeirão Preto, São Paulo, em abril de 2004, o *agribusiness* movimentou mais de 1 bilhão de reais com a venda de tratores e de máquinas modernas.[63]

Para o IPEA, três fatores ajudam a explicar esse crescimento: "comércio exterior, mercados domésticos e desativação de monopólios estatais".[64] O foco principal dessa aceleração no campo das exportações agropecuárias é, por um lado, expressão da corrida pelo valor de troca, adquirido nas formas de apropriação do trabalho alheio a partir da subsunção deste aos objetivos da acumulação; por outro, corresponde à afirmação cada vez maior das condições do Brasil como fornecedor de matérias-primas destinadas comumente aos países ricos tendo em vista de agregação de valor.

Desse modo, sob o ângulo da financeirização e da globalização da economia, apreende-se a crescente industrialização da agricultura como separação crescente de setores inteiros da produção da agricultura "(...) e sua conversão em setores industriais 'puros' na indústria alimentícia".[65]

Segundo os novos ideários, os resultados dessa reestruturação do capitalismo no campo vão surgir de forma lenta, moderada, de modo que a dinâmica rural deverá fluir das potencialidades regionais, locais, da diversificação das atividades produtivas e "da pluriatividade".

---

63. Dados recolhidos de telejornais diários.

64. Segundo Relatório do IPEA sobre as Reformas Estruturais na Agricultura, as mudanças no Comércio exterior favorecem a abertura do mercado agrícola brasileiro via redução de tarifas para agilizar o comércio e diminuir impostos nas exportações; foram modificadas as políticas de preços mínimos e mudam também as formas de intervenção do Estado. Gasques, J. Garcia et al. IPEA — "Desempenho e Crescimento do Agronegócio no Brasil. Brasília, jan. 2004, p. 19-20.

65. Mandel, Ernest. *Capitalismo tardio*. Op. cit., p. 266-7.

Aliás, esta última constitui o contraponto ao ideário das especializações, ou seja, a via combinada de "sistemas policultores".[66] Trata-se de alternativas sedimentadas em estratégia de desenvolvimento da produção do setor primário, calcada no modelo definido como "agrodiversidade".

Do ponto de vista social, esse modelo guarda uma novidade ainda pouco percebida nas análises, mas que constitui tema de nosso interesse. Trata-se do resgate do parâmetro analítico cuja base conservadora tem como centralidade a categoria "família" como base de sustentação teórica desse padrão de desenvolvimento.

2.3 A reconstituição da agricultura familiar e os novos sentidos do trabalho

O que se pode apreender dessas tendências é que não se trata de crises do "modelo produtivista" no Brasil. Ao contrário, a reconstrução do mundo rural e seu enfoque na agricultura familiar incluem a reestruturação das formas de "subsunção do trabalho" ao capital, pela revolução das bases técnicas, dos processos e das formas sociais do trabalho, dos tipos de produção na agricultura nesse contexto de economia transnacional. Para tanto, reedita velhas regras e introduz novas na busca incessante de agregar e selecionar alguns segmentos sociais familiares, agregando trabalho vivo à disposição dos novos meios de produção.

A finalidade principal disso é reestruturar a dinâmica de valorização capitalista diante da incessante busca pela expansão e diversificação da produção, portanto, maior mercantilização no setor agrário e maior seletividade social e econômica no novo estágio de acumulação. Tal situação tem lugar pelo incremento de recursos tecnológicos avançados na agricultura, o que significa não um abandono do setor produtivo agrícola, mas, ao contrário, a busca de alternativas à viabi-

---

66. Veiga. Idem, p. 113.

lidade do setor pela "diversificação" e de novas tipologias, tecnologia, formas de produção de mercadorias, através da aquisição de meios que garantam esses avanços e a ampliação, o aprimoramento dos processos produtivos e a agregação de valor à matéria-prima. Semelhante aperfeiçoamento exige, por sua vez, meios tecnológicos, científicos e racionais avançados e cada vez mais rápidos à efetividade dessas finalidades. Contudo, necessita também de bases sociais que permitam tal movimento "harmônico", como pleiteiam os ideólogos desse padrão de modernização. Em se tratando da agricultura familiar, isso pode até ficar comprometido diante das tendências de "desmonte" dos aparatos científicos criados para atender especulações da primeira proposta, que priorizava a pequena agricultura, mas recentemente essas estratégias foram redirecionados ao agronegócio, como veremos no próximo capítulo.

De fato, os avanços tecnológicos direcionados à grande agricultura apresentam quadro mais positivo para o setor do agronegócio. As pesquisas mostram expressivo aumento das exportações de grãos, fato que tem feito com que a economia do campo brasileiro seja "seis vezes maior do que a média de toda a economia nacional, diante da safra recorde de 114 milhões de toneladas de grãos, contra 98 milhões em 2002. Isso coloca o Brasil como maior exportador de soja do mundo, na frente dos Estados Unidos, considerada a grande potência agrícola do planeta".[67]

O crescimento da mecanização e dos produtos industrializados que são empregados no agronegócio tem igualmente surpreendido, porém essa é a condição exigida pelo mercado mundial, quando acelera a competitividade, e a concorrência, obrigando os produtores a melhorarem a qualidade de seus produtos com a queda dos preços, exigindo a introdução de novas tecnologias.

Segundo analistas, as feiras agropecuárias movimentam 1,2 bilhão de reais com a venda de implementos, máquinas, sistemas de irrigação e aviões. O campo é responsável por 30% do PIB brasileiro bem como

---

67. "Agricultura, o Motor do Brasil". *Revista Veja*. Ano 36, n. 17, de 30/4/2003, p. 106-7.

um terço da riqueza produzida no Brasil tem origem no campo. Entre os anos de "1999 a 2003 a produção agropecuária no Brasil cresceu de 384 bilhões de reais para 450,3 bilhões".[68] Ao contrário dessa situação, dados do relatório FAO/INCRA, de 1994, apresentam situação absolutamente diferente no desenvolvimento da agricultura familiar, explicitando situações de precariedade em quase a totalidade do contingente desses segmentos sociais.[69] Curioso é que dados de 1997 do governo federal indicam que a agricultura familiar no Brasil responde por 80% do pessoal que trabalha e é responsável por metade de toda a produção agropecuária brasileira.

É neste sentido que o capitalismo contemporâneo resolve apostar na revalorização do conhecimento científico, na educação, em particular, nas Ciências Agrárias, para viabilizar a produção familiar, meio *par excellence* de resgate das bases fundamentais e tecnocráticas essenciais a sua organização. Para tanto, lança mão de um arcabouço e pesquisas direcionadas à grande agricultura, traduzindo seu interesse pelo domínio do conhecimento científico nesse campo. Mostra-se assim coerente com as distintas características do trabalho humano, para além da dimensão "teleológica", enquanto maneira de pensar com vistas a uma finalidade, ou seja, a construção do pensamento. Em sua dimensão ontológica, na medida em que o homem trabalha a natureza, ele também se transforma.

Seguindo as reflexões de Iamamoto (2001, p. 40), isso significa, no primeiro caso, a capacidade do homem "(...) de uso e criação de instrumentos e de novas necessidades". A outra característica "(...) é o uso e a criação de meios de trabalho, que se interpõem entre o homem e o objeto".[70]

---

68. *Revista Veja*, Op. Cit. p. 106–7.

69. Disponível no site do NEAD — Agricultura sustentável — Agenda 21 — na análise sobre os efeitos sociais da modernização da agricultura — modelo agrícola "Revolução Verde", alertam que dos "(...) 6,5 milhões de estabelecimentos familiares, 5 milhões estão em situação econômica precária ou de total marginalidade". (FAO/INCRA, 1994). Aliás, esse total de agricultores não confere com os divulgados pelo Estado, 4,5 milhões, como já referimos.

70. Iamamoto, Marilda Vilela. Idem, p. 40.

O progresso das pesquisas científicas reflete bem essa potencialidade humana de projetar o uso máximo dos meios de trabalho, isto é,
o capital constante, no qual o trabalho morto se conserva e consome o
trabalho vivo, de forma que esses "(...) não são apenas resultado, mas,
também, condição dos processos de trabalho".[71] É nesse sentido que o
capitalismo contemporâneo aposta em seus avanços no setor agrário,
para usar os termos de Del Roio: "(...) sob a forma de capital cognitivo,
investe também na produção, ali onde a valorização é rápida e
exponencial".[72]

Essa reflexão confirma as tendências de modernização, cuja
opção pela "alternativa produtivista" agrícola elege um padrão particular, seletivo, de desenvolvimento agrário, na medida em que
esses programas exigem não somente pessoal altamente qualificado
na produção do conhecimento, mas voltados à criação e gestão dos
meios de produzir, de pensar e de trabalhar. No entanto, isso não
implica em estabelecer condições homogêneas em termos das oportunidades para a grande e a pequena agricultura, fato não impeditivo de que, na mesma proporção, sejam descartadas forças de trabalho
excedentes ou recriadas as formas de extorsão do trabalho do pequeno produtor.

Dados da PNAD expõem que a população rural, no Brasil, era
de 31,6 milhões de pessoas em 1996, atingindo, em 1999, um total de
32,6 milhões, ou seja, quase um milhão a mais de pessoas, o que corresponde ao crescimento de 1,1% ao ano, quase o crescimento da
população total, 1,3% a.a.[73] Tais pesquisas contêm controvérsias; por
esse motivo, não aprofundaremos as razões concernentes às alterações
desses dados.

Segundo o IBGE, em 1950, 64% da população brasileira era rural
e 36%, urbana. Em 1990, o quadro se inverte, pois 75% da população
se encontra em áreas urbanas e 25% apenas se encontram em áreas

---

71. Marx, Karl. Livro I, v. I. Idem, p. 206.
72. Del Roio, Marcos. Idem, p. 6.
73. Silva, José Graziano da. Idem, p. 24.

rurais.[74] Em 2004, o IBGE reconhece que mais de 83% da população se concentra nos centros urbanos.

De certa forma, constatamos um crescimento das metas alcançadas na distribuição da terra no Brasil durante os últimos anos do governo Fernando Henrique Cardoso,[75] se comparado a seu antecessor, o que não nos desonera da necessidade de examinar o significado de problemas estruturais remanescentes, como é o caso da Reforma Agrária, defendida historicamente pelos trabalhadores sem-terra.

Desde o governo Fernando Henrique vem se constatando a tendência crescente de incremento da grande propriedade. Entre 1992 e 1998, houve acréscimo de 56 milhões de hectares, os quais correspondem a quatro vezes mais do que a terra que o governo diz ter distribuído.[76]

Os resultados do último Censo Agropecuário (1995-1996) sinalizam para a ampliação da concentração da terra, ao constatar que, em 1970, os estabelecimentos com menos de 100 hectares representavam 90,8% do total de unidades que controlavam apenas 23,5% da área total. Em 1995, esses estabelecimentos representavam 89,3%, e a área ocupada caiu para 20,0%, enquanto os estabelecimentos com 1.000 hectares ou mais, em 1970, representavam apenas 0,7% do total de estabelecimentos, controlando 39,5% da área total; em 1995, essas unidades com apenas 1% dos estabelecimentos controlavam por

---

74. Instituto Brasileiro de Geografia e Estatística (IBGE). Brasil, População Urbana e Rural. Disponível em: <http:// www.ibge.org.br>. Acesso em: nov. 2004.

75. O programa de assentamentos rurais do governo Fernando Henrique foi objeto de intensas polêmicas. *"um estudo do IPEA (Instituto de Pesquisa Econômica Aplicada) (...) apontou diferença de 44% entre as famílias que teriam sido assentadas pelo governo pelo programa de reforma agrária no biênio 1999 e 2000 e as registradas pelo Instituto Nacional de Colonização e Reforma Agrária (INCRA). O governo diz ter assentado nesses dois anos 194.212 famílias. O estudo do IPEA aponta número bem inferior: 109.258 (incluindo 20 mil do Banco da Terra). Ou seja, é estranho que entre esses próprios organismos oficiais haja divergências acentuadas em termos de alcance de metas de assentamentos rurais."* Informações extraídas do Jornal *Folha de São Paulo*. Disponível em: <http://www.folha.uol.com.br>. Acesso em: 16 abr. 2002.

76. Segundo declarações de D. Balduíno. "Reforminha Agrária, diz CPT". *Jornal do Brasil*, 1/6/2002.

volta de 45,1% da área total.[77] O significado disso é a ampliação da área ocupada pela grande propriedade se comparada à ocupação das pequenas áreas, comprovando, com isso, aumentos na concentração da terra.[78]

Essa reestruturação produtiva acena para outros deslocamentos na relação entre a propriedade privada dos meios de produção e a distribuição do produto social, integrando os problemas rurais e a reforma agrária, e explicam a relação entre o caráter social que assume o produtivismo e o distributivismo sociais. Isso sinaliza para as reformas nas estruturas das relações sociais, em que transitam da ênfase na produção a outra base não material, mas de caráter social. Esse padrão de reforma agrária não só elege como dá ênfase à emergência de políticas de recorte social. Essas operam no enfrentamento e controle social da pobreza, vistos no discurso oficial como "medidas de segurança social" e de "proteção social". O problema é que essas saídas podem desvirtuar a emergência da reforma agrária e camuflar o sentido das relações de classes que perpassam as relações sociais de produção.[79]

Estas considerações nos remetem ao significado do "desmonte do trabalho" direto na produção agrícola e a relevância da expansão do setor não agrícola como mediações que afetam o mundo do trabalho, mas tem expressão na desintegração da família como núcleo da unidade produtiva, portanto, as novas alternativas à agricultura familiar reflete nos "processos de produção e reprodução social".

---

77. Instituto Brasileiro de Geografia e Estatística (IBGE). Censo Agropecuário — 1995-1996. Rio de Janeiro, 1998, p. 38.

78. Dom Tomas Balduíno, Presidente da Comissão Pastoral da Terra (CPT), em artigo publicado no Dossiê Desenvolvimento Rural Estudos Avançados, v. 15, n. 43, USP, 2001, traz importante contribuição para o problema da concentração da terra. O autor reconhece avanços da reforma agrária, atribuindo-os à luta dos movimentos dos trabalhadores sem terra, e cita dois grandes obstáculos à desapropriação agrária, que, por sua vez, deve favorecer a concentração da terra. Diz ele: "o primeiro é o artigo 185, inciso II da Constituição, obra-prima do Centrão; o segundo é a Medida Provisória n. 2.109, 'joia' elaborada por Fernando Henrique Cardoso", p. 19.

79. Delgado, Guilherme. Idem, p. 236.

2.4 Desmonte da centralidade do trabalho agrícola: as novas personificações da agricultura

No campo da reorganização da produção e reestruturação do mundo do trabalho rural, o Censo Agropecuário de 1995-1996 mostra certas "flexibilizações" no mundo do trabalho no campo. No diálogo com autores[80] representativos desse debate chama a atenção a falta de alusões sobre o "trabalho" em suas dimensões ontológicas enquanto viés analítico importante sobre as transformações no mundo do trabalho no campo. Ou seja, enquanto condição genérica do ser social na sociedade capitalista, o trabalho não desaparece no contexto das relações sociais de produção.

O sentido real dessas reestruturações deve ser buscado sob a noção de que o "trabalho", enquanto categoria social, fornece as bases fundamentais à apreensão dessas reestruturações agrárias não só no campo da produção mas no da reprodução social. Nele encontram-se as possibilidades de entendermos a essência das relações sociais de produção, na sociedade mais complexa, para além das relações dos homens com a natureza, passando de sua expressão mais simples como produtor dos meios de subsistência para o ângulo sociopolítico das "relações dos homens entre si", de onde emanam as configurações das relações mercantis entre as classes sociais. O viés analítico aqui adotado se contrapõe dà maioria dos estudos com os quais dialogo, e que tributam essas tendências do desenvolvimento da agricultura, abstraindo da categoria "pluriatividade" as possibilidades de elucidação da natureza das relações sociais de produção, ignorando um fator

---

80. Referimo-nos às pesquisas mais representativas sobre as mudanças nos meios rurais brasileiros, especialmente os estudos contemporâneos de José Graziano da Silva, incluindo outros pesquisadores envolvidos em suas pesquisas sobre o "Novo Rural Brasileiro" e o "Projeto Rurbano", bem como Guanziroli, os quais vêm estudando a situação da agricultura familiar no Brasil contemporâneo. Sobre o debate agrário mais específico, recorreremos também aos últimos estudos de José de Souza Martins, tem introduzido discussões sobre a "exclusão social" de populações rurais, colocando em questão essa categoria e estabelecendo contrapontos com outra categoria, a "inclusão social", o reverso da primeira, conteúdos estes importantes aos desdobramentos de nosso objeto de estudo.

econômico fundamental aí entranhado, a capacidade de transferência de valor que poderá ocorrer na busca de novas atividades. Obscurecendo-se essas possibilidades, naturalizam ou reduzem a concepção desses fenômenos agrários a uma noção abstrata, a-histórica. De resto, nessa reflexão equivocada, as categorias tendem a se sobrepor ao movimento histórico da sociedade.

Em busca de superação desse horizonte analítico, recorro a noção de "reprodução social" segundo a matriz marxiana e marxista. Como se sabe, esta foi concebida originalmente por Marx e ampliada por Lukács, cujo arsenal teórico nos fornece as bases de ampliação da noção de dominação entre classes na lógica do desenvolvimento capitalista em sua dinâmica evolutiva, onde as sociedades modernas alcançam patamares mais complexos pelo desenvolvimento das forças produtivas. Daí, essas redefinições afetarem não só os padrões produtivos, os processos de trabalho, bem como as formas de regulação da vida social, especialmente as relações políticas e de poder entre as classes sociais agrárias.

Em razão do exposto, o trabalho torna-se uma mediação à qual, circunscrita não somente no campo da produção, guarda amplo e rico significado nas relações que "os homens mantêm entre si". Dessa forma, reafirma-se com Lessa (1999) que, quando essas relações de poder ocorrem, é imprescindível o surgimento de uma série de outros "'complexos sociais' (...) portadores práticos desse poder de alguns indivíduos sobre os outros. É por isso que surgem, se desenvolvem e se tornam cada vez mais importantes para a reprodução social, outros complexos sociais, tais como o Estado, a política, o direito".[81]

A compreensão dessas transformações na agricultura restrita ao ângulo da "multissetorialidade" da produção dissimula as relações de produção diante da percepção da "produção de valor de uso", circunscrita apenas na "reprodução simples" enquanto produção voltada ao

---

81. Lessa, Sérgio. Processo de produção /reprodução social: trabalho e sociabilidade. *Revista Temporalis*. CEAD, 1999, p. 25 (Grifos nossos).

consumo.[82] No entanto, essas integram as relações sociais de produção e são submetidas às imposições do capital, para o qual o trabalho alienado tem na exploração a via de repasse do valor ao capital. Assim, tanto a "produção" como a "reprodução" são fenômenos engendrados pelo sistema capitalista, em que "a produção capitalista, encarada em seu conjunto, ou como processo de reprodução, produz não só mercadoria, não só mais valia; produz e reproduz relações sociais capitalistas: de um lado, o capitalista e do outro, o assalariado".[83]

Vale destacar que não estamos tratando apenas a categoria do trabalho assalariado. Levo em conta a existência das distintas características do trabalho e dos processos de trabalho em áreas rurais, e considero igualmente as diferenças fundamentais entre o trabalho na agricultura e na indústria ou mesmo em qualquer atividade que comporte a noção apenas de trabalho na qualidade de dimensão da criatividade teleológica, como condição humana na criação e recriação de finalidades.

Esses fenômenos mostram que, na prescrição evolutiva da tecnologia, o homem não transforma nem cria diretamente os processos tecnológicos agrários, porém, atua no campo científico fazendo prospecções, projeções. Podendo, com isso, prever resultados pela via da cientificidade, de forma direta ou indireta, em atividade prática concreta, e ultrapassar as condições naturais e as barreiras impostas pelos fenômenos da natureza. Nesse caso, a ação criativa humana evolui e rompe certos limites impostos pelos fenômenos naturais, como é o caso da relação entre o homem e a terra enquanto meio de trabalho, criador de toda a sorte de riquezas.

Essa necessidade de redefinir, ou melhor, de criar novos padrões de produção e processos de trabalho, mostra que a tendência desses avanços, bem como as reestruturações no mundo do trabalho, é incor-

---

82. Marx, Karl. O processo de produção capitalista. In: *O Capital*. Crítica da Economia Política. 2. ed. Tradução de Reginaldo Sant'Anna. Livro: 1, v. 2. Rio de Janeiro: Civilização Brasileira, 1971, p. 659-60.

83. Idem, p. 673.

porar outros setores e meios que garantam, no limite, a agregação de valor, sejam eles econômicos, sociais ou políticos, no sentido de garantir patamares superiores não só de valorização, porém imprimindo novas formas de controle econômico e social frente aos níveis de complexidades alcançados por essa dinâmica de evolução das forças produtivas.

Tanto Marx quanto Luckács fornecem os suportes teóricos fundamentais a este estudo. Foi Lukács que ampliou as formulações marxianas sobre o trabalho em seu sentido ontológico como esfera fundante do ser social, possibilitando-nos a compreensão do significado da "reprodução" orgânica e inorgânica, tema essencial à apreensão dos sentidos do trabalho.

Em relação ao significado do "trabalho" em suas expressões nas esferas da "produção", e da "reprodução social", a dinâmica de reorganização desses processos, Lukács avança na concepção de Marx no que se refere às relações homem-natureza e quanto às relações sociais entre os homens, quando introduz, além da noção de trabalho, o ponto de vista da "ontologia social", a lógica das relações sociais, em que o homem se transforma, uma dimensão na qual a "produção evolui à esfera da reprodução social". Nesse sentido, apoiado nas ideias de Karl Marx, em sua crítica à "(...) ontologia simplista de Feuerbach", diz Lukács (1979):

> (...) no momento em que Marx faz da produção e da reprodução da vida humana o problema central, surge — tanto no próprio homem como em todos os seus objetos, relações, vínculos, etc. — a dupla determinação de uma insuperável base natural e de uma ininterrupta transformação social dessa base.[84]

Portanto, defendo a tese de que a "produção" implica não somente formas determinadas de propriedade, bem como as formas diferenciadas de apropriação do trabalho, da natureza e da riqueza entre os homens.[85]

---

84. Lukács, György. Ontologia do Ser Social. Os Princípios Ontológicos Fundamentais de Marx. Trad. de Carlos Nelson Coutinho. São Paulo: Ciências Humanas, 1979, p. 15-16.

85. Marx, Karl. Os Grundrisses. 1857-1858. Introducion, p. 5-8

A dimensão dessas relações entre os homens para além do atendimento de suas necessidades sociais mais imediatas, sua reprodução orgânica significa que os avanços na produção das necessidades resultam das complexidades alcançadas no desenvolvimento das sociedades, denotam que, "(...) sem deixar de ser o complexo através do qual a sociedade se reproduz materialmente, o ato de trabalho passa a ser também uma relação de poder entre os homens".[86]

O sentido das relações de poder que atravessam as relações sociais de produção significa que a exploração de uma classe social em detrimento da outra constitui uma determinação importante na identificação e diferenciação entre ambas. Os entrelaçamentos das relações sociais de poder nos permitem reconhecer a natureza das relações agrárias como reflexo das complexificações das relações sociais entre os homens para além da noção de trabalho como respostas às necessidades da sociedade, em seu caráter utilitário, como *valor de uso,* mas como fruto dos processos sociais complexos, permeados por interesses antagônicos, contraditórios.

Inclui-se a noção de trabalho para além das necessidades objetivas, materiais, abarcando o desenvolvimento subjetivo das capacidades do ser social, uma via de incorporação das relações entre a sociedade civil e o Estado, termômetro de avaliação das lutas sociais no campo.

Observando-se com Lukács pode-se perceber que "o ponto em que Marx inicia a análise da reprodução social — como ele investiga a economia do capitalismo (...) nela a relação mercantil, ponto de partida ontologicamente mais adequado, (...) do mesmo modo o é o 'trabalho' no discurso do 'ser social' em geral",[87] afirmativa em que as dimensões da produção mercantil incorporam necessariamente o ser social.

Dessa forma, evita-se um possível isolamento do "trabalho" em sua necessidade imanente de evoluir em meio à eminência da divisão

---

86. Lessa, Sérgio. Processo de Produção/Reprodução Social: Trabalho e Sociabilidade. *Revista Temporalis*, p. 25 .

87. Lukács, George. Reprodução. In: *Ontologia do Ser Social*. Trad. de Sérgio Lessa. v. II, p. VII.

do trabalho na produção capitalista em suas transformações e os avanços dos níveis de sociabilidade. Assim, afirma Lukács:

(...) pelo trabalho, pelo seu progredir por necessidade imanente, se desenvolve uma divisão do trabalho cada vez mais ampla e ramificada" (...) este desenvolvimento da divisão do trabalho impulsiona em direção à troca de mercadorias, enquanto esta última, por sua vez, retroage sobre a divisão do trabalho na mesma direção.[88]

Esta assertiva reforça algumas observações que faço em relação às teses que percebem as mudanças no meio rural apenas pelo veio da produção, deixando obscuras as múltiplas determinações que perpassam as relações sociais de produção, sendo um desses elementos o "trabalho" em suas diversificadas configurações e expressões, suas formas sociais e de subordinação resultantes das relações dos homens entre si, além do sentido intrínseco, teleológico, mas como meio de relações os homens.

Tais hiatos instigam uma compreensão mais ampliada do trabalho como dimensão para além da atividade em si ou do labor humano ou da produção de valor de uso. É verdade que as relações de trabalho na agricultura se apresentam historicamente sob diferentes formas sociais, não apenas na condição de trabalho assalariado. Outras formas e processos de trabalho compõem o universo dessas relações sob formas como parcerias, meeiros, arrendatários. Atualmente, até mesmo o trabalho escravo tem sido colocado na ordem do dia, fato que a sociedade não conseguiu extinguir e que ressurge com novas formas de personificação. Por tudo isso, estas várias classificações de trabalho tornam-se fundamentais às interpretações sobre as diferenças que assumem no mundo rural.

Tomando como referência a emergência dessa reestruturação dos processos de trabalho fruto da nova divisão social do trabalho, julgo o "trabalho" como mediação importante com base em duas perspectivas: em primeiro lugar, como determinação mais geral através da qual emanam as demais expressões da vida social; por outro, por

88. Idem, op. cit., p. VIII.

considerar-se que esse foco analítico ainda que não tenha sido tratado nessa dimensão mais ampla, das modalidades de subordinação e das implicações sociais e políticas das relações sociais de produção.

Portanto, a centralidade teórica à categoria "trabalho" ajuda a ultrapassar a noção simples e naturalizada desses processos, enquanto ações práticas concretas dos homens em busca de novas atividades, e permite apreender o conjunto das relações sociais que conformam a noção de "totalidade social", observando-se os fenômenos para além da avaliação imediata da produção em si, ou produção como valor de uso necessário à reprodução da vida biológica, orgânica. A prioridade à visão reducionista das necessidades sociais obscurece as múltiplas determinações circunscritas nas relações socioeconômicas, políticas e de poder estabelecidas entre os homens.

Dessa forma, o lugar do trabalho na agricultura familiar requer identificar-se outros fundamentos que explicam as relações sociais na sociedade burguesa, como a "(...) propriedade agrária entendida como a primeira forma de propriedade privada (...) essência subjetiva onde o trabalho começa a aparecer como simples trabalho agrícola, mas em seguida afirma-se como o trabalho em geral".[89]

Enquanto esfera constitutiva da sociabilidade, o trabalho representa a condição essencial de objetivação humana, instância de distinção entre os processos de evolução das relações homem-natureza para patamares superiores, ou seja, relações entre os homens, inseridos na sociedade, em que a objetivação é sua condição eterna e natural. Tais determinações não se encerram aí. Incluem, além das condições em que os homens produzem, ou por que produzem, a emergência das condições de reprodução, o que requer um exame mais detalhado sobre "como eles produzem".

Esta é, de fato, uma condição de possibilidade de elucidação do sentido social engendrado nas relações sociais de produção na agricultura. Percebendo assim, afirma-se que as diferenças no usufruto do

89. Marx, Karl. *Manuscritos Econômico-Filosóficos*. Texto Integral. São Paulo: Martin Claret, 2001. p. 131-4.

progresso e dos avanços das forças produtivas, em certo sentido, resultam das condições materiais de propriedade da terra e dos meios de produção, da apropriação dos avanços e da riqueza criada na evolução das relações sociais de produção na sociedade capitalista.

Silva (1999) destaca, em suas formulações,[90] que a questão da modernização é algo que não se encerra nos problemas tecnológicos, pois tem implicações na esfera da política. Nesse caso, as possibilidades de desenvolvimento da pequena agricultura vão além da modernização tecnológica. Apesar de chamar a atenção por diversas vezes para a influência dessa dimensão "política", demonstra certo voluntarismo em sua avaliação, uma vez que não esclarece o significado sobre a separação entre as dimensões econômicas das outras esferas sociopolíticas como relevantes num possível descortinar das relações sociais na sociedade capitalista.

Essas duas esferas, quando examinadas de forma autonomizada, resultam em alternativas: a primeira, é que, se considerarmos o econômico como determinante único, pode-se resvalar para uma perspectiva "economicista", porque desprovida de determinações sócio-históricas nela embutidos; igualmente, ao se manter na dimensão do "político", em sentido estrito, isolado da base material/estrutural, tendo-se por prioridade analítica apenas os fenômenos situados nas esferas superestruturais nos termos gramscianos, ocultam-se a essencialidade da dialética orgânica mantida nessas relações, o que torna desprovida a visão de totalidade do real.

Portanto, há uma relação orgânica entre essas esferas em que a dimensão política é uma determinação influente nas formas de subordinação e subalternidade entre as classes sociais agrárias, expressas nos avanços da tecnologia e trabalho, daí, o privilégio à grande produção.

---

90. Neste estudo, Silva apresenta uma espécie de síntese sobre suas concepções do desenvolvimento agrário quando resgata temas importantes como "A modernização conservadora dos anos 70", dentre outras discussões, demonstrando uma certa preparação de terreno teórico para introduzir suas mais recentes ideias sobre as mudanças que ele sinaliza no novo mundo rural e fomentam suas noções de reconstrução desse setor.

Sob o ângulo político, Silva (1999) atribui tais diferenças nessas relações à baixa representatividade política dos pequenos agricultores, e vê nisso um dos dilemas e limites no enfrentamento entre essas classes sociais e o Estado e afirma ser esse um dos fatores que favorecem o caráter autoritário da modernização agrária no Brasil.

Desde os anos 80, a prioridade do modelo de desenvolvimento agrário tem sido muito mais o atendimento aos interesses dos grandes capitais. Nas palavras do autor em relação à orientação e ao atendimento, "(...) dos setores industriais a montante e a jusante da produção agropecuária se destinou a fortalecer o domínio do capital no campo (...) com o fortalecimento da centralização e das políticas por produto".[91]

Avalio tais argumentos como insuficientes por duas razões: em primeiro lugar, porque o autor não esclarece o que significa essa baixa representatividade política. Em segundo, porque, ao pensar esses fenômenos desprovidos dos fatores que engendram as desigualdades sociais forjadas pelas relações sociais de produção negam a visão de totalidade social. Alguns indicadores sobre as diferenças de acessos à tecnologia ilustram parte dessas reflexões. Por exemplo, a má distribuição de recursos tecnológicos entre as regiões brasileiras indica diferenças substantivas: enquanto os produtores do Sul recebem 43,3% do total do crédito rural, os da Região Sudeste e Centro-Oeste ficam com apenas 12,6% e 12,7% respectivamente.[92] Ainda mais, a maior parte dos estabelecimentos familiares (50%) se concentram na Região Nordeste, ainda que seja apenas 32% da área total ocupada pela agricultura familiar em todo o país. Da mesma forma, na região Nordeste esses estabelecimentos têm área, em média, menor que 17 ha, sendo responsáveis por todo o valor bruto de produção (VBP), recebendo apenas 14% dos financiamentos rurais.[93]

No entanto, é incorreto atribuir certos insucessos na exploração agrícola, como aquelas oriundas de intempéries da natureza e da estrutura natural do solo, especialmente as relações sociais capitalistas,

91. Silva, José Graziano. *Tecnologia e Agricultura Familiar*. Op. cit., p.167.

92. Guanziroli et al. (Orgs.). Op. cit., p. 55.

93. Idem, p. 56.

e as diferenças de classes na exploração e apropriação do produto social. Esses fatores ajudariam a percepção das condições de produção, de propriedade os acessos aos investimentos financeiros e técnicos, no sentido de destacar as potencialidades agrícolas indispensáveis à plenitude dos processos de produção, além da infraestrutura para a produção, a distribuição, a comercialização. A ideologia burguesa costuma não associar a ausência de recursos financeiros e tecnológicos como atributos importantes nas avaliações sobre a baixa progressividade agrícola sobretudo na pequena agricultura; com isso, naturaliza os fenômenos sociais rurais, numa ideia de igualdade que encobre as desigualdades.

Essas questões teóricas foram tratadas na literatura clássica, em especial, por Marx e Lênin, que advertiram para as diferenças nas relações de propriedade e dos meios naturais como recursos importantes na avaliação das relações sociais na realidade das classes sociais, diferente do pensamento conservador que associa os atrasos da produção descolados desses fatores de produção, mas relaciona os atrasos ao "fator da fertilidade decrescente". Isso significa segundo Marx quando se refere à Lei da "fertilidade decrescente do solo", que o lucro e a renda dos proprietários rurais decorrem das condições no aproveitamento das condições materiais e naturais em busca de maior rentabilidade dos recursos aplicados.[94]

O problema é que essas diferenciações na propriedade da terra não se restringem aos fatores de produção, mas à ordem do capital. Entretanto, uma das distorções desse modelo desigual tem, segundo a lógica do capital, na propriedade agrária privada o mais significativo dos impasses ao seu desenvolvimento, na medida em que a existência desta tornou-se como fator de obstrução e ou de ampliação a novos investimentos, isto é, nas palavras de Lênin, do "(...) mais puro desenvolvimento capitalista".[95]

---

94. Marx, Karl. *O Capital*. Crítica da Economia Política. Livro 3, v. VI, p. 779 e Lênin, V. I. *O Programa Agrário*. Da Social-Democracia na Primeira Revolução Russa de 1905-1907. São Paulo: Ciências Humanas, 1980, p. 91-2.

95. Lênin, V. I. *O Programa Agrário*. Op. cit., p. 99.

A superação desses limites quanto à relação entre as transformações agrárias contemporâneas e as expressões dos processos políticos[96] pode ser atribuída à falta de uma revolução política burguesa que obstruiu as possibilidades de transformação no Brasil. A combinação entre os interesses institucionais legais com as elites econômicas criara uma espécie de blindagem econômica, social e política, a ponto de dificultar ou atrasar as possibilidades de combinação de interesses nas relações inequívocas entre uma *"transformação agrária e transformações políticas".*[97]

Como percebeu Marx no contexto histórico que vivenciara, no sistema capitalista, as necessidades do desenvolvimento socio-histórico e econômico só podem ocorrer pela revolução contra a ordem do capital e aperfeiçoamento da divisão social do trabalho. Nesse sentido, as transformações que ocorrem nos processos de trabalho na agricultura familiar expressam a emergência do sistema em revolucionar as "(...) bases técnicas da produção, as funções dos trabalhadores e as combinações sociais do processo de trabalho".[98] É parte dessa dinâmica capitalista de reestruturação e expansão as condições de produção, em que o setor agrário é constitutivo desse processo de desenvolvimento.

Como observara esse pensador clássico no século XIX, período em que já reafirmava as determinações das "flexibilizações" do trabalho, da força de trabalho — tão em moda na fase atual de valorização do capitalismo moderno — diante das imposições de suas crises em promover alterações na vida social:

> Com isso, revoluciona constantemente a divisão do trabalho dentro da sociedade e lança ininterruptamente massas de capital e massas de trabalhadores de um ramo de produção para outro. Exige, por sua natureza, variação do trabalho, isto é, fluidez das funções, mobilidade do trabalhador em todos os sentidos.[99]

---

96. Lênin, V. Op. cit., p. 203.

97. Idem, Op. cit.

98. Marx, Karl. O processo de produção do Capital. In: *O Capital*. Crítica da Economia Política. Livro 1, v.1, p. 557-8.

99. Idem, op. cit., p. 558. Marx, em sua análise, está enfocando as transformações tecnológicas devido ao desenvolvimento da grande indústria na Inglaterra. Ao reconhecerem a

Esse pensador nos mostra já nos *Manuscritos Econômico-Filosóficos*, de 1843-1844, as contradições engendradas nas relações sociais de produção, o significado da renda da terra como uma das formas de extração de mais-trabalho, desvelando o significado das relações sociais de propriedade. Em interlocução crítica às constatações de Adam Smith destaca a convergência de interesses entre proprietários fundiários e a sociedade. Mostra ainda que os princípios da economia política em termos de bem-estar da sociedade, crescimento da população, das necessidades e da riqueza, tal como via Smith, são equivocados na medida em que o "(...) aumento da riqueza é idêntico ao aumento da miséria e da escravidão" (Marx, 1963). Ou seja, os conflitos implícitos nessas relações convergem com os interesses dos proprietários da terra e a renda da terra.

Assim, revela que "o regime de propriedade privada começa com a propriedade fundiária que é a sua base" (Marx, 1963, p. 146-50). Portanto, onde Adam Smith percebera conciliação de interesses, Marx constatara inequivocamente o significado das contradições e das desigualdades engendradas pelo sistema do capital. Além disso, mostrara igualmente a indissociabilidade entre as dimensões objetivas e subjetivas. Isso reitera a ideia de tomar o trabalho como um elemento teórico e prático necessário à apreensão das formas de subordinação ao sistema. Suas personificações ontológicas e teleológicas correspondem ao novo patamar de acumulação, nessa nova divisão sociotécnica do trabalho na agricultura.

---

necessidade dessa revolução contínua tanto dos meios de produção quanto das relações sociais enquanto indispensáveis à existência da sociedade burguesa, Marx e Engels (Nota de Rodapé n. 306) fornecem elementos importantes para desvelar dinâmicas da relação econômico-social frente ao esgotamento de ordens societárias anteriores, quando percebem que "a burguesia não pode existir sem revolucionar continuamente o instrumental de produção e em consequência as relações de produção e todas as relações sociais. A conservação inalterada do modo tradicional de produção era, ao contrário, a primeira condição de existência de todas as classes industriais precedentes. A contínua transformação, a turbulência ininterrupta de todas as condições sociais, a incerteza e a agitação permanentes distinguem a era burguesa de todas as que a precederam. Todas as relações fixas, enrijecidas com seu séquito de ideias e concepções venerandas, se dissolvem, todas as que de novo se formam se tornam obsoletas antes de se ossificarem". p. 558.

2.5 Trabalho, objetivação, subjetivação e produtivismo agrícola

A falta de articulação da dimensão ontológica do trabalho em suas relações no capitalismo e as novas formas sociais de organização deste com a emergência e o caráter das políticas de enfrentamento da pobreza em meio à "crise do produtivismo" e frente às complexidades da "questão social", coloca em questão as condições aventadas no debate sobre a viabilidade da agricultura familiar.

A pouca consistência quanto aos efeitos das transformações atuais sobre o mundo do trabalho, as bases técnicas da produção e na reprodução social exigem outras mediações, para além da esfera do trabalho, parafraseando Lessa (2002): "o trabalho é uma categoria fundante do ser social. É no e pelo trabalho que se efetiva o salto ontológico que retira a existência humana das determinações meramente biológicas".[100]

No entanto, o trabalho não é categoria autônoma em suas relações com as demais esferas da vida social mas ajuda a perceber o significado das dimensões objetivas e subjetivas, as potencialidades do ser social, isto é, a capacidade do homem na luta pelo afastamento das barreiras naturais — para usar os termos de Lukács e Marx.

Ele nos revela outra possibilidade, a apreensão do ser social inserido não somente no campo da produção, em suas determinações orgânicas, internas, mas inserido em sociedades históricas, complexas, diferenciadas, onde as relações sociais mantidas entre os homens traduzem suas condições de objetivação e subjetivação como bases essenciais à constituição plena dos seres humanos/sociais.

Entendo que a propriedade, de modo geral, e da terra, em particular, formam as bases fundamentais da sociedade burguesa. Como diz Marx, "uma das fontes originais da riqueza", de forma que, sem essa noção, dificilmente pode-se compreender o sentido do trabalho na agricultura. Essa particularidade teórica é fundamental à distinção sobre o seguinte: quando tratamos do "trabalho" na agricultura, estamos nos referindo a

---

100. Lessa, Sérgio. *Mundo dos Homens*. Trabalho e Ser Social. São Paulo: Boitempo, 2002. p. 27.

uma noção absolutamente diferente de "trabalho" na indústria, pois a terra não é matéria-prima, uma vez que não é modificada pelo trabalho: "A terra é um meio de trabalho, mas, para servir como tal na agricultura, pressupõe toda uma série de outros meios de trabalho e um desenvolvimento relativamente elevado da força de trabalho".[101]

A afirmativa de Marx, segundo a qual "a terra não é produto do trabalho", não elimina sua característica de "produto social", o qual agrega valor, fruto de suas relações com a grande produção, pois, por trás dessa "forma irracional" oculta-se uma relação real de produção".[102]

Isso reafirma a importância do trabalho como única esfera criadora de valor segundo as diferentes formas de subordinação aos capitais financeiros, bancários e industriais, a que é submetido, fator que não anula o caráter comum que tem o trabalho tanto na indústria como na agricultura.

Nesse sentido, podemos afirmar que o sistema do capital, no intuito de reordenar e reorganizar os processos de organização do trabalho, reestrutura os mais diversos campos da vida social, redefine papéis sociais, recupera e absorve novos segmentos econômicos e sociais. Para tanto, promove reordenamentos sociais nas relações entre a sociedade, o Estado e o capital, de modo a atender as complexidades enfrentadas pelas sociedades frente à dinâmica da nova divisão nacional e internacional do trabalho. Isso significa que:

> (...) a função que o trabalho exerce no interior da reprodução social, ele o faz enquanto processo global e unitário, pois, internamente contraditório (...) apenas nesta sua dimensão de totalidade exerce plenamente sua função de categoria fundante do mundo dos homens.[103]

Assim, o incremento dessa noção veiculada no novo rural, para o qual as atividades agrícolas não são mais centrais no desenvolvi-

---

101. Marx, Karl. Livro 1, v. II. Op. cit., p. 204.

102. Marx, Karl. O Processo Global da Produção Capitalista. 5. ed. Tradução de Reginaldo Sant'Anna. In: *O Capital*. Crítica da Economia Política. Livro 3, v. IV, 1991. p. 715.

103. Lessa, Sérgio. *O Mundo dos Homens*. Idem, p. 39.

mento rural, porém, sim, os setores terciários e o de serviços, está calcado na reestruturação de novas e/ou velhas regras ou formas de organização e de reestruturação do mundo do trabalho agrário. Tais condicionantes passam a formar os substratos para novo crescimento da economia agrícola com amparo nas bases da educação e nas políticas sociais compensatórias.

Portanto, na prática, em relação às formas de reorganização da produção e da distribuição do trabalho rural, as pesquisas vêm mostrando mudanças substantivas nessa direção. Segundo o IBGE, o Censo Agropecuário de 1995-1996 detecta certas "flexibilizações" no mundo do trabalho no campo; a redução expressiva de trabalhadores ocupados em atividades agrícolas entre o período de 1985 e, 1995-1996 foram reduzidas em 5,756 milhões de pessoas, o que corresponde a 23%, passando de 23,3 para 17,9 milhões, principalmente em Estados do Sul e Sudeste. Entretanto, este fenômeno não ocorre de forma homogênea nas regiões brasileiras.[104]

Outras pesquisas evidenciam o aumento nos índices de atividades não agrícolas nas áreas rurais.

Balsadi (2001) sinaliza essas tendências com base em Del Grossi, ao perceber que a população rural não é exclusivamente agrícola, visto que 3,9 milhões de pessoas trabalharam em outras atividades no ano de 1995. Para esse autor, tal fato significa 26% da PEA rural não agrícola, reconhecendo certa estagnação das atividades agrícolas nos anos entre 1981-1995. Ele indica o aumento da PEA rural não agrícola em um total de um milhão de pessoas[105] como expressão de mudanças substanciais na estrutura ocupacional nessas áreas.

A polarização da distribuição dos empregos urbano-rural surge associada à ideia de integração entre os dois setores, em que a agricultura, além de incorporar a nova concepção da "pluriatividade" às

---

104. Para a Região Norte, por exemplo, o IBGE constata o contrário: maior concentração de famílias em atividades agrícolas, 75%, não havendo mudanças nos processos de distribuição do trabalho nessa Região. Rio de Janeiro: IBGE – CENSO Agropecuário 1995-1996, 1998, p. 44.

105. Balsadi, Otávio Valentim. Mudanças no meio rural e desafios para o desenvolvimento sustentável. *Revista São Paulo em Perspectiva*, v. 15, n. 1, jan./mar. 2001.

áreas rurais, agrega outras atividades não produtivas, formando uma espécie de síntese que desloca a centralidade do trabalho na produção através do "sobretrabalho", disfarça a desestruturação de certos segmentos de unidades familiares, que surgem associados à ideia de revalorização da agricultura familiar.

Balsadi afirma que, no final dos anos 90, em São Paulo, mais de 50% da população economicamente ativa (PEA) residente em áreas rurais ocupava-se em atividades não agrícolas de acordo com o "Projeto Rurbano". Com base na PNAD, mostra que a PEA em 1992, no estado de São Paulo, passou de um total de 1.261 mil pessoas ocupadas, para 944 mil, em 1998.[106] A pesquisa, apesar de mostrar melhoria nas condições do trabalho em atividades não agrícolas, reforça, de forma paradoxal, a necessidade de formulação de políticas geradoras de empregos na agricultura, expondo a insuficiência desse modelo para o trabalho. Apesar de o trabalho agrícola constar nessas projeções, as formas de subordinação são encapsuladas nessas relações.

Isso se reflete, por exemplo, na tese de Silva, citada por Soto, sobre a *"industrialização da agricultura"*.[107] Silva reconhece o recuo do êxodo rural e o crescimento do emprego agrícola como indicações importantes na revisão/superação da noção entre o rural e o agrícola, diferente das interpretações dualistas dessa relação (Soto, idem, p. 219). Para Silva, dos anos 80 até começo dos anos 90, a população brasileira crescia 1,8%, enquanto a população rural, por causa do êxodo rural, regredia em 0,7%. Observa que entre 1992 e 1999 há uma estagnação na diminuição da população rural, no entanto, o emprego agrícola decresce nas Regiões Nordeste e Centro-Oeste. Silva afirma que, entre 1996 e 1999, a população rural passa de 31,6 milhões para

---

106. Idem, "Largando a enxada". Jornal da Unicamp. Pesquisa. Moradores encontram empregos de melhor qualidade fora da agricultura. São Paulo, Unicamp, novembro de 2001. A pesquisa toma por base os dados da PNAD, a partir de três grupos de ocupações agrícolas (trabalhadores permanentes, trabalhadores temporários e operadores agrícolas) e sete não agrícolas (serviços domésticos, serviços não domésticos, indústria de transformação, comércio não especializado, motoristas, professores e construção civil).

107. Soto, William. Op. cit., p. 229

32,6 milhões,[108] mas, o autor não adentra o sentido desses fatos sob o ângulo do trabalho.

Também nos anos 70/80, já havia registros sobre tendências de queda nas taxas de crescimento do "emprego temporário 8,5% a.a em relação ao trabalho assalariado permanente de 6,3% a.a".[109] O autor comenta que essas mudanças são significativas, se considerarmos que, em 1981, existiam 32.166 pessoas envolvidas em atividades não agrícolas no campo e que, em 1997, esse número cresce para 52.156.[110]

Essas mudanças no caráter das atividades são vistas muito mais em uma óptica de mobilidade populacional e menos como frutos das reestruturações capitalistas na agricultura. Os avanços tecnológicos e as novas formas de agregação do valor aos produtos são mostrados como evolução da ciência, só que o avanço das forças produtivas e as metamorfoses que envolvem a transformação de valor de uso em valor de troca ficam subsumidas ou pouco suficientes sob o ângulo do trabalho.

É importante observarmos que desemprego estrutural na sociedade tem repercussões tanto no mundo do trabalho urbano como rural, com agravamentos importantes sobre esse último. Sob o ângulo da lógica da produção de mercadorias, a nova divisão nacional e internacional do trabalho, sobretudo, incorpora outros segmentos agrários e não agrários como suportes à efetividade das reestruturações capitalistas atuais.

Para entender essas metamorfoses agrárias no Brasil sob o ângulo histórico-crítico deve-se ter em conta uma das indicações importantes desses processos, a "renda absoluta da terra", enquanto produto do monopólio da propriedade fundiária, que é uma determinação constitutiva do padrão de concentração da propriedade fundiária e

---

108. Jornal da Unicamp, Idem. Disponível em: <http://www.unicamp.org.br>. Acesso em: 2 jun. 2002.

109. Silva, José Graziano da. *Tecnologia e agricultura familiar*. Idem, p. 159.

110. Silva, José Graziano. *O Novo Rural Brasileiro*. Uma análise nacional e regional. Ed. Clayton Campanhola, José Graziano da Silva. Jaguariúna, São Paulo: EMBRAPA/Unicamp, 2000. v. 1, p. 20.

que imprime um desenvolvimento agrário peculiar e tem repercussões no mundo do trabalho. No capitalismo clássico, vemos que a forma mais evoluída de renda fundiária — "a renda em dinheiro" — é constitutiva de uma etapa em que:

> (...) a terra passa necessariamente a ser arrendada a capitalistas, que até então estavam fora do domínio rural, trazem para o campo e para a agricultura o capital obtido nas cidades e o modo capitalista de produção já desenvolvido na economia urbana: o produto que se gera é mercadoria apenas e simples meio de extorquir mais-valia.[111]

Pensando as metamorfoses desse ramo da produção à luz desses fatos históricos, vemos que as ocorrências no setor rural brasileiro, quanto aos arrendamentos de terras, justificam a preservação da propriedade privada e atuam no alívio das tensões da reforma agrária. Em relação à expansão do agronegócio, existem fortes tendências na reconcentração das terras, mas o governo estabelece novas hierarquias de proprietários rurais com características empresariais capitalistas, que passam a formar a nova classe dos chamados agricultores familiares, não mais nos moldes do que fora nos anos 80. Essa nova classe se aproxima do setor do agribusiness, mas não faz parte dos segmentos descapitalizados — para usar a classificação de Silva e de Guanziroli —, porém, parte deles deverá ser incorporada às atividades empresariais rurais.

Precisamos relembrar um pouco a história para pensar o caso brasileiro. O primeiro aspecto diz respeito ao golpe de Estado, em 1964, que assegurara a propriedade, isto é, a renda fundiária se transformou em um dos fundamentos da acumulação e do modelo capitalista de desenvolvimento (Martins, 2000, p. 98). Outro aspecto é que, se no capitalismo clássico o arrendamento da terra capitalista se refere aos que estavam fora do domínio rural, aos quais coube viabilizar o de-

---

111. Karl, Marx. O processo global de produção capitalista. In: *O Capital*. Crítica da Economia Política. 5. ed. Trad. de Reginaldo Sant'Anna. Livro 3, v. VI. Rio de Janeiro: Bertrand Brasil, 1991, p. 916.

senvolvimento do capitalismo agrário, no Brasil, de 1970 até 1995 — segundo o Censo de 1995-1996 — ocorre aumento significativo na proporção do número de proprietários — cerca de 59,6%, em 1970, para quase 70%, em 1995, com relação ao número de estabelecimentos agropecuários explorados por proprietários —, incluindo aí a expansão do segmento empresarial da agropecuária do Brasil, com estabelecimentos geridos por profissionais especializados.

Isso ocorre em decorrência da subsunção do trabalho ao capital sob duas formas, pelo trabalho especializado e pela subordinação da pequena produção à acumulação. Essa participação direta do proprietário na administração significa maior controle dos processos de trabalho e ocorre em função da redução dos arrendamentos, cujos níveis caíram de 20,2%, em 1970, para 11,0%, em 1995, e de ocupações, de 16,1%, em 1970, para 14,4%, em 1995.[112]

O aumento dos profissionais especializados foi de 4,1%, em 1970, para 30,9%, em 1995,[113] o que constitui dado importante para se entender os avanços científicos, porque o conhecimento constitui um dos ativos centrais aí requisitados. Tais exigências atendem as demandas da evolução das forças produtivas como forma de exploração do trabalho vivo pelo controle dos processos de trabalho, de certa forma, na preservação da grande propriedade. Essas mudanças nas formas de gestão e controle, no limite, não significa um descarte total do trabalho formal, mas essa condição vem sendo alterada, argumentada pelos custos sociais que operam nessas relações de trabalho, como prevê o legado neoliberal. Nessa direção, serve na amenização de conflitos políticos, porque desmonta a força do trabalho formal e cria a insegurança deste em suas relações com o capital.

Em resumo, a apreensão do significado dessa dinâmica capitalista atual quanto às mudanças no mundo do trabalho e da produção não se limita apenas à essas esferas. Pois considera-se as relações de pro-

---

112. Instituto Brasileiro de Geografia e Estatística (IBGE). Censo Agropecuário 1995-1996. Rio de Janeiro, 1998. p. 39.

113. Idem, p. 39.

priedade, as esferas sociopolíticas e de poder, em suas particularidades, sendo que a propriedade da terra, vista "como fonte original de riqueza, possibilita ao capital ampliar os elementos da acumulação".[114]

Examino esses fenômenos agrários também à luz da "teoria da renda da terra" — originada na teoria do valor de Marx —, em que o conservadorismo da propriedade constitui elemento essencial à compreensão da lógica capitalista e da teoria da acumulação, em suas expressões na agricultura, em sociedades como a brasileira, onde predominam as classes sociais: capitalistas, trabalhadores assalariados e proprietários de terras.

A terra, não sendo produto de troca, ao não vincular a relação de troca entre produtores de mercadorias e sim a proprietários de terras, implica outra concepção sobre as relações de produção e distribuição, pois incorpora "(...) uma relação social diferente, uma relação de produção diferente, que está por trás da mesma forma material de troca e valor".[115] Trata-se de uma "relação social", a qual está igualmente respaldada nos fundamentos da "teoria da renda da terra".[116]

Nessas relações de produção em sociedades capitalistas, os "(...) meios *de produção, força de trabalho e terra*" são pertencentes às diferentes classes sociais e se afirmam como "(...) *uma forma social particular nas formações sociais*[117]. A terra, enquanto *"objeto de compra e venda"*, como uma determinação nas "condições de trabalho, isto é, os "meios de produção e a terra" são "formalmente independentes" do próprio trabalho, vez que pertencem a diferentes classes sociais, assim, adquirem uma "forma" social específica".[118]

Portanto, pensando essas relações de propriedade no contexto da globalização econômico-financeira, pode-se afirmar, com Delgado, que

---

114. Marx, Karl. *O Capital* (Crítica da Economia Política). Livro 1. v. II. Idem, p. 702.

115. Rubin, Isaak Illich. A teoria marxista do valor. Trad. de José Bonifácio de S. A. Filho. São Paulo: Polis, 1987, p. 58-59.

116. Idem, p. 59.

117. Idem, p. 32. (Grifos do autor). Ver, mais especificamente, os capítulos 2 e 5.

118. Idem, p. 32.

"agora a prioridade está posta, no setor externo, mas de maneira distinta do que fora a inserção externa em uma economia relativamente protegida".[119]

Sendo assim, essas reformas no mundo agrário acenam para um cenário absolutamente diferente. A desregulamentação das funções do Estado, as reformas e os rearranjos políticos e institucionais incluem novas formas de regulação da propriedade, do trabalho, de certos tipos de produção, mais identificados com os mecanismos de mercado. Redefine as formas sociais e de subordinação do trabalho, sobretudo a liberalização e a desresponsabilização relativa do Estado no controle e coordenação do mercado agrícola, nos moldes da reforma agrária, na execução de políticas agrárias e agrícolas. Desse modo, o controle da pobreza vem se efetivando por meio de benefícios sociais como artifícios mais centrais desse novo ciclo de acumulação.

Por isso, a suposta "crise do produtivismo" agrícola combinada às condições da viabilidade da forma familiar guardam processos sociais, contraditórios e desiguais, engendrados nos liames desse sistema mercantil, que precisam ser desvendados. Contrária às interpretações retilíneas, em que se separam as bases materiais das superestruturais, busca-se um melhor conhecimento das múltiplas determinações da totalidade da sociedade. A apreensão da realidade restrita à produção em si não revela a relação entre os avanços tecnológicos, a reprodução das forças produtivas em suas modalidades de subordinação. Por isso, considero a noção de produção de forma ampliada, à qual, vista apenas na possibilidade de sua diversificação, pode não acarretar a ampliação do consumo enquanto missão histórica do sistema capitalista de produção.[120] Até porque, como dizem os economistas, não é do consumo restrito que este sistema se ocupa. Na verdade, o sistema busca a recriação de novas relações sociais econômicas e políticas, em que a reestruturação do mundo do trabalho é resultado da recriação de velhas e da criação de novas regras de trans-

---

119. Delgado, Guilherme. *Dossiê Desenvolvimento Rural*. USP, p. 166.
120. Lênin. *Desenvolvimento do capitalismo na Rússia*. Op. cit., p. 25.

formação de valor do trabalho ao capital, que ressurgem agora revestidas de "novas" roupagens.

Por isso, as reformas institucionais, em suas expressões para a agricultura, são vistas em suas novas formas de regulação entre o Estado e o mercado, sendo, a mais expressiva dessas alterações, a desregulamentação do papel do Estado, como veremos no próximo capítulo.

CAPÍTULO III

Estado e reforma agrária de mercado nos marcos da mundialização econômico-financeira

3.1 A reconfiguração das relações entre o Estado e o Mercado: uma "contra-reforma agrária"?

Vimos que o novo ideário de reconstrução do setor rural brasileiro iniciado nos anos 90 vem reorientando o papel da agricultura, em especial a racionalidade da agricultura familiar, requisitadas essas transformações econômicas, sociais e políticas. O principal foco desse debate coloca em questão o lugar e as formas sociais do trabalho no setor agrícola, cujas referências centrais são a reorganização das atividades diretas na produção e suas expressões nas relações sociais de produção.

Essas transformações provocam alterações substantivas no mundo do trabalho, as quais passam despercebidas ou são disfarçadas nos polarizados debates, que também abominam os novos papéis que assumem o Estado e o mercado, conforme o novo padrão de reforma agrária imposto nas políticas neoliberais. Tais fatos trazem à tona a nova relação entre o público e o privado nos negócios da reforma agrária de mercado, aspectos pouco claros nesses imperativos da reestruturação capitalista atual.

Por essas razões, este capítulo adentra especialmente na lógica dessas relações entre o Estado e o mercado como uma das clivagens mais importantes no setor rural. Na agricultura, uma dessas novidades é a recente proposta de liberalização econômica, e na maior abertura econômica nessas relações, a nova reforma agrária passa a ser liderada muito mais pelo mercado, especialmente na relações de compra e venda da terra, ainda que conte com intermediação do Estado. Neste sentido, a prioridade anunciada é a "administração" do "mercado de terras", novidade que coloca em evidência reformas e novos significados nas relações entre o Estado, o mercado e a sociedade.

Iniciam-se aí as novas formas de regulação da vida social com alterações importantes no âmbito da organização e gestão das políticas agrárias e/ou agrícolas, com inovações nas relações entre as esferas pública e privada. As tendências desse padrão de desenvolvimento reafirmam, aliás, reiteram, no Brasil, o modelo de desenvolvimento agrário apoiado bem mais na grande propriedade e na produção de monoculturas destinadas à exportação. Assim, há fortes tendências de reconcentração da propriedade de terras, fatos observados pela expansão da exploração da cultura de soja — em particular, nas áreas remanescentes de pastagens ou não exploradas ou, mesmo, áreas com baixa densidade demográfica — e outras como a cana-de-açúcar, mamona, voltadas à produção de etanol, biodiesel, favorecendo a consolidação do latifúndio com prioridade à agricultura patronal, reterando o velho padrão de "desenvolvimento pelo alto".

Em contrapartida, o mesmo não parece ser verdadeiro no que se refere aos pequenos produtores envolvidos com a agricultura familiar, cujas metamorfoses dessa reestruturação na produção acenam para a "desimportância" da lógica "produtivista" nessa transição de um capitalismo monopolista para novo patamar de acumulação, com alterações importantes no papel do Estado nesse setor, o qual migra da condição de provedor para uma "nova economia social de mercado" segundo as regras do padrão de "acumulação flexível".

3.2 O público e o privado e a desregulamentação do papel do Estado e reforma agrária de mercado

É nesse contexto que as reformas nas relações entre o público e o privado têm uma de suas maiores expressões: as mudanças no financiamento das políticas agrícolas, dentre elas, a eliminação de subsídios públicos nas políticas de crédito e financiamentos agrícolas, cuja mudanças no papel do Estado nacional determinam o futuro da pequena agricultura e da reforma agrária: o desmonte proposital de certas atividades de instituições estatais de pesquisas e de assistência técnica.

A dinâmica de acumulação do capitalismo, em sua fase monopólica e imperialista para a acumulação especulativa, sinaliza reorientações de algumas prioridades entre a grande e a pequena agricultura no campo do conhecimento científico para avanço das forças produtivas, veiculada pelas instituições de fomento à pesquisa e é um fato importante nessa nova fase de "reestruturação" econômica na apreensão do papel do Estado. Essa evolução científica na agricultura prioriza a expansão da produção e da produtividade com o cultivo de monoculturas, destacando-se aí as políticas de exportação e de "(...) técnica de produção e meios de financiamento para países atrasados".[1]

Até os anos 80, o Estado era o principal regulador das políticas de financiamento rural. As pesquisas mostram que, a partir de meados dos anos 90, efetivam-se mudanças na forma de regulação do setor público para o campo agrário como alterações decorrentes da "crise do Estado" (Leite, 2001: 90), ou, como dizem Belik e Palillo (2001, p. 99), sobre isso, há "perda deliberada do poder de regulação do Estado", fruto das alterações da nova divisão internacional do trabalho, onde a "recomposição" — para usar o termo de Leite — das formas de atuação estatal no contexto neoliberal significam reorientações nos padrões de

---

1. Del Roio, Marcos. *O Capital além do imperialismo*. Disponível em: <http://www.mhd.org/artigos/delroio_imperialismo.html>. Acesso em: 7 fev. 2004.

intervenção do setor público na economia e a introdução de capitais privados voltados à potencialização do setor agrário/agrícola.[2]

O governo Fernando Henrique Cardoso consolida essa transição público-privado, ao implementar uma "Nova Reforma Agrária" efetivada especialmente pelo mercado. Essa instância passa a intervir não só nos financiamentos, mas na aquisição de terras, tendo, como novidade, o recuo do Estado enquanto regulador principal das atividades agrárias.

No período do *Welfare State*, nos anos 1945 a 1970, o "Estado interventor" atuava como protagonista na implementação e gestão de políticas agrárias e agrícolas, viabilizando o padrão de modernização e o tratamento da questão agrária. Com o esgotamento desse padrão de regulação, introduzem-se as políticas neoliberais, dentre elas, a "minimização" de suas funções, e a "maximização" do setor privado. Curiosamente, esses assuntos não ganham expressão nos estudos agrários contemporâneos, apesar da centralidade desses temas, na agenda das reestruturações capitalistas principalmente a liberalização do comércio internacional e a desconstrução do pacto firmado no "Consenso de Washington", cujo padrão de regulação pública foi substituído nesse novo contexto da globalização econômico-financeira.

José Juliano (2001), em seu artigo sobre a Política Agrária de FHC, mostra a necessidade de articulação entre a concepção de desenvolvi-

---

2. Sérgio Leite dá importante indicação sobre essas mudanças nos instrumentos de financiamento do setor agrário/agrícola, sinalizando com a ideia da *"recomposição da capacidade de atuação do Estado"* como estratégia de montagem do novo estágio de modernização que se delineia, cujo padrão "nacional-desenvolvimentista" faz com que ele preveja a possibilidade de "(...) *amplo setor de marginalizados"*, o que, penso, deve corresponder à proposta de "inclusão" dos agricultores familiares reconhecidos pelo projeto do "Novo Mundo Rural" ou da "Nova Agricultura" de mercado. As formulações de Belik e Paulilo são análogas às de Leite, só que os autores percebem que a expansão do crédito privado nos anos 90, ao incorporar "(...) *novas formas de captação de recursos do sistema financeiro"* indicam a introdução de setores não agrários, cujos capitais financeiros e industriais vão constituir novidade no desenvolvimento do "novo mundo rural" nos anos 90. Leite, Sérgio (Org.). Padrão de financiamento, setor público e agricultura no Brasil. In: *Políticas públicas e agricultura no Brasil*. Porto Alegre: Ed. UFRGS, 2001. Beik, Walter e Paulillo, Luiz Fernando. O financiamento da produção agrícola brasileira na década de 90: ajustamento e seletividade. In: Leite, Sérgio (Org.) *Políticas públicas e agricultura no Brasil*. Porto Alegre: Ed. UFRGS, 2001.

mento rural com uma política mais ampla de desenvolvimento econômico e social, destacando que esse governo efetivara um "desmonte" do Estado nacional. Tais reflexões ajudam a apreender a realidade da pequena agricultura no que diz respeito ao problema do "trabalho" e da questão urbana, em que a propriedade da terra é tema importante nas esferas urbana e rural.

É importante verificarmos como o Estado se relaciona com o capital nesse ciclo de reestruturação e valorização, diante dos deslocamentos de suas funções no setor agrário. Recentemente, esse novo padrão agrário ganha novos sentidos nas áreas rurais diante dos novos atributos exigidos pelo sistema capitalista, pois seus mecanismos de reprodução são outros, e nem sempre significam benefício para o trabalho, como veremos mais tarde.

Ora, se o Estado favoreceu a infraestrutura econômico-financeira do desenvolvimento agrícola no capitalismo monopolista, nesse contexto de transnacionalização econômica, o que muda nessas relações? Teoricamente, para usar as palavras de Antunes (2002), sabe-se que "o Estado moderno é inconcebível sem o capital, que é o seu real fundamento, e o capital, por sua vez, precisa do Estado como seu complemento necessário".[3] Como instrumento político e pilar de sustentação à reprodução do capital, é legalmente constituído para gerir a dominação na sociedade de classes.[4]

Diante da hegemonia neoliberal e as imposições do grande capital sobre essas novas formas de regulação política, como se inserem e quem são os segmentos familiares que interessam à esse padrão de modernização agrária?

O Estado capitalista tem um caráter de classe assumido em suas relações com a ordem econômica na sociedade brasileira (cf. Coutinho, 1990, 1999; Prado, 1999; Silva; Athos, 2001). Em distintos períodos,

---

3. Ver apresentação de: Antunes, Ricardo. Apud Mészáros, István. *Para Além do Capital*. Rumo a uma teoria da transição. Trad. de Paulo César Castanheira e Sérgio Lessa. São Paulo/Campinas: Ed. Unicamp/Boitempo, 2002. p. 19.

4. Ver apresentação de: Chesnais, François. Apud Farias, Flávio Bezerra de. A Globalização e o Estado Cosmopolita: as antinomias de Jürgen Habermas. São Paulo: Cortez, 2001, p. 12.

pouco se tem alterado essa característica em seus comprometimentos históricos, "(...) em sua condição de capitalismo de Estado, hoje, 'capitalismo monopolista de Estado' como (...) elemento decisivo na acumulação de capital, (...) traço de nossa modernidade".[5]

Sabe-se que os anos 30, no Brasil, constituíram um marco histórico do modelo de desenvolvimento capitalista fundamentado em base "conservadora", na qual a concentração da propriedade privada da terra foi referência teórica adotada pela concepção sobre a consolidação do projeto de modernização capitalista "não clássico", fruto do desinteresse entre as classes rurais, operárias e a burguesia brasileira, na formação de alianças voltadas a realizar um "projeto emancipador".[6]

O não rompimento desse modelo delineado por profundas desigualdades no usufruto do progresso social, na formação da riqueza, e na manutenção histórica de velhos padrões societários, permite-nos reiterar a noção deste modelo de *"revolução pelo alto"*,[7] em que as relações entre o Estado e a sociedade tornaram-se uma via historicamente apropriada pelo Estado brasileiro de "desenvolvimento pelo alto",[8] no enfrentamento de crises econômicas e estruturais.

---

5. Coutinho, Carlos Nelson. A Imagem do Brasil na Obra de Caio Prado. Op. cit., p. 181.

6. O contraponto desse equívoco deveria ter sido a realização de uma reforma agrária como fizeram os países ricos, diante da irracionalidade da terra como fator de impedimento ao desenvolvimento capitalista nos termos de Lênin e de Marx. Oliveira lembrando a gênese desses fatos nos anos 30 aponta os dois aspectos que singularizam a montagem desse padrão: o crescimento da organização política dos trabalhadores como contraponto às condições de exploração diante do baixo custo da força de trabalho, e o segundo seria a reforma agrária a qual desmontaria o exército industrial de reserva, e alterações nas relações de "poder patrimonialistas". OLIVEIRA, Francisco. O Ornitorrinco. Op. cit. p. 131.

7. Coutinho, Carlos Nelson. A Imagem do Brasil na Obra de Caio Prado Jr. In: *Cultura e Sociedade no Brasil*. Belo Horizonte: Oficina de Livros, 1990. p. 171-5. Ver, também, Coutinho, C. Nelson. *Gramsci. Um Estudo Sobre Seu Pensamento Político*. Nova edição revista e ampliada. Rio de Janeiro: Civilização Brasileira, 1999, p. 196.

8. Idem, 196-7. Apropriamo-nos das formulações de Carlos Nelson Coutinho na utilização da categoria de "desenvolvimento capitalista pelo alto", que significa um padrão capitalista em que o Estado desempenha o papel de principal protagonista do desenvolvimento agrário, o que consideramos o termo mais adequado às particularidades do modelo agrário brasileiro e que vem se confirmando no capitalismo contemporâneo. Na mesma perspectiva deste autor, consideramos que a "Via Prussiana" definida por Lênin é pouco suficiente para a compreensão das características superestruturais, daí a necessidade da combinação com a "Via Passiva" de

O caráter estreito dessas relações estatais com as classes capitalistas industriais e agrárias desenhara as "vias não clássicas", um caminho de modernização caracterizado por certo hibridismo, quando, ao lado da forte coerção aos trabalhadores, investe, outras vezes, ainda que contraditoriamente, em aproximações estreitas com esses segmentos, reafirmando, com isso, um padrão mais conservador de relações sociais. Nessa direção, dissemina relações agrárias propositadamente caracterizadas em bases "harmônicas" na busca de consentimentos sociais dessas classes. O Presidente Luiz Inácio Lula da Silva durante seu mandato declarou mudanças nas relações com os movimentos sociais quando afirmou que "a Reforma Agrária não seria feita no grito, mas de forma tranquila e pacífica".[9]

Isso quer dizer que, em períodos de crise, o Estado modifica suas formas de intervenção burocrático-formal e ideológica, mas mantém velhos traços patrimonialistas, caracterizadas por ações autoritárias e coercitivas, mas também por cooptações. Os avanços para uma sociedade mais democrática implicam, da parte do Estado burguês, a abertura de espaços democráticos de diálogo, reconhecendo a legitimidade da sociedade civil organizada na luta por seus interesses.

Na sociedade "globalizada", essas reformas nos padrões de regulação social fluem das reconfigurações das relações entre o público e o privado e incluem outras esferas privadas e/ou públicas não governamentais, as quais passam a substituir, no limite, a esfera pública.

Esse fenômeno vem sendo verificado com a criação das Organizações não Governamentais (ONGs) nas áreas rurais. Para o IBGE, existem, no Brasil, 276 mil instituições privadas e sem fins lucrativos, que empregam 1,5 milhão de pessoas, pagando salários e remunerações no valor de 17,6 bilhões. O destaque mais importante é dado para as

---

Gramsci, ou "pelo alto", considerando-se a reiteração do papel do Estado como principal mediador das relações agrárias, a caminho das transformações capitalistas no campo, cujas particularidades de intervenção na área social reafirmam esse protagonismo.

9. Declaração do Presidente da República Luís Inácio Lula da Silva em justificativa à Reforma Agrária proposta em seu mandato. Publicado no Jornal *O Globo*, Coluna o País. "A Reforma Agrária não será feita no grito". Rio de Janeiro, 3 de abril de 2004.

associações de produtores rurais, que "em seis anos aumentaram seu número em 5 (cinco) vezes e meia, passando de 4 mil em 1996, para 25 mil, em 2002, 5% dessas organizações rurais se encontram na Região Nordeste".[10]

Tais iniciativas são identificadas como estratégias do Banco Mundial, em introduzir novos instrumentos de gestão das questões sociais rurais brasileiras. Entretanto, essas instâncias, na óptica das representações dos trabalhadores rurais, seriam mecanismos para desviar o sentido da ação política da esquerda no Brasil.[11]

Por sua vez, há que reconhecer o processo de resistência histórica do campesinato brasileiro, os reflexos de suas lutas históricas desde seu nascimento, em 1979-1985 (Fernandes, 2000, p. 49-50), os quais têm denunciado as complexidades do autoritarismo e da repressão contra os trabalhadores rurais, como diz o autor, a "militarização da questão agrária particularmente no período de 1994 a 2002". Apesar disso, é impossível desconhecer que esses segmentos da sociedade civil também têm diversificado e modernizado seus meios de enfrentamento político com o governo frente à insatisfação com a realidade.

Na avaliação dessas relações identifica-se que o governo neoliberal de FHC implementou políticas públicas de controle social das lutas pela terra — tais como a criação do "Banco da Terra", o programa de "Reforma Agrária pelo Correio" e, por último, o "PRONAF", os quais substituem o PROCERA.[12] O "Banco da Terra", por exemplo, foi estruturado como instituição financeira para esse fim.[13]

---

10. Ministério do Planejamento, Orçamento e Gestão — IBGE— Instituto Brasileiro de Geografia e Estatística. As Fundações Privadas e Associações Sem Fins Lucrativos no Brasil. Brasília, 12/12/2004. Disponível em: <http://www.mhd.org/aratigos/delroio_imperialismo. html>. Acesso em: 7 fev. 2004.

11. Ver "Comentários" de João Pedro Stédille. In: Classes sociais em mudança e a luta pelo socialismo: socialismo em discussão. São Paulo: Fundação Perseu Abramo, 2000. p. 26.

12. Fernandes, B. Mançano. A Formação do MST. Petrópolis: Vozes, 2000. p. 22.

13. Ver os artigos de José Juliano (op. cit., p. 214-223). O autor faz uma avaliação sobre essas medidas tomadas no governo FHC, fornecendo o amplo quadro sobre essas mudanças do setor público para o setor privado no campo agrário, apresentando dados concretos sobre os problemas agrários relacionando-os às mudanças desse setor no contexto neoliberal. Também na mesma

Nos desdobramentos das reestruturações institucionais ao longo do governo Fernando Henrique e, mais recentemente, no governo Lula, Juliano (2001) discute os temas como: a desregulamentação do Estado, a descentralização da reforma agrária e os reflexos dessas mudanças no mundo do trabalho. Conforme os objetivos deste estudo, importa aqui destacar que os avanços tecnológicos promovem o aumento do "capital constante" na agricultura, com repercussões diretas nos índices de dispensa da força de trabalho, confirmando nossas constatações dos capítulos 1 e 2.[14]

Dessas considerações, urge entendermos que as crises econômicas atuais decorrem das extenuantes contradições das relações entre o capital e o trabalho, em que os avanços das forças produtivas no setor agrário recriam formas de subordinação do trabalho e forçam os níveis de desemprego — uma de suas mais nefastas consequências, fruto desses antagonismos. Isso porque o agronegócio cresceu 5% em 2003, respondeu por um terço do PIB nacional e emprega menos de um terço da força de trabalho.[15]

Segundo a Organização Internacional do Trabalho (OIT), a taxa de desemprego no mundo foi de 6,2% em 2004. Examinando-se os resultados recentes da pesquisa mensal de emprego feita pelo IBGE, constatamos que a taxa de desemprego divulgada em janeiro de 2005 é de 12,8%, o que confirma, de fato, mais de duas vezes superior à média mundial em 2003.[16]

---

obra, ver artigos de Sérgio Leite, Walter Belik e Luiz Fernando Paulillo, que desenvolvem reflexões na mesma direção das políticas de financiamentos, públicos e privados.

14. Segundo José Juliano, "só nos dois primeiros anos de governo FHC mais de 400 mil famílias de pequenos e médios produtores perderam suas terras". Em 1996, segundo a PNAD-IBGE, um milhão de pessoas perderam seus postos de trabalho na agricultura. Projeções da CNAE (Agenda Reemprego no Campo — Comissão de Agricultura da Câmara dos Deputados, 1997) revelam que a política agrícola já desempregou/desocupou dez vezes mais do que o número de assentados pelo programa de reforma agrária do atual governo". Idem, p. 210 (Documento "Terra, Defesa da Agricultura e Erradicação da Fome". Versão preliminar — julho, 1989, p. 2).

15. Movimento dos Trabalhadores da Agricultura. MST/Brasil. Movimentos resistem ao avanço da soja. Boletim Informativo de 11/2/2005.

16. Críticos dessas pesquisas refutam estes dados e dizem que a taxa atual de desemprego no Brasil é de 18%, e não 12,8% como quer esta Instituição. Segundo Paulo Gurgel Valente, o

Como se vê, o trabalho humano no sistema capitalista tem posição de subalternidade nessas reestruturações econômicas diante das exigências de aprimoramento sistemático da ciência e da tecnologia. Sendo assim, as revoluções tecnológicas atuais reafirmam a tendência histórica desse sistema mercantil, que, além de garantir as bases efetivas a sua reprodução, tem outra função, como já sinalizado, que é manter os níveis de reprodução da força de trabalho necessária à consolidação dos seus interesses máximos: a busca do lucro e da mais-valia.

Nesse contexto de desregulamentação do papel do Estado é improvável um quadro social de oferta de políticas públicas no campo da produção. O que se observa é a expansão do mercado na mediação das questões sociais agrárias, fato que se estas tendências se confirmarem, o resultado disso é que o Estado deve buscar novas alternativas pelo caminho de políticas sociais compensatórias distributivas.

Como vimos no capítulo dois, os avanços da tecnologia refletem diretamente na reprodução da força de trabalho, dinâmica que se efetiva na e pela exploração do trabalho. Os segmentos mais vulneráveis à lógica do mercado são os mais atingidos diante das condições de miséria, pobreza e exclusão social, formando os chamados excedentes humanos, onde quer que se encontrem, seja no campo ou na cidade.

É verdade que, no capitalismo contemporâneo, os avanços científicos e tecnológicos agroindustriais exigem, cada vez mais, força de trabalho "especializada" com repercussões nos processos de trabalho, forçando uma corrida em direção ao ingresso na modernização agroindustrial. Todavia, isso não significa absorção, na totalidade, desses segmentos. Ao contrário, a lógica mostra recuo da oferta de trabalho, mesmo para aqueles mais preparados tecnicamente, como veremos no capítulo 4.

IBGE considera a "taxa da população desocupada, ocupada sem rendimento e ocupada recebendo menos de um salário mínimo". Este artigo mostra que as seis regiões metropolitanas mais importantes apresentaram, em junho de 2004, o seguinte quadro: São Paulo: 16,5%; Rio: 13,5%; Belo Horizonte: 22,2%; Porto Alegre: 16,1%; Salvador 27,0% e Recife: 29,1%. Extraído em janeiro de 2005. Dados apresentados em abril de 2004, Brasília, DF.

Como já referimos, algumas pesquisas de Delgado têm adiantado projeções sobre esses fenômenos — embora não explicite as razões dessas tendências — e percebe no Brasil rural forte tendência de expansão das ações do Estado na esfera da proteção social, isto é, no campo da previdência social. Essas medidas sociais visam dar suporte aos efeitos dessa conjuntura de crise como prevenção das situações vulneráveis em que se encontram certos segmentos mais atingidos pelas intempéries sociais, e como pensar as políticas sociais como meios de superação dos níveis de pobreza engendrados pela carência de investimentos no setor de produção?

A recorrência a medidas assistenciais vem sendo objeto de preocupação de países desenvolvidos — ressalvadas as diferenças — como alternativas mais apropriadas em respostas às crises.[17] Tudo indica que a emergência dessas políticas se deve ao esgotamento das condições de reprodução social das classes que vivem de seu trabalho diante do aviltamento das condições de sobrevivência e, de certa forma, da ação do Estado em desonerar, no limite, o mercado de tais obrigações. Porém, essa questão tem outra conotação relevante, observada por Kageyama (2004, p. 80). Apoiada em Barros, a autora constata declínio nas rendas derivadas do trabalho desde os anos 90, mesmo que "3/4 das rendas rurais derivem do trabalho e que metade das famílias tenham o trabalho como única fonte de renda".[18] A centralidade do trabalho não significaria melhoria nas condições de vida, quando a autora observa que em "(...) todas as regiões brasileiras houve o crescimento de todas as fontes de renda, mais do que as rendas derivadas do trabalho". Confirma assim o assistencialismo nas áreas rurais em lugar de políticas agrícolas consistentes, o que, de fato, é um retrocesso social.

---

17. Hobsbawm, Eric. *Era dos Extremos. O breve século XX: 1914-1991*. Trad. de Marcos Santarrita. Revisão técnica de Maria Célia Paoli. São Paulo: Companhia das Letras, 1995, p. 404. Esse autor sinaliza claramente essas tendências nos países ricos; há o surgimento de "subclasses" separadas e segregadas, ao mesmo tempo em que nos países pobres, ao contrário disso, tem lugar o crescimento da economia "informal" ou "paralela", bem como "(...) *a combinação de pequenos empregos, serviços, expedientes, compra, venda, roubo são complexidades percebidas*" (Grifos do autor).

18. Kageyama, Ângela. *Mudanças no trabalho rural no Brasil*. Op. cit., p. 3.

Segundo as determinações do Banco Mundial, desde 1995, o Brasil é submetido às imposições das políticas de ajuste estrutural, incluindo também a questão da terra. Melhor dizendo, essas instituições financeiras internacionais vêm incorporando "o mercado de terras" em suas ações e integrando-o ao escopo das políticas setoriais, tendo no mercado, não só no Brasil, uma das "estratégias fundamentais para o desenvolvimento rural no mundo inteiro".[19]

Sob o ângulo produtivo, torna-se evidente certo "desmonte" no desenho das formas de produção e na organização dos processos de trabalho agrícola. Isso confirma alterações nos "paradigmas" analíticos construídos historicamente sobre o papel da pequena agricultura na sociedade brasileira. Como referimos no primeiro capítulo, esses segmentos, antes, eram vistos pelas contribuições dadas à produção agrícola nacional e suas potencialidades na garantia da produção interna de alimentos assim como na formação do mercado interno. Boa parte das sociedades capitalistas tanto avançadas como de capitalismo em desenvolvimento vem passando por essas transformações. Hoje, o "mercado" é considerado a esfera central da "nova economia neoliberal". Dessa forma, aprimoram-se suas finalidades por excelência: consolidar a mercantilização da reforma agrária, fomentando o mercado de terras e a sua privatização.

Parafraseando Rosset (2004), "não se pode avaliar as políticas de terra fora da conjuntura econômica geral".[20] Sendo assim, o que se

---

19. Rosset, Peter. In: Martins, Mônica Dias (Org.). *O Banco Mundial e a terra: ofensiva e resistência na América Latina, África e Ásia*. São Paulo: Viramundo, 2004. p. 16-7. Em postura diferente daqueles que desconsideram a nova postura do Banco Mundial em relação ao tema Reforma Agrária, esse autor atribui o interesse do Banco à mais recente estratégia dessa "abordagem neoliberal do mercado aplicada à terra." Em sua opinião, três fatores esclarecem a prioridade da questão agrária para o Banco. O primeiro diz respeito ao *"crescimento econômico, uma espécie de mantra para a instituição"*. Ou seja, a distribuição desigual de bens, entre eles, a terra, compromete o crescimento econômico. O segundo é que os baixos investimentos em áreas rurais nos países da África, Ásia e América Latina, cujas necessidades de aumento de fluxos de investimento no setor rural garante o crescimento econômico. E o terceiro, *"o mais retórico"*, é a redução da pobreza. O ponto mais importante acenado pelo autor, e que questionamos neste estudo, é o caráter homogêneo dessas políticas a serem implantadas em países tão diferentes.

20. Rosset, Peter, mostra com clareza e em perspectiva crítica o novo modelo das políticas do Banco Mundial direcionadas a todo o mundo, as quais, segundo o receituário neoliberal,

pode constatar é que a lógica desses interesses não se explica de forma simples ou naturalizada. Na realidade, fazem parte do redirecionamento do conjunto de políticas propostas pelo Banco Mundial aos Estados nacionais, seguindo os novos preceitos neoliberais.

No Brasil, essas estratégias vêm se consolidando desde os anos 90, no governo Fernando Henrique, quando as agências internacionais exigem — não só dos países em desenvolvimento — que se inicie um processo de reorganização da propriedade privada da terra, obedecendo a uma espécie de controle burocrático, pelo que o "funcionamento do mercado de terras, ou mercados para compra e venda de terra"[21] configuram as duas principais estratégias constitutivas da efetividade dos interesses econômicos no setor agrário.[22]

Para consolidar as reformas neoliberais faz-se necessária a reestruturação agrária. Assim, o referido governo cria novos ministérios, dentre eles, o Ministério do Desenvolvimento Agrário, e consolida nova divisão político-institucional, recriando a hierarquia nesse setor: Introduz uma classificação inovadora na concepção sobre agricultura patronal destinada à exportação e à agricultura familiar, mais voltada para o abastecimento interno. Esta última passa a ter caráter de política

---

recebem a denominação de projetos de "administração da terra". O autor pensa esse modelo a partir de uma estrutura em escala ascendente com o formato dos degraus de uma "escada". A nosso ver, na verdade, tais estratégias conformam um esquema de dominação e controle do campo territorial da propriedade da terra. Nas palavras do autor, *"colocando em ordem a situação da posse da terra — organizando os negócios, reduzindo o caos"*. Idem, op. cit., p. 18 (Grifos do autor).

21. Rosset formaliza o esquema de ascensão dessa estratégia em forma de escada, onde, de baixo para cima, estão as atividades: 1) Cadastro, registro, demarcação de terras; 2) Privatização de terras públicas e comunais; 3) Titulação com títulos alienáveis; 4) Estímulo ao mercado de terras; 5) Bancos de terra distribuição através do mercado; 6) Créditos para os beneficiários. Idem, op. cit., p. 18.

22. É de conhecimento público que o Banco Mundial — desde o advento das políticas neoliberais, ao final dos anos 70 — vem implantando programas voltados à garantia de mínimos sociais às populações pobres, em uma perspectiva de mercantilização de benefícios sociais. Como bem define Laurell, *"Os programas contra a pobreza na América Latina têm um objetivo oculto: assegurar uma clientela política em substituição ao apoio popular baseado no pacto social amplo, impossível de se estabelecer no padrão das políticas neoliberais"*. Laurell, Asa Cristina (Org.). *Estado e Políticas Sociais no Neoliberalismo*. Trad. de Rodrigo L. Contrera. São Paulo: Cortez, 1997, p. 173.

pública, que é formalizada no Programa Nacional de Fortalecimento da Agricultura Familiar (PRONAF).[23]

Inicia-se aí o debate sobre a "Nova Agricultura brasileira", definido como "Novo Mundo Rural", como já nos referimos nos capítulos 1 e 2.[24] A partir daí predomina a concepção da "Reforma Agrária de mercado", em que a "expansão da agricultura familiar, e sua inserção competitiva no mercado, passa a ser o marco conceitual central dessa abordagem sobre o Novo Mundo Rural".[25]

Silva (1999, p. 6), em sua pesquisa sobre o "Novo Rural Brasileiro", examina esses fatos, inspirando-se na realidade de países avançados, e reconhece essas alterações na organização dos processos produtivos e de trabalho diante da nova divisão do trabalho. O autor diz:

> (...) vários fatores vêm contribuindo para impulsionar essa nova tendência no mundo rural dos países desenvolvidos, entre os quais destaca a crescente semelhança das formas de organização e contratação de trabalho na indústria com aquelas secularmente existentes na agricultura (flexibilidade de tarefas e de jornada, contratação por tarefa e, ou por tempos determinados, a volta da indústria para os campos, (...) o aparecimento de novas formas de trabalho a domicílio.

Esse desmonte da centralidade da produção e a introdução da ideia de "multissetorialidade" confirmam a ênfase à diversificação da produção, sobrepondo-se à prioridade da produção em geral, e agrícola, em particular, da mesma forma que sinaliza para a reconstrução

---

23. Conforme o Programa Nacional de Fortalecimento da Agricultura Familiar (PRONAF). Governo Federal, Ministério da Agricultura e do Abastecimento. Brasília, outubro de 1996, p. 6.

24. Refiro-me, sobretudo, às recentes Pesquisas divulgadas pela Unicamp através do Prof. José Graziano da Silva sobre "O Novo Rural Brasileiro", a algumas publicações do CPDA — UFRJ sobre o debate da Pluriatividade, bem como ao Dossiê n. 43/2001 da USP, que vai tratar do Desenvolvimento Rural Brasileiro de modo geral, analisando diversificados temas sobre a realidade do setor rural com abordagens específicas sobre a *reconceituação da questão agrária brasileira*.

25. Agricultura Familiar, Reforma Agrária e Desenvolvimento Local para um Novo Mundo Rural. Política de Desenvolvimento Rural com Base na Expansão da Agricultura Familiar e sua Inserção no Mercado. NEAD/ Brasília, p. 60.

de outras bases produtivas não agrícolas, expansão de comércios, pequenas indústrias, de modo que coloca em questão o caráter do trabalho e suas formas de subordinação ao capital e seus reflexos na produção e na reprodução social.

Tais transformações rurais mostram os novos sentidos das redefinições das bases técnicas e dos processos produtivos pela óptica da "pluriatividade", modalidade de relações de produção vista como central, nesse novo padrão de modernização agrária dos anos 90. Esses mecanismos de viabilidade da nova reforma agrária redesenham uma velha tendência de não alteração da base fundiária, que, além de territorializada, evidencia também uma propensão de "desvirtualização" e de "despolitização" da reforma agrária. Isso exige que entendamos que a noção de simples substituição da intervenção do Estado pelo mercado não explica a essência dessas reestruturações, se considerarmos que o mercado não trabalha meramente segundo a óptica das necessidades humanas, mas, prioritariamente, com a perspectiva do lucro e da obtenção de mais-valia.

Estes aspectos colocam em questão o discurso de revalorização da agricultura familiar, principalmente acerca daqueles segmentos de pouco rentabilidade capitalista e o caráter "rentista" desse padrão econômico. Essa avaliação exige observar as adversidades da formação social brasileira, em termos de suas diferenças físico-geográficas, demográficas, regionais, locais e climáticas, afora as condições econômicas, sociais e políticas e das relações de poder que vigoram entre as classes sociais.

No âmbito do social, isso sugere um conhecimento superior ao da tese restrita da produção apenas como multiplicidade de atividades produtivas, "pluriatividade", "multissetorialidade". Esses processos são apreendidos aqui como expressões das multifaces da "questão social" brasileira, em áreas rurais frutos da reestruturação do capitalismo contemporâneo, que afeta o mundo do trabalho, e os rearranjos da reorganização das instituições burocráticas e formais. Pois, na essência desse "agrorreformismo", as funções do Estado, no "capitalismo tardio", comumente são definidas sob suas formas clássicas de intervenção: por um lado, prevenir ameaças sociais que possam afetar essa reprodução; por outro, proporcionar garantias econômicas à efetividade dos processos de valorização e acumulação capitalistas.[26]

Nesse sentido, é necessário explicar melhor porque, num contexto de recomendações de minimização do tamanho do Estado, a emergência de ampliação de ações assistencialistas de garantias de rendas mínimas. Pelo que se sabe, em tempos de crise, o sistema altera não somente as formas de produção, os processos de trabalho, mas, também, as formas de distribuição do produto social.

No Brasil contemporâneo, uma das competências do Estado no enfrentamento desses fenômenos no agravamento da pobreza tem sido lançar mão de programas sociais via políticas alternativas "emergentes" e/ou "compensatórias", sendo o mais importante deles o Programa "Bolsa Família", voltado a garantir mínimos sociais. Sob a óptica oficial, esses programas visam destinar "rendas mínimas", definidas como "medidas de segurança social".[27]

As políticas de assistência social, mais identificadas como meios de controle social por meio das quais o governo canaliza os gastos sociais no combate às questões sociais, funcionam no sentido de desonerar o mercado dessa tarefa social.

3.3 Redemocratização brasileira e relações sociais no âmbito agrário

Como vimos, a desregulamentação das funções do Estado e a afirmação do mercado são medidas iniciadas nos anos 70 em economias avançadas, ao passo que, na América Latina e no Brasil, isso ocorre ao final dos anos 80, influenciando a dinâmica das forças produtivas, as estruturas ocupacionais do trabalho, a relação capital-trabalho tanto

---

26. Manel, Ernest. *O capitalismo tardio*. p. 341.

27. Expressão utilizada pelo governo e pelas agências de financiamento internacionais, no caso, o FMI.

na cidade como no campo. Essas reorganizações resultam do esgotamento dos padrões de acumulação keynesianos e dos processos fordistas de organização do trabalho, que vigoraram nas sociedades capitalistas desde o pós-guerra, com determinações mais específicas para o setor agrário.

Semelhante incremento dá início a nova etapa de acumulação em escala mundial, conhecida por "acumulação flexível".[28] Tais mudanças vêm alterando as concepções sobre a organização dos processos de produção, de trabalho e as relações entre o Estado, o mercado e sociedade, exigindo novas bases de compreensão das relações e divisão social campo-cidade.

O processo de redemocratização brasileiro, que culminara com a introdução da Nova Carta Constitucional no ano de 1988, demarca os limites da transição entre o padrão de modernização conservadora e o regime da liberalização comercial dos anos 90. Esse intermédio ocorreu num complexo de desmontagem do aparato estatal no setor rural, edificado desde 1930, com fortes influências do governo militar.[29]

Essa via de desenvolvimento consolidada desde aqueles anos no Brasil, guarda certas semelhanças com a avaliação de Lênin em duas de suas importantes obras: *Desenvolvimento do capitalismo na Rússia*, explicitada também, no "Programa Agrário", nos quais ele analisa as vias de desenvolvimento, resguardadas as condições históricas nacionais, para ele havia duas vias possíveis de desenvolvimento burguês: a "Via Prussiana" e a "Via Norte Americana". Na primeira, "a antiga propriedade constituída por laços de servidão se conserva e se transforma lentamente em estabelecimento puramente capitalista", mas essas também são transformadas com o sistema capitalista, relações em que a "(...) estrutura agrária do Estado se torna capitalista, conser-

---

28. Harvey, David. *Condição pós-moderna*. 8. ed. São Paulo: Loyola, 1999, p. 132.

29. Esta temática da "modernização conservadora" tem sido objeto de inúmeras pesquisas; entretanto, a ênfase dos estudos contemporâneos e a evidência e identificação de fenômenos com a matriz do "conservadorismo" será objeto de nossa investigação a seguir.

vando por muito tempo traços feudais".[30] Na segunda, "ou não existem domínios latifundiários ou são liquidados pela revolução que confisca e fragmenta as propriedades feudais".[31]

Concordamos com Caio Prado quanto à inexistência de feudalismo no Brasil.[32] Pois há na realidade convivências entre heranças coloniais e escravocratas de relações de trabalho de sistemas de produção arcaicos com sistemas modernos não como fenômenos dicotômicos, mas funcionais à ordem burguesa. Estes não desaparecem na sociedade contemporânea; ao contrário, formas de trabalho rudimentares, como o trabalho escravo, ressurgem no campo brasileiro como reedição de vias pré-capitalistas de relações sociais no campo.[33] Ou seja, essa reedição de relações de trabalho coloca em questão a utilização não apenas da função social da propriedade, porém a dos direitos sociais, deslocando essa questão ou negando um objetivo central, qual seja, a busca do aumento da produtividade do trabalho via exploração ou a "subsunção formal e real" nele inseridas.

O fato de o Brasil não ter executado as etapas clássicas no tratamento da questão agrária, como foi feito pela maioria dos países de

---

30. Lênin, V. *O Desenvolvimento do capitalismo na Rússia*. O Processo de Formação do Mercado Interno para a Grande Indústria. Trad. e Introdução de José Paulo Netto. Revisão de Paulo Bezerra. São Paulo: Abril Cultural, 1982, p. 9-10. Ver, do mesmo autor: *O Programa Agrário de Social-Democracia na Primeira Revolução Russa de 1905-1907*. São Paulo: Ciências Humanas, 1980, p. 30.

31. Idem, op. cit., p. 30.

32. Caio Prado critica com veemência as elaborações da teoria revolucionária brasileira, a qual considera equivocada em função do desconhecimento da realidade, em sua ótica, a transplantação de teorias de outros países para o Brasil; para ele, isso resultou da ignorância da realidade de nosso país que levou à aplicação de "(...) esquemas consagrados de uma revolução democrático-burguesa destinada a eliminar do mesmo os "restos feudais". Para ele, a aplicação "da teoria à prática" gerou os equívocos em atribuir o sistema feudal ao Brasil. Ele desconsidera a existência de restos feudais no Brasil, o que concordamos, se se considera que "feudalismo significa um sistema econômico-social formado por uma economia camponesa, isto é da exploração parcelária da terra pela massa trabalhadora rural". Prado Jr., Caio. "A Revolução Burguesa". *Perspectivas em 1977*. 5. ed. São Paulo: Editora Brasiliense, 1977, p. 39-46.

33. Ver: Martins, José de Souza. Nas palavras do autor, "todo o problema do reaparecimento do trabalho escravo no Brasil (a partir de casos de fuga, nos últimos vinte anos, foram contados 80 mil, mas, provavelmente, o número real está acima de 300 mil), é um problema decorrente desta nova dinâmica da sociedade capitalista". Caxias do Sul: Paulus, 1997, p. 32.

capitalismo avançado, tem peculiaridades como o não desenvolvimento da agricultura familiar, e a opção por um modelo de "revolução pelo alto"[34] consagrou um quadro rural/urbano desproporcional em termos de sua configuração físico-geográfica e demográfica, bem como social, econômica e política, cujas diferenciações e desigualdades entre as classes desafiam as pesquisas sociais.

Examinando a avaliação de Coutinho (1990, p. 168) em relação ao pensamento de Prado, como disse antes, há traços semelhantes no pensamento de ambos com essa via de modernizante quanto às particularidades da luta pela propriedade privada da terra nas feições que assumem as lutas dos movimentos sociais organizados dos trabalhadores rurais, considerando-se as diferenças regionais e locais. Caso contrário, corre-se o risco de cair no que Lênin percebeu como erro de Plekanov,[35] porque este, em sua avaliação, não relacionara as "transformações agrárias com as transformações políticas, o que significa que a revolução econômica pressupõe a correspondente estrutura política".[36]

Esse modelo agrário, em certa medida, mostra-se próximo do que Lênin caracterizou como "Via Prussiana". No entanto, as restrições no uso desta concepção revelam riscos se transplantada de categorias teóricas para a realidade, em um movimento onde o conceito se colocaria *a priori*. Ao contrário disso, a realidade constitui o foco central, daí a importância da relação entre as dimensões econômicas e políticas envolvidas no setor agrário e que dão um formato peculiar ao padrão brasileiro. Se a "via prussiana" ou "não clássica" é vista como "(...) complexa articulação de 'progresso' (adaptação ao capitalismo)" e conservação (a permanência de importantes elementos da antiga ordem"),[37] de fato, essa afirmativa explica peculiaridades desse padrão, como diz Coutinho:

---

34. Nos termos de Coutinho (1999), onde o Estado, em suas mediações históricas no desenvolvimento capitalista, protagoniza soluções pelo alto (p. 196-7).

35. Lenin, O Programa Agrário. Idem, p. 129.

36. Idem, op. cit., p. 129-30.

37. Coutinho, 1990, idem, p. 170-1. (Grifos do autor)

(...) o que no Brasil se adaptou "conservadoramente" ao capitalismo não foi um domínio rural tipo feudal, mas sim uma forma de latifúndio peculiar: uma exploração rural de tipo colonial (ou seja, voltada desde as origens para a produção de valores de troca para o mercado externo) e fundada em relações escravistas.[38]

Isso que dizer que o setor mais produtivo subordina aquele de menor capacidade produtiva, cuja estrutura fundiária mantinha-se num padrão com características eminentemente conservadoras. Por essa razão, assevera-se que um determinado tipo predominante de propriedade da terra pode ser explicado pelos impactos que ele cria nas relações de trabalho, de acordo como as necessidades que tem o capital de criar uma forma de propriedade condicionada às suas necessidades e imposições e subordinação da agricultura a ele.[39]

Até os anos 80, o Estado brasileiro interveio intensamente, financiando a agricultura brasileira, em particular a pequena produção através das políticas públicas, sendo o Sistema Nacional de Crédito Rural o instrumento central na "(...) consolidação dos complexos agroindustriais e cadeias agroalimentares, e na integração de capitais agrários, à órbita de valorização do capital financeiro".[40]

Segundo teses mais específicas do campo da economia, ao final dos anos 80 ocorre uma redução dessa intervenção estatal na implementação de políticas setoriais, ou seja, se "(...) nos anos 70 a desvalorização cambial bloqueava a entrada de produtos concorrentes e facilitava as exportações agrícolas",[41] nos anos 80, esses instrumen-

---

38. Idem, p. 171-2. (Grifos e parênteses do original)

39. Rosdolsky, Idem, p. 43-5.

40. Leite, Sérgio Pereira. Padrão de financiamento, setor público e agricultura no Brasil. In: Leite, Sérgio (Org.). *Políticas Públicas e Agricultura no Brasil*. Porto Alegre: Ed. UFRGS, 2001, p. 53.

41. Bellik, Walter e Paulilo, Luiz Fernando. O financiamento da produção agrícola brasileira na década de 90: ajustamento e seletividade. In: Leite, Sérgio (Org.). *Políticas Públicas e Agricultura no Brasil*. Porto Alegre: Ed. UFRGS, 2001, p. 98. Ver também Delgado, Guilherme. Nova Configuração da Política Agrária nos anos 90 e o Processo de Globalização. In: *Redescobrindo o Brasil 500 anos depois*. Rio de Janeiro: Bertrand, FAPERJ, 1999, p. 234-5.

tos vão sendo expressivamente desativados da esfera estatal. Decorrem, a partir daí, profundas alterações nas relações institucionais, como: nos anos 90 tem início a "deliberação do poder de regulação do Estado, em função da abertura da economia e a quebra de barreiras à importação",[42] com impactos substanciais para a agricultura e o agronegócio.

Ao final do governo Sarney, em 1985, surgia indícios de esgotamentos nos moldes de intervenção do Estado, quando o país sofre intensas mudanças nas formas de regulação da economia, no papel do Estado, sendo introduzidas nesse contexto as políticas de corte neoliberal, nos moldes da globalização econômico-financeira, cujas mudanças promovem alterações nas relações entre o setor público e o privado.

No governo Collor de Mello, nos anos 90, a desestruturação dos aparatos institucionais se intensifica, iniciando-se, nessa conjuntura, as reformas institucionais, dentre elas, a reforma do Estado. Consolida-se nova divisão social do trabalho via reformas nos processos de trabalho não só na indústria, mas também na agricultura, as quais passam a ser reguladas mediante os pilares principais do modelo neoliberal: a *flexibilização, a terceirização e a privatização*, redefinindo as relações sociais no campo.

Essas reestruturações nas áreas rurais decorrem da liberalização da economia brasileira e das políticas neoliberais agrícolas e de comércio enunciadas através da criação e implementação de novos mecanismos de controle "(...) *da política de preços públicos agrícolas*".[43] Tais deliberações tiveram origem na reunião de Bretton Woods e fazem parte da proposta de reforma do Estado — em que as instituições multilaterais, como o General Agreement on Trade and Tariffs (GATT), criado em 1947, e a Rodada do Uruguai em 1994, são veículos de condução dos instrumentos normativos no campo da agricultura, reguladores

---

42. Bellik e Paulilo, Idem, 99.

43. Delgado, Guilherme. C. Nova Configuração da Política Agrária nos Anos 90 e o Processo de Globalização. In: Castro, Iná Elias; Miranda, Mariana; Egler, A.G. (Orgs.). Redescobrindo o Brasil — 500 anos Depois. Rio de janeiro: Bertrand Brasil: FAPERJ, 1999, p. 233.

da abertura e promoção do livre comércio, além da liberalização dos mercados agrícolas internos no controle e regulação internacional.[44]

Durante os anos 70, de um modo geral, a maioria das economias desenvolvidas iniciou processos de transformações na dinâmica de reprodução e valorização do capital. Na avaliação de Chesnais, a "Mundialização" do capital se organiza:

> (...) como resultado de dois movimentos estreitamente interligados, mas distintos: o primeiro (...) caracterizado como a mais longa fase de acumulação ininterrupta do capital que o capitalismo conheceu desde 1914; o segundo diz respeito às políticas de liberalização, de privatização, desregulamentação e de desmantelamento de conquistas sociais e democráticas (...)[45]

A internacionalização da economia é resultado das imposições do capital no controle e domínio dos processos de valorização, em que a formação dos oligopólios mundiais é o mecanismo econômico criado para favorecer a centralização de capitais, e responsável para preparar as bases políticas e econômicas a esses processos.[46] Esses

44. Bóron, Atílio. In: *Pós-Neoliberalismo*. As Políticas e o Estado Democrático. Idem, p. 90-92. Ver também: Delgado, Nelson Giordano. *Condicionantes Externos à Reforma do Estado no Brasil*: o GATT e o Acordo do Uruguai. Mimeo. p. 1-5.

45. Termo utilizado por Chesnais em sua análise sobre esse processo de mundialização do capital. Esse autor analisa as condições econômicas, políticas, sociais, administrativas, que condicionam o movimento de mundialização econômico-financeira, permitindo ao leitor o entendimento da dinâmica desse complexo processo, sem o qual parece difícil fazer-se uma leitura correta desse movimento entre as economias capitalistas mundiais. Idem, p. 32-34.

46. Idem, p. 32-34. Chesnais pensa a mundialização como uma "(...) fase específica do processo de internacionalização do capital e de sua valorização, à escala do conjunto das regiões do mundo onde há recursos ou mercados, e só a elas". Para ele, essa mundialização é expressão de novas relações internacionais, resultado do "chamado intercâmbio intrassetorial é a forma dominante do comércio exterior". "Caracteriza-se pelo intercâmbio intragrupo, no quadro dos mercados privados das multinacionais, bem como por suprimentos internacionais, organizados pelos grupos, em insumos e produtos acabados". Nessa relações, diz o autor, os grupos industriais tendem a se organizar como "empresas-redes". "As novas formas de gerenciamento e controle, valendo-se de complexas modalidades de terceirização, visam a ajudar os grandes grupos a reconciliar a centralização do capital e a descentralização das operações, explorando as possibilidades proporcionadas pela teleinformática e pela automatização".

oligopólios mundiais são constituídos por grandes grupos econômicos, tais como os capitais americanos, japoneses e europeus, reorganizam os seus mecanismos de acumulação e impulsionam a "concorrência e cooperação", de modo a defender "(...) contra a entrada de novos concorrentes de fora da área da OCDE, tanto por barreiras de entrada de tipo industrial, quanto por barreiras comerciais regidas pelo GATT (General Agreement on Trade and Tariffs)".[47] Essas organizações geopolíticas[48] são responsáveis pelas ofensivas do capital na regulação dos excedentes para a acumulação e concentração do capital especulativo, uma lógica monetarista fruto da "(...) emergência da globalização financeira", base material da nova dinâmica industrial, "(...) uma lógica financeira ao capital investido no setor de manufaturas e serviços".[49]

Esses processos de abertura comercial da produção agrícola no Brasil têm lugar, desde 1988, mais precisamente, em 1994, quando ocorre a criação da Organização Mundial do Comércio (OMC) e em "1995 com os acordos de Ouro Preto sobre o Mercosul",[50] que tratam da organização da estrutura agrária brasileira, a qual passa por profundas transformações e mudanças em meio a essas relações "multilaterais"[51] entre os organismos internacionais no sistema político e nas relações comerciais. É mister atentar-se para os novos rumos

---

47. Idem, p. 33.

48. É importante lembrar que, no caso das mudanças no campo da produção agrícola, há um arcabouço institucional que trata da regulação das relações internacionais, comerciais e agrícolas no contexto da reforma do Estado no Brasil. A agricultura é um setor que participa dessas organizações geopolíticas, dessas relações comerciais com o mercado mundial, portanto, as políticas agrícolas nacionais são submetidas à regulação pelo mercado internacional. O GATT e o Acordo Agrícola da Rodada Uruguai são as instâncias normativas dessas relações. Ver detalhes no texto de: Delgado, Nelson Giordano. "Condicionantes Externos à Reforma do Estado no Brasil: O GATT e o Acordo Agrícola da Rodada Uruguai".

49. Chesnais, idem, p. 33.

50. Delgado Guilherme, idem, op. cit., p. 233-4.

51. O GATT e a Rodada do Uruguai são organismos geopolíticos multilaterais, responsáveis pela normatização das relações comerciais com o mercado mundial no campo da agricultura. Regulamenta as políticas agrícolas nacionais em suas relações com o mercado internacional.

dados a essas relações com a criação do Mercosul, em suas influências para o desenvolvimento da pequena agricultura.

O governo Lula vem retomando um projeto de integração entre o Brasil e outros países sul-americanos acenando aos novos reordenamentos econômicos e políticos, como fizeram outros países diante do fracasso ou esgotamento das políticas econômicas liberais fruto do "Consenso de Washington". Isso vem ressurgindo em meio aos novos ideários, preocupados com a autonomia nacional e a integração com outros países sul-americanos, com significado importante nas relações internacionais.[52]

Por sua vez, a recente abertura do mercado pela constituição do Mercosul tem colocado desafios importantes aos segmentos rurais mais vulneráveis aos jogos do mercado.

Delgado, em estudos recentes, demonstra preocupações teóricas semelhante às que desenvolvo pois considera esse reformismo agrário decorrente da reestruturação produtiva capitalista dos anos 90.[53] O autor afirma que as novas tendências desse modelo rural correspondem à releitura do chamado "novo rural brasileiro".

A dinâmica dessas novas relações multilaterais, conforme diz Delgado (1999), resulta de dois acordos que consolidaram "o princípio de União Aduaneira, e estabeleceram como regra geral o princípio de Tarifa Externa Comum para fora da União e livre comércio de mercadorias para dentro dessa União".[54]

No decurso dessas novas relações efetivam-se as novas regras à dinâmica agrária atual, como a "(...) liberalização e desmonte da intervenção direta nos mercados agrícolas (...) restaura o livre cambismo sob a égide dos preços internacionais de 'commodities'".[55]

---

52. Informação extraída de um artigo de autoria do economista Paulo Nogueira Batista Jr. Publicado no *Jornal do Brasil*, Coluna "Opiniões". Rio de Janeiro, 21 de janeiro de 2005.

53. Delgado, Gulherme C. Expansão e modernização do setor agropecuário no pós-guerra: um estudo da reflexão agrária. In: *Estudos Avançados*, USP, Idem, p. 166.

54. Delgado, Guilherme, Idem, p. 234.

55. Idem, op. cit. (Aspas do autor)

A partir daí, é delineado "o novo modelo"[56] comercial agrícola, em que os preços do mercado interno são cada vez mais subordinados às determinações dos chamados *"commodities"* ou mercados internacionais, atribuindo, com isso, maior liberdade, ao mesmo tempo favorecendo concessões nas relações com o mercado interno.[57]

Tais fatos reorientam as perspectivas de viabilidade da agricultura familiar frente às alterações promovidas no papel do setor de produção de alimentos internos. Isso acena à emergência de novas investidas do conhecimento social sobre essa cadeia produtiva. No entanto, esses fenômenos têm reflexos negativos nas condições de vida dos trabalhadores, principalmente, quanto em relação a duas de suas maiores expressões: a desarticulação dos empregos nas áreas rurais e o desmonte da importância da produção de alimentos e como atividade principal dos pequenos produtores.[58] Isso porque essas mudanças nas relações comerciais e econômicas atribuem maior "(...) liberdade de importações, sob premissas de câmbio e juros externos favorecidos".[59]

Tal situação opera desigualdades nas relações entre os países avançados e a agricultura interna, como se pode ver: "enquanto as importações de produtos agrícolas cresceram entre 1990 a 1996 à taxa de 17%, as exportações cresceram 8%".[60] Essas transformações nas relações comerciais, "no intercâmbio da produção de mercadorias", explicam, em boa medida, o significado das mudanças diretas dos processos na produção de alimentos, bem como na oscilação do "preço da terra".[61]

---

56. Segundo Delgado, o novo modelo ou arranjo de política comercial é traduzido como *"quebra da política de preços públicos agrícolas (mínimos e máximos) e das regras de intervenção nos mercados de estoques públicos"*. Idem, p. 234.

57. Idem, op. cit., p. 234-5.

58. Esse autor reconhece que a concepção de política agrícola e comercial é responsável pela desarticulação, em menos de três anos, de cerca de 400 a 500 mil empregos agrícolas e, provavelmente, de número igual ou superior de estabelecimentos familiares que se desativaram neste processo ou refluíram para o sistema de economia de subsistência. Delgado, Guilherme. Idem, p. 235-6.

59. Delgado, Guilherme. Op. cit., p. 234.

60. Idem, p. 234.

61. Idem, op. cit.

A partir dessas considerações fica mais fácil compreender o sentido das constatações recentes de Silva (2002, p. 140), que mostram tendências de redução do papel da pequena agricultura como produtora de bens, pela queda do consumo de produtos tradicionais, como feijão e arroz. De fato, isso tem conotação contrária ao que ocorria até os anos 90, quando esses segmentos conseguiam alcançar altos recordes de produção e produtividade com impactos importantes sobre suas contribuições à reprodução social da sociedade brasileira. Agora, ao contrário, o que se percebe é que essas novas regras econômicas e políticas comerciais, nas palavras de Delgado,

> (...) apoiadas na política de baixas tarifas, câmbio sobrevalorizado e liquidez externa fazem o (...) mercado recorrer com frequência às importações maciças de alimentos como meio de derrubada dos preços agrícolas da cesta básica ensejam outras consequências como (...) queda dos preços agrícolas, e de toda a estrutura dos ganhos patrimoniais, (...) derrubada do preço das terras em todo o país.[62]

Isso cria dificuldades para pensar a viabilidade plena da pequena produção, e, por sua vez, revela a intensificação da extração de sobre-trabalho, frente não só à perda da atividade agrícola como ocupação principal, consequentemente o enfrentamento de novas formas sociais de trabalho, pois não mais se restringem à produção de alimentos, mas isso tem efeitos diretos sobre os custos dos produtos alimentícios. A tendência é ocorrer mais agregação de valor sobre os produtos, dada a submissão à indústria, e supervalorização dos mesmos. Essa falta de ocupação justifica a busca recorrente das "atividades não agrícolas", e outras formas sociais de trabalho para suprir essa lacuna. Para os economistas, a situação pode se agravar se o país persistir com baixas taxas de crescimento e de comprometimento dos níveis de emprego.

Assim sendo, a retórica de desregulamentação do papel do Estado e a viabilização das políticas neoliberais assentadas no ideário de maior abertura do setor agrário nacional à competitividade interna-

---

62. Delgado, Guilherme. Op. cit., p. 235.

cional, inauguram nova dinâmica acumulativa capitalista. Isso implica a implementação de novos processos, diga-se, "seletivos", não só necessários à recuperação das potencialidades e dos alcances regionais, que respondam essas transformações nos campos da produção, frente à introdução de altas tecnologias, na seleção de segmentos sociais usuários de políticas e recursos oficiais e na introdução de estímulos ao setor financeiro privado.[63]

Nesse caso, o recuo da intervenção do Estado na regulação das políticas setoriais de financiamento da produção, às expensas da ampliação do papel do mercado, faz crescer a participação do setor privado, alterando o quadro institucional de regulação da reforma agrária. Entretanto, isso não significa um afastamento, em sentido estrito, da esfera estatal. Seria um equívoco pensarmos assim, quando sabemos que, nessa etapa de reestruturação do capital, há indícios da ocorrência de novas ofensivas de forte valorização de setores tecnológicos pelo incremento dos meios de produção viabilizadores do crescimento do agronegócio.

O Estado faz a mediação dessas relações ao disponibilizar o arsenal burocrático institucional e os técnicos capacitados envolvidos em instituições de fomento à pesquisa, no caso, a Embrapa. Este órgão ganha fôlego e relevância no desenvolvimento de pesquisas de alta tecnologia via o incremento de estudos mais focados em produtos monocultores, de exportação, direcionados aos interesses do mercado. Efetivam igualmente novas parcerias entre o Estado e as organizações privadas não governamentais, as quais passam a reorganizar, em paralelo, processos de inovação tecnológica, investindo na formação de contingentes técnicos especializados em pesquisas agroindustriais e agropecuárias, da mesma forma que delineando novos rumos para o padrão de modernização agrária atual, o que não ocorre em processo

---

63. Ver o artigo de Gerson Teixeira, "Reflexões sobre Tendências da Agricultura Brasileira", no qual o autor faz importante resgate dessas medidas governamentais de contração das políticas públicas de crédito para a agricultura e apresenta dados concretos sobre os novos rumos do setor agrário nacional, inclusive, em relação à implantação do Mercosul. Disponível em: <http://www.mst.org.br>. Acesso em: 9 jun. 2002.

igual entre o maior e o menor setor produtivo, confirmando o caráter político que atravessa essa modernização tecnológica.

3.3.1 Reafirmação das bases idealistas, reforma agrária de mercado e agricultura familiar

As reestruturações burocrático-formais nas estratégias de valorização e expansão da produtividade do trabalho na agroindústria foram intensificadas mais recentemente no governo de Luiz Inácio Lula da Silva, a partir de 2003.[64] Recentemente, esse governo definiu novas regras para o funcionamento do arsenal das pesquisas agropecuárias. Antes, havia um programa especial voltado à pequena agricultura, só que, a partir de janeiro de 2005, o ministro da Agricultura demitiu todo o contingente técnico ocupado nessas atividades, argumentando que "estes já haviam cumprido seu papel".[65] Foram dadas novas orientações que definem os novos caminhos mais voltados ao atendimento dos interesses do modelo patronal de agricultura, o agronegócio, de forma que, para os segmentos familiares, pelo menos em curto prazo, as alternativas no campo das pesquisas científicas e tecnológicas até o momento não foram apresentadas.

---

64. No ano de 2003, a Embrapa realiza seminários em diferentes regiões do país com o objetivo de estruturar uma rede de pesquisadores em agricultura familiar, segundo o texto consultado do Governo referente ao "Programa Fome Zero". Dos 3.274 pesquisadores e técnicos de nível superior da empresa, 16% desenvolvem pesquisas nessa área. Disponível em: <http://www.embrapa.br/imprensa/noticias/Pesquisadores_da_Embrapa_discutirão_agricultura_familiar>. Acesso em: 12 fev. 2004. Brasília, 2004.

65. De forma surpreendente, o Ministro da Agricultura Roberto Rodrigues demitiu, no dia 20 de janeiro de 2005, com o aval do Presidente da República, todo o contingente técnico envolvido com as pesquisas agropecuárias voltadas ao desenvolvimento da agricultura familiar, sob o argumento de que esses profissionais já haviam "cumprido sua missão de pesquisas voltadas para a agricultura familiar, pequenos produtores e assentados da Reforma Agrária". Em suas palavras: "os diretores já cumpriram a sua missão na estatal e o que se pretende é "reforçar e retomar o papel histórico da EMBRAPA na área de planejamento e ações para a inclusão social do Agronegócio". Outro argumento do Ministro é que foram demitidos os militantes e substituídos por técnicos. Artigo publicado no *Jornal do Brasil*. Seção País. 21 de janeiro de 2005; e Revista *Veja*, Ano 38, n. 4 de 26/1/2005.

Nessas reformas teóricas, surge um eixo categorial bastante enfocado nos debates recentes, refere-se ao tema "desenvolvimento territorial", um parâmetro analítico pautado na ideia de "espaço", adotado na atualidade para justificar a definição sobre a separação entre o urbano e o rural, semelhante às definições apresentadas nas pesquisas intituladas de "Rurbano" de Graziano da Silva, adotadas para apreensão da proposta de fusão desses espaços, reconhecida por ele como "urbanização do campo".

Essas categorias conformam o arsenal teórico e ideopolítico interpretado pelo projeto de "reforma agrária com pouca terra". Essas bases conceituais particularizam e revalorizam as noções de estruturas espaciais regionais e locais. A rigor, moldadas pelas teses do "desenvolvimento local", como foco central do novo padrão de modernização agrária, o contrário do que pleiteia o ideário da globalização. Essas ideias caminham em paralelo ao desmonte do modelo de "centralização" administrativa, e justifica a estratégia de "descentralização" na viabilidade das ações, entre o público e o privado.

O debate da reforma agrária emerge na sociedade brasileira no contexto da Nova República, a partir de 1985, com o Plano Nacional de Reforma Agrária (PNRA), principal instrumento para efetivação da tão sonhada reforma agrária pleiteada pelos trabalhadores da agricultura. O referido plano incorporava medidas remanescentes do Estatuto da Terra, consideradas avançadas por esses segmentos; entretanto, as elites fundiárias se organizaram e conseguiram obstruir, ainda que não totalmente, a execução do PNRA em seus aspectos originais mais essenciais, como, por exemplo, no que tange à desapropriação de terras. No lugar disso, entra em cena o velho mecanismo da compra de terras.

Aliado a isso, ressurge o uso de mecanismos autoritários de "controle social" e de preservação/favorecimento da grande propriedade privada da terra. Como resposta às pressões da sociedade civil, o PNRA fora considerado um programa pouco expressivo como instrumento de rupturas nas relações agrárias mais conservadoras. O que vem acontecendo de forma similar é a redução da Reforma Agrária nos moldes de uma política caracterizada muito mais por "(...) um desenvolvimento rural harmônico".[66] As saídas encontradas pelo governo para esses fatos têm sido questionáveis,[67] pelos equívocos nas relações entre Estado e sociedade civil, o que sugere maior aprofundamento sobre as bases teóricas e históricas dessa dinâmica social.

De fato, o processo de redemocratização política no Brasil e a conquista do Estado de Direito efetivada na Constituição de 1988 têm servido muito mais para "formalizar" a Carta Constitucional de 1988, meio pelo qual o Estado mantém o caráter burocrático-formal de suas relações com a sociedade e as classes trabalhadoras, em particular, não significando, mudanças nas relações entre o Estado e a sociedade, cujo padrão de "relações pelo alto" se mantém, principalmente com certos segmentos agrários.

As relações de poder no Brasil, desde a colonização do país, no início do século XIX, registram a ocorrência de lutas sociais e enfrentamentos, por parte dos trabalhadores rurais, na disputa pela propriedade da terra.

Desde 1850, com o estabelecimento da "Lei de Terras", o Estado introduziu mecanismos de controle social sobre essa disputa, de forma que o acesso à terra só seria permitido àqueles que possuíssem condições econômicas para tal, mediante a exigência de pagamento em dinheiro. Nesse sentido, o "coronelismo" foi a forma histórica sedimentada, de controle da política e do território: "Formaram-se os currais eleitorais, criando o voto de cabresto, de modo que tudo que estava na terra do coronel era como se fosse seu".[68]

As lutas pela terra vêm assumindo formas históricas diferenciadas do ponto de vista da natureza política, dos locais, dos atores sociais

---

66. Silva, José Graziano da. *A nova dinâmica da agricultura brasileira*. Campinas: Unicamp, 1996. p. 120-1.

67. Segundo Graziano, no Governo Sarney, a busca de soluções para conflitos agrários valia lançar mão da superestimativa de dados sobre a distribuição de terras e outras manobras burocráticas, como alterações de dados quantitativos no alcance de metas. Silva, José Graziano. Idem, p. 120-1.

68. Ver Fernandes, Bernardo M. *A formação do MST*. Idem, p. 25-35.

e das alianças. Desde as décadas de 50 e 60, assim como no pós-ditadura, essas lutas se mantiveram, mas mudaram seus mecanismos políticos. Entretanto, o Estado lança mão de instrumentos políticos de controle dos movimentos sociais, utilizando-se, muitas vezes, de mecanismos de cooptação de suas organizações. Tal foi o caso da institucionalização das organizações políticas dos sindicatos de trabalhadores rurais, em meados dos anos 60, com a criação da Confederação Nacional dos Trabalhadores da Agricultura (CONTAG) e das Federações Estaduais dos Trabalhadores da Agricultura (FETAGS) como contraponto ao crescimento das organizações políticas desses segmentos.[69]

Essas relações de poder e dominação assumem formas autoritárias de controle social em resposta aos embates políticos com os trabalhadores rurais. Segundo Fernandes (2001, p. 20), nos anos 90 surge nova forma de militarização da questão agrária, que ele chama de "(...) juridiciarização da luta pela terra".[70]

A pergunta que surge é: por que a luta política histórica dos trabalhadores da agricultura — enquanto movimento sociopolítico organizado da sociedade civil — apesar das repercussões nacionais e internacionais, não tem conseguido reunir as condições objetivas à solução de seus interesses relativos à propriedade da terra?

Desse modo, as diferentes práticas no enfrentamento da questão social agrária têm demonstrado certas particularidades no tratamento das contradições que atravessam a sociedade, que não podem ser desprezadas. Em outros contextos ocorreram usos de estratégias de "participação" viabilizadas em políticas públicas de assentamentos rurais, como, em meados dos 80, em programas para áreas menos desenvolvidas do Nordeste e parte de Minas Gerais, que veiculavam

---

69. Idem, p. 35.

70. Segundo Fernandes, nos anos 90 surge uma nova forma de militarização da questão agrária: "(...) a judiciarização da luta pela terra, representada pela intensificação da criminalização das ocupações e na contínua impunidade dos mandantes e assassinos dos trabalhadores". Ver: Fernandes, Bernardo Mançano. Questão Agrária, Pesquisa e MST. Coleção Questões de Nossa Época, v. 92. São Paulo: Cortez, 2001. p. 20.

processos de democratização das relações entre o Estado e esses segmentos, através dos chamados "planejamentos participativos".[71]

Esses meios burocráticos envolviam diferentes instituições públicas e de representação dos trabalhadores, funcionavam mais como veículos de controle social e de obstrução dos avanços nos processos de organização política dos trabalhadores — Sindicatos, Federação dos Trabalhadores da Agricultura — e menos como instrumentos de democratização dessas relações, não obstante as constantes mudanças nas estratégias de intervenção, que pareciam destinadas a travar os avanços políticos obtidos por aqueles segmentos.

Os componentes burocráticos e políticos ali incorporados assemelhavam-se à uma espécie de democracia às avessas,[72] voltada a cumprir finalidades outras, tais como fortalecer a dominação de "poder político" em certas esferas estatais, regionais, municipais ou locais. Essas relações reafirmam nossa tese que considera este como um padrão de relações agrárias conservadoras, caracterizado por transformações "*pelo alto*" — para usar os termos de Coutinho.[73]

No entanto, observamos, com Coutinho (1999; 2000), que esse padrão de relações não corresponde ao sentido pleno do termo de "Revolução Passiva" cunhado por Lênin e Gramsci, isso porque se "Revolução Passiva" significa, de fato, manobras "pelo alto" ou "conciliações entre os segmentos das elites dominantes, com a consequente exclusão da participação popular",[74] torna-se incorreta a apropriação

---

71. Reflexões sobre a experiência que vivenciei na condição de Coordenadora do Setor de Capacitação de Recursos Humanos no Projeto Nordeste — Programa de Apoio ao Pequeno Produtor Rural no Estado do Piauí, de 1984 a 1989.

72. Os limites deste trabalho impedem maiores detalhamentos das formas democráticas de relações veiculadas pelo Estado. O que importa aqui é observar as tendências de reconstrução dos processos democráticos viabilizados pelo Estado em suas relações com os trabalhadores da agricultura. Do ponto de vista teórico, isso tem implicações na concepção de democracia que atravessa essas relações. Trata-se de "participação popular" veiculada "desde cima", cujos efeitos são questionáveis, por isso mesmo, se compararmos o outro lado da questão, a intensidade dos conflitos e lutas sociais no campo.

73. Coutinho, Carlos Nelson. *A imagem do Brasil na obra de Caio Prado*. Op. cit., p. 176.

74. Idem, p. 175 (Grifos do autor).

dessa noção ao caso brasileiro, porque: por um lado, negaria a participação histórica — ainda que, na maioria das vezes, manipulada — dos segmentos rurais nas estratégias políticas e nos liames da burocracia. Por outro, por se considerar que não há conciliação de interesses entre elites e segmentos rurais em se tratando da disputa pela propriedade privada da terra.

Portanto, considero esse como padrão um "híbrido" de relações entre a sociedade civil e o Estado, um tipo de modernismo que carrega adjetivos teóricos, como participação "marginal" ou "incompleta", talvez "induzida", mas jamais ausente, diante das aproximações estreitas que costuma manter entre os governos, com os trabalhadores rurais nos níveis locais, mesmo sob a forma de "controle social" via políticas de reforma agrária. Portanto, nessas relações, o progresso não é negado, mas também não significa que haja rupturas; ao contrário, pode haver até "(...) *conservação da velha ordem*".[75]

Em geral, as reformas para viabilizar a pequena agricultura dificilmente se sustentam, a não ser na perspectiva de um "reformismo conservador", pois nem sempre têm a devida continuidade, como o caso já citado das pesquisas científicas. Enfim, medidas que contrariem os interesses dominantes em nossa sociedade até perduram, porém tendem a se acomodar dentro dos limites e interstícios concedidos e regulados pela ordem econômica e social dominante.

Para resumir, a redemocratização brasileira dos anos 80 favorecera a rearticulação das lutas sociais pela reforma agrária e aceleraram um envolvimento da sociedade não nos termos de uma "revolução burguesa" nem da "revolução passiva", porque os trabalhadores rurais conseguem não só se mobilizarem como envolvem certos segmentos urbanos, o que não significa um movimento articulado e imposto numa aliança com a burguesia, em vista da efetivação da reforma agrária. De certa forma, essas mobilizações ajudaram a ultrapassar o isolamento do debate da reforma agrária para além de um problema estrito da

---

75. Idem, p. 175.

sociedade rural, acenando para os avanços das relações, em termos da totalidade rural-urbano.

Esses fatos constam de discussões da literatura clássica no que se refere às contradições cidade/campo, avaliados por Marx em seu tempo histórico, fatos estes, no Brasil contemporâneo, que são invertidos e revestidos de nova roupagem e sob diversas abordagens. A nova reforma agrária vem se pulverizando em regiões brasileiras através da implantação de projetos de assentamentos de famílias em áreas pára-rurais, próximas às de cidades de médio e pequeno porte, reflexos da nova reforma agrária do governo Lula.

3.4 Agricultura familiar e "globalização"

Pelo exposto, a desregulamentação das funções dos Estados nacionais[76] constitui um fator de relevância considerável à apreensão dos novos rumos projetados para a agricultura, em particular, a familiar. Como já citado no primeiro capítulo, este não é movimento endógeno no nosso país, mas uma tendência que se propaga desde o final dos anos 80 nos marcos de reconstrução das democracias no mundo ocidental, em países do Leste Europeu, nos países bálticos e, também, na América Latina — resguardadas as identidades e particularidades históricas, culturais e políticas.

As novas condições do desenvolvimento da agricultura familiar demandam observar-se não apenas o ângulo aparente da produção, mas as relações sociopolíticas e de poder a despeito de nos manter numa visão linear, segmentada da sociedade. Por isso, considera-se as condições históricas articuladas às transformações econômicas inicia-

---

76. Harvey, David. *Condição Pós-Moderna*. Idem, p. 132. Brunhoff, Suzanne. *A Hora do mercado. Crítica ao Liberalismo*. Trad. de Álvaro Lorencini. São Paulo: Editora da Unicamp, 1991, p. 31. Anderson, Perry, Bóron, A. Netto José Paulo. *Pós-Neoliberalismo. As Políticas e o Estado Democrático*. In: Sader, Emir; Gentilli, Pablo (Orgs.). Rio de Janeiro: Paz e Terra, 1995. Essas pesquisas sobre projeto econômico e político neoliberal, entre diversas outras, dispensam alongamentos no espaço específico deste estudo.

das no capitalismo central desde os anos 70, e nas sociedades em desenvolvimento, como o Brasil, no final da década de 80.[77]

Desde 1973, a maioria dos países capitalistas avançados é submetida a uma queda no nível de crescimento da economia, resultando em aumentos de desemprego e a recessão fatos que marcam as mudanças na economia desses países nas décadas seguintes, ocorrendo recuperação do seu crescimento em menores proporções nos anos 80.

As altas taxas de desemprego, mesmo no capitalismo avançado, são fatos surpreendentes. Em 1980, esses índices na Comunidade Europeia eram de 9,2%; contudo, em 1993, alcança patamares de 11%. Só em Nova York, em 1993, 23 mil homens e mulheres podiam ser vistos dormindo nas ruas. Também no Reino Unido, em 1989, mais de 400 mil pessoas eram reconhecidas oficialmente como "sem teto".[78] Esses fenômenos expressam os patamares de complexidades sociais enfrentados por esses países, cujos resultados são os altos níveis de desigualdades sociais não vivenciados por eles antes.

A década de 90, diante de conjunturas dessas economias em "depressão", acena para a necessidade de se repensar o significado dessa crise econômica que assola esses países. Os argumentos recaem não apenas sobre funcionamento da economia, mas também colocam em questão o padrão de organização política dos Estados nacionais e a perda da condição de soberania nacional imperativos da globalização econômica e frente às crises dos "(...) sistemas de previdência e de seguridade social da Era de Ouro".[79]

Novas tendências são percebidas, produtos de conflitos e embates entre os ideários políticos keynesianos e neoliberais, definidos por Hobsbawm (1995) como "(...) uma guerra de ideologias incompatíveis", sob importantes argumentos pela abrangência e consistência da natu-

---

77. Essa estratégia de valorização do capital corresponde a sua lógica de desenvolver uma revolução econômica com a finalidade de reorientar o plano da produção de mercadorias. Assim, promove revoluções nas forças produtivas, via avanços tecnológicos e automatização.

78. Hobsbawm, Eric. A *era dos extremos*. Op. cit., p. 395-6. (Grifos do original.)

79. Idem, op. cit., p. 397-8.

reza característica dessas duas ideologias na forma pela qual são apresentadas.[80]

Esse jogo de ideias, na verdade, integra o conjunto das novas recomendações econômicas e das estratégias políticas, diga-se, de naturezas inconciliáveis, porque, para o ideário keynesiano, a saída dessa crise se daria mediante o aumento da renda, consequentemente, do consumo. Sob o âmbito econômico, isso implica a eliminação do sistema de *laissez-faire* e, em seu lugar, um incremento de investimentos por parte do Estado. A premissa dessa forma de regulação é que o desemprego pode ser evitado, uma vez que a queda da demanda efetiva pela falta dos investimentos econômicos e a prevenção das crises econômicas não se fazem possível através do mercado, por este não ser autorregulado. Daí advém o propósito de que o Estado, através do planejamento econômico, passe a ser a esfera de regulação das novas relações sociais e econômicas.[81]

Essas ideias são contrapostas aos preceitos neoliberais, um modelo caracterizado por um ideário político ou um conjunto de práticas contrário ao padrão keynesiano de Estado intervencionista. Ao invés disso, os neoliberais defendem cortes nos gastos públicos e minimização do papel do Estado, pleiteando, em contrapartida, a expansão do setor privado. Neste sentido, uma das expressões dessa dinâmica relativa aos interesses da acumulação, ocorre incremento da "mercantilização da terra" meio de garantia de maiores patamares de lucros, dado que a não socialização da propriedade da terra favorece a nova estratégia de "reforma agrária com pouca terra".

Não vamos nos alongar nessa discussão. Importa aqui apreender apenas que a maioria dos Estados nacionais, mesmo os de economias

---

80. Se, para os keynesianos, os altos salários, o pleno emprego e o Estado de Bem-Estar criavam a demanda de consumo, em que o aumento da demanda seria a forma correta de enfrentar depressões econômicas, para os neoliberais, a economia e a política da Era de Ouro impediam o controle da inflação e o corte de custos no governo e no setor privado, além de aumentarem os lucros necessários ao crescimento econômico capitalista. Idem, p. 399.

81. Costa, Lúcia Cortes da. *A reforma do Estado no Brasil*. Uma crítica ao ajuste neoliberal. Tese (Doutorado) — PUC-SP, São Paulo, 2000, p. 50-1.

desenvolvidas, conservadores ou não, foi submetida aos efeitos dessa crise econômica, que se agravou pela globalização transnacional,[82] cuja ação "incontrolável do mercado mundial"[83] submeteu esses governos às intempéries econômicas e ao redirecionamento das formas políticas de administrar, enfrentando dificuldades diante das particularidades nacionais e regionais, uma conjuntura histórica na qual o Brasil está integrado.

O fato é que todas essas transformações trazem deslocamentos importantes –diferentes do contexto histórico e econômico da "Era de Ouro" — com reflexos que afetam as bases produtivas e a lógica das formas de regulação da vida social, em que "seu sistema de produção fora transformado pela revolução tecnológica, globalizado ou 'transnacionalizado' em uma extensão extraordinária e com consequências impressionantes".[84]

Essa nova reforma agrária de mercado no Brasil, e as controvérsias de recomposição do "Novo Rural Brasileiro" reafirmam um modelo conservador ou uma contra-reforma agrária legitimada num conjunto de construções teóricas e práticas que reorientam a racionalidade do mundo rural, como já citado: "reforma agrária com pouca terra", apoiada na "descentralização" da reforma agrária, a revalorização das microdimensões dos espaços geográficos, global e local, as microestruturas sociais como a família, a comunidade, as organizações associativas, e as minicooperativas, que passam a formar núcleos de polarização das relações sociais, de propriedade, centradas também no binômio "centralização" e "descentralização".

Portanto, se isso for correto, o caminho que leva à explicação das novas condições de viabilidade da agricultura familiar passa necessariamente pela apreensão da dinâmica entre o papel do Estado burguês no tocante ao mercado e às classes trabalhadoras da agricultura, uma

---

82. O número de pobres em Paris, junto com as situações de desemprego, chega a 10%, incluindo situações de precarização do trabalho. Jornal *O Globo*. Caderno "O Mundo". "Pobreza na Paris Glamourosa". 06/03/2005.

83. Hobsbawm, Eric. Idem, p. 401-2.

84. Idem, p. 402.

vez que as recentes alterações nas formas de regulação e controle da sociedade trazem à tona o nível de complexidades alcançado nas relações sociais entre os segmentos da sociedade: governo, classes capitalistas, proprietárias de terras e trabalhadores da agricultura.

Esses fenômenos, a rigor, exigem melhor compreensão dessa reconceituação/redefinição do setor agrário introduzida pelo governo Fernando Henrique, segundo as novas regras para o Brasil conforme determinam as parcerias com as agências financiadoras internacionais, no caso, o Banco Mundial, através das definições inseridas em Programas de Desenvolvimento Rural: o "Cédula da Terra, o Banco da Terra, o Programa de Consolidação dos Assentamentos e o Projeto Crédito Fundiário de Combate à Pobreza Rural (CFCP), que formam, desde os anos 90, um novo conjunto de políticas destinadas à pequena agricultura.

No governo Lula, o Ministério do Desenvolvimento Agrário reestrutura esses programas e introduz um discurso sobre o Combate à Pobreza Rural em sintonia com essas agências internacionais, como políticas substitutivas de boa parte dos programas citados, como veremos no próximo capítulo. Essas políticas são reeditadas, trazem poucas inovações quanto à estrutura fundiária, exceto num único aspecto relativo "à mercantilização da reforma agrária", expressa, no limite, nos seguintes fatos: na descentralização da reforma agrária às instituições privadas, Organizações Não Governamentais (ONGs), o recuo do papel do Estado na regulação dessas relações sociais.

Essas reestruturações contêm polêmicas sobre a propriedade privada da terra, como núcleo que concentra as tensões e contradições engendradas na sociedade burguesa, e, combinadas ao papel do Estado,[85] suas relações com o mercado e a sociedade, pois, na ordem capitalista, isso significa que o "Estado é produto da divisão do trabalho".[86]

Instaura-se, a partir dos anos 90, uma "Contra-Reforma Agrária" reafirmando assim um conjunto de fatores decorrentes dos níveis de

---

85. Marx, Karl. *A Ideologia Alemã*, p. 98
86. Mandel, Ernest. *O capitalismo tardio*. Idem, p. 333.

complexidade alcançados nas relações sociais e sinalizam a emergência de mudanças nas formas de intervenção estatal na regulação das relações de propriedade privada não só da terra, como dos direitos.[87]

Mas, é preciso destacar que, enquanto o "direito privado na sociedade capitalista emana da propriedade privada" e por ter que desenvolver-se em meio a essa propriedade, o caráter obscuro do ato de "jus utendi et abutendi",[88] tem limites claros na ordem do capital, com uma "(...) ilusão jurídica que reduz o direito à vontade".[89] Isso significa dizer que, mesmo possuindo a propriedade, quando desprovidos das condições suficientes à exploração adequada de suas potencialidades, os pequenos proprietários ficam impotentes diante desta.[90]

O Estado é a instância por meio da qual se colocam os interesses da sociedade, em que a forma política assumida tem por fim atribuir caráter legal ao direito privado que surge com o advento da propriedade privada, em que "direito e propriedade privada" são fenômenos que, em suas origens, desde a Idade Média até a sociedade moderna burguesa, "(...) são declarados como sendo resultado da vontade geral".[91] Essa condição de vontade é que atribui aos proprietários uma suposta liberdade.

O significado dessas ilusões foi desvendado por Marx, quando examinou as duas formas de efetividade da divisão do trabalho através dos instrumentos de produção como meios viabilizadores da evolução das forças produtivas de suas bases naturais até o nível das relações de dominação entre os homens a partir "(...) da dominação do trabalho, especialmente do trabalho acumulado, do capital".[92]

---

87. Marx, Karl. Idem, p. 180.

88. Segundo Marx, em latim significa o "Direito de usar e abusar". Marx, Karl. *A Ideologia Alemã*. (I — Feuerbach) 8. ed. Trad. de José Carlos Bruni e Marco Aurélio Nogueira. São Paulo: Hucitec, 1991, p. 99-100.

89. Idem, op. cit.

90. Idem, p. 100.

91. Idem, op. cit.

92. Idem, p. 102.

Assim, as condições da produção e da reprodução social no capitalismo resultam dos processos contraditórios dessas relações, as quais têm no trabalho e na propriedade privada as duas bases fundamentais: "Na grande indústria e na concorrência todo o conjunto de condições de existência, inclinações e limitações individuais está fundido em duas formas mais simples: propriedade privada e trabalho".[93]

Por essa razão, como vimos no capítulo dois, o trabalho em suas múltiplas condições de efetividade constitui um meio capaz de desvelar esta lógica funcional da sociedade burguesa. Portanto, as esferas da produção e reprodução das relações sociais são centrais à explicação das condições efetivas à viabilização da agricultura familiar. Entendo que as alterações no mundo do trabalho, nas funções do Estado, em suas relações com o mercado são engrenagens das crises de valorização, concentração e centralização de capitais, decorrentes das reestruturações do capitalismo contemporâneo. Essas relações veiculadas no projeto neoliberal em suas reformas conformam novas formas de regulação da vida social, tendo a retórica de minimização das funções do Estado como um dos carros chefes dessas reformas.

É sob os efeitos desse conjunto de mudanças que recaem no mundo do trabalho rural que o Estado implementa um conjunto expressivo de políticas sociais "emergenciais" e "compensatórias", como mecanismos de enfrentamento da pobreza rural, à viabilização dessas reformas.

Sabe-se que o sistema capitalista desenvolve-se em processos contraditórios em razão de suas necessidades de expansão do consumo. Ao entrar em absoluta contradição com as necessidades humanas, sua dinâmica ampliada de reprodução se dá mediante a criação de níveis, em proporções similares, tanto de riqueza como de pobreza. São essas as razões pelas quais o Estado, nesse contexto, redireciona os excedentes produzidos e regulados por ele para a esfera da acumulação, a qual se efetiva no consumo. Dizendo de outra forma, ao se deparar com um volume expressivo de camadas sociais excedentes e empobrecidas,

---

93. Marx, Karl. *A Ideologia Alemã*, p. 102-3.

levam o Estado a implementar políticas alternativas, especialmente de cobertura às necessidades primárias, como define o governo, de "segurança alimentar".

A desregulamentação do papel estatal e seus compromissos com as organizações multilaterais influem nas decisões sobre os desmontes dos incentivos fiscais, e dos subsídios garantidos pelo governo para os segmentos mais vulneráveis ao jogo do mercado. Quando isso ocorre, essas camadas tornam-se demandantes de políticas sociais assistencialistas e compensatórias como vem se revelando no Brasil rural e urbano. A falta das reformas estruturais clássicas mais importantes como a reforma agrária, tributária e social continuam válidas, as transformações do padrão social brasileiro, combinadas à redução dos gastos públicos o que engendra uma *"máquina de produção e de reprodução de desigualdades sociais"*.[94] Diante disso, vale questionar: quais são as condições reais de viabilidade da agricultura familiar? Como a sociedade tem-se colocado frente a essas questões?

Tem-se revelado na sociedade brasileira uma versão mascarada sobre esse tipo de autonomia. No campo das relações internacionais, a economia nacional, em sua condição de capitalismo periférico, tem contribuído para levar o Estado a incrementar um volume extenso de relações de dependência com os capitais externos em busca de um desenvolvimento mais acelerado, como ocorrera na fase de consolidação dos complexos agroindustriais. Nesse caso, transformaram a propriedade territorial em capital, cuja integração entre os diferentes capitais — agrário, industrial, bancário e financeiro — permitiu às elites brasileiras, em seus entrelaçamentos com o Estado na fase monopolista, estruturar um padrão peculiar e histórico de relações de difícil distinção entre o público e o privado.

---

94. Pochmann, Marcio e Amorim, Ricardo (Orgs.). *Atlas de Exclusão Social no Brasil.* 2. ed. São Paulo: Cortez, p. 21 e 36. Segundo os autores, "o Nordeste brasileiro tem o pior índice com exclusão, mais de 28% da população nacional, e pouco menos de 33% dos municípios; essa região abriga 72,1% (1.652) do total de (2.290) dos municípios com o maior índice de exclusão de todo o país".

Resguardadas as mudanças nessas relações, há indícios sobre endividamentos do país junto ao capital externo. O governo Lula reafirma,
em carta ao FMI, os compromissos com essa instituição, garantindo a
"(...) sustentabilidade da dívida pública, reforço à política fiscal, alcance
de superávit primário de 4,2%. Assim, o governo do partido dos trabalhadores confirma oficialmente a continuidade das políticas macroeconômicas e, para a área social, prevê, como política de transferência de
renda, o Programa "Fome Zero" destinado às populações pobres.[95]

Só que as dificuldades começam quando as instituições internacionais exigem o aumento de superávits destinados ao pagamento da
dívida externa, comprometendo seriamente os orçamentos, em especial,
aqueles destinados aos setores sociais. O orçamento da reforma agrária, que estava previsto para 2005 em torno de 3,7 bilhões, foi cortado
pela metade, ficando 1,7 bilhão, o que comprometeu a meta de assentamentos prevista, a qual era de 115 mil novas famílias assentadas,
passando para apenas 40 mil.[96]

A apropriação dessa complexa combinação entre o uso exacerbado de recursos públicos em favor de certos setores em detrimento de
outros, gera a conservação desmesurada da má distribuição de renda
e riqueza, logo, dos níveis de desigualdade no país, e favorece o "conservadorismo agrorrefomista" que serve muito mais de disfarce às
diferenciações de classe na sociedade.

Pensando esse padrão de modernização, Martins (1994; 1997)
considera nossa sociedade caracterizada por uma modernização específica, em que as transformações, além de lentas, são feitas com atraso
e, peculiarmente, sem rupturas, onde o novo sempre decorre do velho,
além de ocorrer muito mais na área econômica e com pouco significado na área social.[97]

---

95. Ideias extraídas da Carta do Governo ao FMI. Disponível em: <http://www.fazenda.
gov.br>.

96. Extraído do Jornal *Informativos — Últimas do MST*. "Orçamento da Reforma Agrária é
cortado pela metade". Disponível em: <http://www.mst.org.br>. Acesso em: 20 ago. 2002.

97. Martins, José de Souza. *O poder do atraso*. Ensaios de Sociologia da História Lenta. São
Paulo: Hucitec, 1994, p. 30. Ver também *Exclusão Social e a Nova Desigualdade*. Caxias do Sul:
Paulus, 1997.

Vemos aí importância da não dissociação da relação orgânica entre os diferentes momentos da produção, distribuição, troca e consumo, em que não se separa o econômico da dimensão política, a despeito de uma compreensão equivocada acerca dos esquemas de reprodução social. As relações sociais e de propriedade, assim como o usufruto desigual do progresso pelo trabalho, têm assento nas duas bases mais fundamentais da sociedade: a primeira, basicamente material, econômica, e a segunda, eminentemente política e social. Ou melhor, os impactos entre bens públicos e a apropriação privada, no capitalismo, refletem a dinâmica social entre o Estado e a sociedade civil, esferas onde se efetivam as interlocuções entre o econômico e o político.[98] Mas, qual o significado disso nas condições da agricultura de base familiar?

3.5 Desvelando significados: as relações entre sociedade civil e Estado

Inicia-se aqui um terreno teórico polêmico, porém instigante, quanto ao significado das relações entre o Estado e sociedade civil, uma das clivagens de reflexão acerca da reconstrução do "Novo Rural Brasileiro". Um primeiro aspecto que observo é o contexto em que se dão as relações de força na sociedade. Nessas, o Estado burguês se apresenta como representante dos interesses gerais da sociedade, tendo como fundamentos ideológicos a garantia de direitos, liberdade e igualdade a todos. Essas bases tendem a deixar obscuro um aspecto central e "por excelência" nas funções do Estado; a condição de articulador e protetor da propriedade privada — a base e o fundamento

---

98. Wood, Ellen Meiksins. *Democracia contra capitalismo*. A Renovação do Materialismo Histórico. São Paulo: Boitempo, 1995, p. 35-8. Essa autora esclarece a diferenciação, ao dizer que a "esfera política no capitalismo tem um caráter especial porque o poder de coação que apoia a exploração capitalista não é acionado diretamente pelo apropriador nem se baseia na subordinação política e jurídica do produtor um senhor apropriador". Mostra não só a necessidade de um poder como estrutura de dominação nessas relações, mas destaca o Estado como instância essencial do capitalismo, sintetizando a estreita conexão entre essas bases econômicas e políticas.

da sociedade burguesa —, aspecto no qual se revela o caráter autoritário do Estado em suas relações com a sociedade, cujos interesses econômicos têm por finalidade a sustentação da acumulação e exploração de mais-valia.[99]

Portanto, na ordem do capital, essa regulação do Estado é funcional a sua lógica interna, enquanto necessidade que tem este de exercer o "controle social" sobre os acirramentos de conflitos sociais em decorrência da concorrência, essência do sistema. Por isso é que o sentido real das funções estatais permanece dissimulado na sociedade burguesa, incluindo a garantia da reprodução da força de trabalho. É sobre esta que residem as controvérsias desse novo ciclo da economia.

No capitalismo, o Estado é separado da sociedade civil, cabendo a esta exercer pressões na vigilância de seus interesses, como critica Marx, que a define como "expressão alienada do Estado". Um dos problemas é que a função da propriedade privada no Brasil não é controlada pela sociedade civil, evidenciando justamente o contrário. O arsenal ideológico e os instrumentos modernos adotados para a viabilidade das relações entre o Estado e o mercado, assim como a formação de parcerias com a sociedade na gestão pública demarcam novo modelo de civilidade, que prioriza um grande encontro social, supostamente "harmônico", centrado em relações de "cooperação criativa" entre a esfera estatal, as instituições privadas e a sociedade.

No âmbito da Teoria Social, o caráter político da natureza do Estado na sociedade burguesa constitui uma das maiores descobertas teóricas de Marx, quando este se contrapôs de forma extraordinária ao que pensara Hegel em sua obra *Os Princípios da Filosofia do Direito*.

Dessa forma, Marx escreve a *Crítica da Filosofia do Direito de Hegel*, publicada em 1927, bem como os *Manuscritos de Kreusnach*,[100] nos quais desfetichiza o papel do Estado. Mostra, de forma inigualável, as lacunas da visão idealista sobre as relações entre sociedade civil e Estado elaboradas originalmente por Hegel; bases essas que nos permitem decifrar

---

99. Silva, Athos, Idem, p. 29.
100. Frederico, Celso, p. 51-62.

as relações entre essas dimensões e a economia política, ou melhor, as dimensões objetivas e subjetivas nos termos gramscianos, "infraestrutura e superestrutura".

Portanto, o significado dessas relações deve ser tributado ao marxismo. Em primeiro lugar, a Engels, como o pensador original, em sua abordagem acerca do caráter econômico do Estado.[101] Contudo deve-se atribuir a Marx a descoberta da base material necessária

> "(...) à produção social da própria vida, onde os homens contraem relações determinadas, necessárias e independentes de sua vontade, relações de produção estas que correspondem a uma etapa determinada de desenvolvimento das suas forças produtivas".[102]

Isso nos indica que, mesmo em uma conjuntura de negação de subsídios públicos de financiamentos do setor produtivo em função dos desvios para pagamentos de juros ao capital financeiro internacional, a tarefa mais imediata será fazer uma apreciação dessa análise à luz de Marx.

Esse pensador, em sua matriz teórica — ao contrário do que pensara Hegel, para o qual o Estado seria a instância última que sintetizaria e explicaria a sociedade civil — defende que a sociedade civil seria o ponto de partida para explicar o Estado. Essa temática sobre as relações entre a sociedade e o Estado não tem sido priorizada em boa medida nas análises do "novo rural brasileiro", como uma via possível de explicação das relações sociais de produção.

No pensamento clássico, se, para Hegel, a sociedade civil é um momento do Estado, para Marx, o Estado é a expressão alienada da sociedade civil, no sentido de que as novas formas de regulação social se submetem ao papel exercido pela sociedade civil, pois o Estado não

---

101. Bobbio, Norberto. *Estado, Governo e Sociedade*. Tradução de Marco Aurélio Nogueira. Rio de Janeiro: Paz e Terra, 1987, p. 74.

102. Marx, Karl. Prefácio 1859. *Para a Crítica da Economia Política*. Coleção Os Pensadores. Manuscritos Econômico-Filosóficos e Outros Textos Escolhidos. São Paulo: Victor Civita, 1974, p. 135.

é esfera autônoma da sociedade civil. Longe de qualquer noção de sociedade civil como "esfera destrutiva", recupera-se a importância de seu papel na sociedade de classes. Ou seja, quanto mais o Estado burguês se militariza para enfrentar embates com a sociedade, mais demonstra sua pouca capacidade de democratizar suas relações, em particular, com as camadas menos favorecidas.[103] Assim, a compreensão do Estado demanda a compreensão da sociedade civil. Parafraseando Engels e Marx:

> O Estado não é um poder imposto desde fora à sociedade, tampouco ele é a realidade da ideia moral ou a imagem e a realidade da razão como Hegel supunha. O Estado é o reconhecimento de que uma sociedade se enredou numa contradição insolúvel consigo mesma, dividiu-se em antagonismos irreconciliáveis (...) é uma instituição de força pública que já não coincide de modo imediato com a população.[104]

Sob o ângulo econômico e as formas de organização do trabalho, Silva lembra que a acumulação fordista de organização do trabalho não teve no Brasil repercussões semelhantes às de economias avançadas, nas quais fez fluir uma sociedade civil forte. Ou seja, a pouca consciência social e política ou a debilidade da sociedade civil em suas relações na sociedade globalizada é fruto desses condicionantes históricos. De outro modo, quanto mais enfraquecidas os níveis de consciência social e de organização política de uma classe social, maior será a tendência desta em se separar ou integrar-se aos movimentos sociais.

Quanto aos movimentos sociais organizados, esses têm diversos caminhos a percorrer: ao se isolarem da sociedade, podem autonomizar a instância estatal, ou, ao contrário, quando se integram à máquina burocrática, acaba por descaracterizar seu papel histórico e político como sociedade civil organizada, esfera que deve atuar no cumprimento das funções públicas em prol dos interesses gerais. Se tratarmos

---

103. Athos, Magno Costa e Silva. Op. cit, p. 33.

104. Marx, K. e Engels, F. *História*. In: Fernandes, Florestan (Org.). São Paulo: Ed. Ática. Coleção Grandes Cientistas Sociais, 1989, p. 329-30.

estas polêmicas sob o ângulo político, em uma visão fincada estritamente na ideia da fragilidade dos movimentos, obstrui-se o significado das complexidades das relações entre sociedade civil e Estado, mascarando o sentido das relações que os homens mantêm entre si.

Por isso lembramos que a forma extraordinária em que Marx descobre a superioridade da dimensão e da natureza "política do Estado", parece dissimulada no debate hegeliano. Assim, a dimensão do "político" nessas relações não deve ser concebida a partir do Estado, mas, sim, é preciso considerar as condições de produção e reprodução das classes trabalhadoras como via de apreensão da racionalidade da sociedade burguesa, um caminho a ser trilhado para se descortinar a lógica dessas relações.

Neste sentido, a dimensão econômica é a determinação essencial ao entendimento da vida social, ainda que não seja a única base teórica, sobre a qual vai se debruçar Marx em sua crítica à Economia Política Clássica. Sua crítica a Feuerbach, no que se refere à prioridade dada à natureza em detrimento da política, inclui o Estado, reconhecido por Marx como o espaço, por excelência, da atividade política humana. Mostra também os avanços alcançados por Feuerbach na interpretação do real. Isso, em certo sentido, desmonta a crítica antimarxista, que comumente atribui a Marx uma leitura mecanicista ou economicista dos fenômenos societários.

A principal crítica de Marx aos economistas clássicos, Smith e Ricardo, sobre os indivíduos produzindo em sociedade, é que esses consideravam os indivíduos sociais não como "(...) resultado histórico", mas "(...) como ponto de partida da História, porque o consideravam como indivíduo conforme a natureza".[105] Isso pode ser reafirmado quando se observa que, com o surgimento da "sociedade burguesa, (especialmente no século XVIII)" emerge a concepção do "(...) indivíduo isolado". É nessa época e sob este ponto de vista que "(...) as relações sociais alcançaram o mais alto grau de desenvolvi-

---

105. Marx, Karl. "Introdução à Crítica da Economia Política". I — Produção, Consumo, Distribuição, Troca e (Circulação). Coleção Os Pensadores. São Paulo: Abril, 1978, p. 103-6.

mento, o homem no sentido mais literal, um (...) *zoon politikon"*,[106] não exterior à sociedade.

Portanto, na revisão crítica que Marx faz à *Filosofia do Direito* de Hegel, inicia-se o debate sobre a concepção de sociedade civil e do Estado. Embora não se trate de uma ruptura com Hegel, Marx demonstra discordâncias substantivas com esse pensador — resguardadas aí a influência desse nos desdobramentos de sua obra intelectual — propondo-se a inverter o idealismo alemão uma vez que entende isso como condição, a rigor, essencial para desvelar o significado teórico de sociedade civil. A conclusão a que chegou em suas pesquisas, além de atual, é bastante conhecida de seus leitores (nunca é demais lembrá-la).[107] Diz Marx: se, para Hegel,

> "sociedade civil se apresenta como a antítese da família, e o Estado surge como a antítese de ambos, como união dos respectivos princípios, a sociedade civil é o campo onde os indivíduos, como pessoas privadas, buscam a satisfação de seus interesses".[108]

Nesse projeto civilizante, o resgate da importância de bases conservadoras como a família, como um fundamento desse novo padrão de modernização agrária, bem como a prioridade às dimensões micro e a fragmentação das relações econômicas, sociais, políticas, em detrimento de esferas coletivas que reforçam os "desmontes" sociais, confirmados pelo desprezo à noção de sociedade civil organizada no sentido do coletivo. Aliado à isso estão outras premissas, como a ideia

---

106. Idem, op. cit., p. 104.

107. Cabe aqui relembrar as palavras de Marx: "relações jurídicas, tais como formas de Estado, não podem ser compreendidas nem a partir de si mesmas, nem a partir do assim chamado desenvolvimento geral do espírito humano, mas, pelo contrário, elas se enraízam nas relações materiais de vida, cuja totalidade foi resumida por Hegel sob o nome de 'sociedade civil' (bürgerliche Gesellschaft), seguindo os ingleses e franceses do século XVIII; mas que a anatomia da sociedade burguesa (...) deve ser procurada na Economia Política". Marx, Karl. *Para a Crítica da Economia Política*. Coleção os Pensadores. Manuscritos Econômico-Filosóficos e Outros Textos Escolhidos. Prefácio n. 1859. Rio de Janeiro: Victor Civita/Paz e Terra, 1974, p. 135. (Grifos do autor).

108. Idem, p. 135.

de integração e relações sociais "harmônicas" entre o Estado e a sociedade, noções caras ao pensamento pós-moderno nessa nova ofensivas do capital.

Marx nos ajuda a entender nas premissas neoliberais, que, na verdade, significam o inverso da pleiteada conciliação de interesses. Se, para Hegel, 'sociedade civil' "(...) se apresenta como antítese da família, e o Estado surge como síntese de ambos", Marx, ao contrário, distingue a concepção hegeliana de sua própria. Para Marx,

> "(...) a sociedade burguesa reúne não somente o modo burguês de produção como também as relações jurídicas, o Estado burguês etc. que implica. Em sua realidade histórica, a bürgeliche Gesellschaft é a sociedade capitalista, com todas as formações sociais que lhe são próprias."[109]

Esta é uma forma de abordagem absolutamente diferente da de Hegel, para o qual a sociedade civil é considerada um momento do Estado. Essa aparente integração percebida por Hegel parece alienante nessa conjugação, cujo fato foi desmontado por Marx, que responsabiliza Hegel pela mistificação dessa integração.[110]

Os padrões de relações sociais rurais no Brasil, atualmente encontram-se certas simetrias com os moldes civilizatórios de chamamento da sociedade, em especial, dos segmentos rurais a sua integração e realização de parcerias, responsabilizando-a pela gestão de tarefas sociais, como, por exemplo, a aquisição direta de terras pelos trabalhadores em envolvimento aparentemente voluntário.

Essas estratégias descaracterizam, paulatinamente, o real sentido dos conflitos pela propriedade, mas reforçam a proposta de recuo do Estado nas políticas de reforma agrária, na regulação e organização da propriedade da terra, cujas relações de compra e venda mascaram os antagonismos de classes sociais. Predomina nesse modelo os princípios do pensamento liberal, segundo os quais, os indivíduos são responsáveis

---

109. Marx, K. Idem, p. 135. (Nota de Rodapé n. 15). (Grifos do autor).
110. Frederico, Celso. op. cit., p. 58.

por seus sucessos ou insucessos, deixando a cargo do mercado os negócios agrários.

A dignidade, aí, decorreria da liberdade "concedida" para negociar diretamente a terra, embora com recursos alheios. Nesse caso, o sujeito apenas integra o processo, o que não significa liberdade, livre-arbítrio ou isenção de opressão diante dos limites e imposições do sistema mercantil, assemelhando-se ao idealismo hegeliano, onde o mundo particular corporativo tem primazia, e os sujeitos são tomados a partir do "sistema das necessidades".

Tais bases ressurgem na contemporaneidade, metamorfoseadas e amparadas na noção de microdimensões sociais, cujo perfil de relações sociais a sociedade civil tende a ser "diluída" na unidade do Estado. Essa separação é dissimulada na ideia de integração e dificulta ou recusa pensar a sociedade fora do Estado. Contudo, ocorre um forte movimento nessas novas formas de regulação social, que envolve diretamente a sociedade, sem quaisquer disfarces ou seletividades, mascara por completo a importância da relação entre as condições objetivas e o nível de consciência política e social na sociedade, esferas capazes de potencializar os indivíduos na luta por direitos ao trabalho e a dignidade humana.

Malgrado os limites desse sistema de pensar essas relações, a maioria dos pensadores críticos desde Marx, passando por Gramsci, buscaram em Hegel os elementos necessários as suas elaborações sobre sociedade civil e Estado, chegando a constatações inversas ao referido sistema, superando-o conceitualmente quanto a concepções dessas relações entre sociedade civil e Estado.

Contudo, é Marx quem nos leva a entender que é impossível desconhecer o lugar da sociedade civil e das lutas de classes como expressão da organização política dos trabalhadores em seu empenho contra as imposições estabelecidas nas relações de poder que atravessam o sistema do capital, como termômetro do nível de contradições em meio às quais estão envolvidas as classes sociais. Essa dimensão da "política" nas relações sociais entre o capital e o trabalho compôs suas investigações, sobretudo — na crítica ao Estado prussiano tarefa que lhe permitiu avançar na apreensão do significado da "política" na racionalidade do sistema capitalista.

Decorre disso seu empenho em fazer "(...) a crítica da política entendida como crítica do Estado político".[111] Esta tarefa estaria associada a outra, igualmente importante — consubstanciando-se no legado feuerbachiano iria continuar a empreitada da "(...) reforma da consciência" enfrentando aí a "(...) luta entre a razão e a desrazão, o conhecimento e o preconceito, a iluminação da consciência e o obscurantismo da superstição".[112]

O contexto ideológico e político vislumbrado por Marx no advento da decadência da monarquia absolutista, os avanços do capitalismo industrial na segunda metade do século XVIII e a evolução da nova sociedade burguesa foram transformações histórico-políticas ocorridas no seio da sociedade, entre as quais vale destacar as duas grandes revoluções: "A Revolução Americana de 1776 e a Revolução Francesa de 1789".[113] Estes são marcos históricos expressivos, que levam à compreensão dos processos de evolução social da humanidade, cujas contradições sociais e políticas condicionaram novas construções do conhecimento crítico-social, e as lutas sociais em vista da emancipação social, política e humana.

Naquele contexto histórico, renasce "(...) o espírito do tempo", do Século das Luzes"[114], numa conjuntura de lutas de classe e de surgimento da questão social, fruto da Revolução Industrial, diante do surgimento da classe social operária, do trabalho assalariado, das contradições e antagonismos entre capital e trabalho, razões históricas dessas mudanças.[115]

Embora vivenciados por Marx, a face política desses eventos parece pouco privilegiada em suas reflexões, permitindo, com isso, in-

---

111. Frederico, Celso. Op. cit., p. 55.
112. Idem, p. 56.
113. Mandel, Ernest. *O Lugar do Marxismo na História*. 2. ed. São Paulo: Xamã, 2001, p. 12-4.
114. Idem, op. cit. (Grifos do autor).
115. Idem, p. 15-6.

contáveis críticas aos seus estudos sobre certas lacunas quanto à relação entre a esfera econômica e as superestruturais, isto é, os avanços dos processos evolutivos das lutas sociais da sociedade civil de seu tempo.

Assim, conclui-se que a virada da dialética idealista se dá pelo reconhecimento do sentido histórico e materialista formulado por Marx e Engels, que introduzem o salto extraordinariamente mais importante da história da humanidade na análise que fazem acerca da "emancipação social" de condições de opressão, da superação de necessidades primárias, objetivas, como também do potencial subjetivo enquanto dimensões indissociáveis e ontológicas próprias do ser social.

As propostas de Marx sobre as contradições que atravessam a sociedade burguesa mostram o fetiche e o caráter inconciliável dessas relações na ordem capitalista, bem como o caráter de classe do Estado. Na concepção desses pensadores, foram descobertas as relações que contribuem para mascarar a manutenção da lógica histórica de dominação da ordem capitalista.

Também é inegável que Lênin forneceu as bases dos entrelaçamentos das relações entre o capital financeiro e a formação dos monopólios. Com isso, ajuda a esclarecer o sentido das novas determinações e os rumos do desenvolvimento da agricultura familiar. Melhor dizendo, os estágios mais avançados das forças produtivas, que condicionam a integração agricultura-indústria, são parâmetros que iluminam as prospecções sobre o futuro desses segmentos na atual fase do capitalismo contemporâneo. As polarizações dos debates sobre o urbano e o rural dificultam uma síntese sobre essas tendências.

Essa lógica da modernização agrária atual — em especial, as projeções de viabilidade da agricultura familiar — confirma que as relações de propriedade, a constituição das classes sociais e do Estado permite entender que o desenvolvimento do capitalismo agrário deve observar

(...) como as relações de propriedade e de classe, e como as funções de apropriação e distribuição de excedentes, separam-se apesar de continuarem a se servir delas — das instituições coercitivas que constituem o Estado e continuam a se desenvolver autonomamente.[116]

Isso significa que na distinção relativa aos níveis de integração ou separação "(...) entre apropriação privada e os deveres públicos",[117] deve prevalecer a separação dessas esferas, donde a maturidade do sistema de relações evoluir para formas superiores entre esses setores. Assim, separar as determinações da estrutura, ou melhor, a base econômica das condições superestruturais, não é correto. É impossível pensar as relações sociais em termos de totalidade social, se fragmentamos ou dissociamos essas esferas, visto que na "(...) evolução do capitalismo, deve-se observar como a esfera econômica se diferencia da esfera política".[118] A indissociabilidade dessas esferas permite identificar aos possíveis avanços dos níveis de consciência política dos sujeitos que nela incidem. Sabe-se que a relação orgânica e dialética entre as esferas objetivas e subjetivas, em seu caráter histórico, quer dizer que a "produção social", nos termos de Marx e Luckács, decorre da interação não somente dos homens com a natureza, como também das "relações dos homens entre si", como analisamos no capítulo 2.

Daí, a importância dessas interconexões que envolvem "(...) um complexo de instituições por meio das quais o poder da sociedade se organiza"[119], como parâmetro de análise sobre o controle exercido pelo Estado em suas funções sociais de mediador da produção dos excedentes e dos interesses de classes.

Neste sentido, as bases do atual modelo de modernização agrária, os avanços aí obtidos mostram novo quadro na divisão do trabalho, ainda que constituído de feições polarizadas — predominam relações capitalistas e, até mesmo, pré-capitalistas, relação à separação entre o privado e o público. A intensificação do Estado burguês não somente no campo da produção do excedente, no caráter autoritário e desigual

---

116. Wood, Elen. Idem, p. 38.
117. Idem, p. 36.
118. Idem, p. 37.
119. Wood, Elen, p. 37.

nas negociações priorizadas na mercantilização de terras,[120] na distribuição do produto social, assim como nos meios de proteção da propriedade, o uso de coerção política no controle da força de trabalho, demonstram clara recorrência dessa aos poderes extraeconômicos nessas relações na sociedade.

Esses aspectos colocam desafios à caracterização das formas de organizações da sociedade civil, sobretudo porque o mercado não é a instância apropriada à democratização ou socialização da propriedade da terra, pois, ao contrário, a tendência é que o desenvolvimento do capitalismo avance na direção da "apropriação privada pela expropriação completa do produtor direto".[121]

Wood comenta que "A terra e os meios de produção têm a função de agregar valor, e desviar o excedente econômico para outros setores não produtivos".[122] Assim, a busca de outras atividades não agrícolas por parte dos agricultores familiares é fato. A crítica cabe à forma naturalizada de apreensão dessas tendências como imanentes ao sistema, em impulsionar ou motivar os trabalhadores à diversificação de outras atividades, de forma autônoma, ou voluntária, retirando esses fatos da dinâmica social. Há que se acrescentar que o capital, em sua lógica de expropriação do produtor direto, torna menos necessário "o uso de certos poderes políticos diretos para a extração de excedentes", quando o capital deve ter "(...) poder econômico, e não extraeconômico de exploração".[123]

Assim, atribuir as diferenças no usufruto dos benefícios do progresso tecnológico pelo ângulo da "pouca capacidade política dos trabalhadores" em participar desses processos, creditando esses limites à subalternidade dos pequenos produtores, mascaram-se as relações de forças e de poder econômico e político peculiares à sociedade bur-

---

120. Sauer, Sérgio. A Terra por uma Cédula: Estudo Sobre a "Reforma Agrária de Mercado". In: *O Banco Mundial e a Terra*: Idem, p. 45-51.

121. Wood, Ellen, p. 43.

122. Idem, p. 43-4.

123. Wood, Ellen, p. 43.

guesa, incluindo suas formas de exploração do trabalho, a apropriação de excedentes em suas manifestações nesse contexto histórico.

A redefinição do padrão de acumulação afeta o papel do Estado, cria e recria um sistema complexo, cujas mediações se referem não só à produção, mas à esfera da reprodução social nas demais esferas da distribuição, circulação e consumo, nos efeitos disso na expropriação e na subsunção das formas de trabalho ao capital sob o controle deste.

Pelo ângulo econômico, esse novo padrão reforça "pelo alto" a importância da produtividade, das formas de agregação de valor à produção, mas disfarça a função social da propriedade da terra, camuflando o peso que tem não só a propriedade imóvel, como na sociedade burguesa, onde a valorização econômica nessa fase monopolista significa que *a industrialização da esfera da reprodução constitui o ápice desse processo*.[124]

A "descentralização" da reforma agrária, e a criação do PRONAF, como instrumentos de gestão social celebra as parcerias público-privadas, onde o governo federal transfere aos municípios a responsabilidade pela execução das ações, cabendo ao poder executivo local, Prefeitos ou Governadores de Estado, os compromissos com a reforma agrária.

Essa modalidade de gestão pública tem aspectos positivos em termos de aproximar as instituições e os programas com as demandas e potencialidades locais, com vistas à democratização das relações na sociedade. Mas, sob o ângulo político, os avanços nos níveis de organização social e política das classes menos favorecidas, essas relações podem melhorar, ou, ao contrário, reforçar mecanismos de servidão política de estruturas viciadas, que mais subordinam do que emancipam. Está em jogo a maturidade social e política dos trabalhadores, que se contrapõem ao enfraquecimento e à despolitização das lutas sociais coletivas como preconizam os imperativos neoliberais.

Esse modelo neoliberal pleiteia o recuo das funções do Estado em alguns setores da sociedade, portanto, deve-se atentar a essas

---

124. Mandel, Ernest. Idem, p. 272.

formas de controle social, captar as particularidades dessas novas formas de regulação e gestão da reforma agrária, o desmonte do sentido político das lutas, a substituição incentivadas pelo governo, através da ampliação das políticas de recorte social de enfrentamento da pobreza, como medidas assistencialistas e compensatórias que vêm se afirmando no Brasil.

O Estado, nesses entrelaçamentos econômicos da nova divisão nacional e internacional do trabalho, e da globalização financeira, a agricultura especialmente a familiar, também estão subordinadas a essas determinações oficiais em seu papel de regulamentador jurídico e social da propriedade. Nesse sentido, ele faz a mediação como "(...) agente do desenvolvimento do setor produtivo",[125] portanto não pode ser desprezado nas análises sobre relações de "(...) produção estabelecidas e do modo dominante de apropriação e expropriação a elas correspondentes".[126]

Essas prerrogativas estatais remetem a outro desafio, no âmbito das relações econômicas multilaterais, cujo sentido está entre o "produtivismo agrícola" e o incremento do novo padrão de controle social calcado no distributivismo de ativos sociais, destinados a intensificar o peso político das demandas do econômico em um disciplinamento da produção capitalista pelo incremento do consumo de alimentos, de bolsas, de dinheiro etc. tanto em áreas urbanas como rurais.

Essas medidas guardam significados sociais e políticos expressos nos níveis de contradição do sistema capitalista, daí a reconstrução do novo mundo rural revestido de um conjunto de medidas de "segurança social", funcionais à "nova economia social de mercado", cujos novos sentidos têm, na relação entre a produção e a reprodução social, os eixos mais fundamentais.

---

125. Idem, p. 100.
126. Mészáros, István. Idem, p. 610.

CAPÍTULO IV

Reforma agrária à brasileira: as metamorfoses da política social e o controle social da pobreza

4.1 Reforma agrária e políticas sociais assistencialistas

As novas alternativas ao desenvolvimento da agricultura no Brasil, em particular a agricultura familiar, são decorrentes dos ajustes neoliberais, efetivadas por um conjunto de políticas emergenciais e compensatórias. Essas reformas não são apenas internas; se expressam na maioria das sociedades capitalistas centrais e em economias em desenvolvimento como o Brasil a partir dos anos 90, tendo como argumento principal a emergência um novo padrão de políticas calcado na ideia de "segurança social" e distributivismo social.

Estudos vêm mostrando indicações importantes acerca dos efeitos da nova dinâmica do capitalismo não apenas no Brasil, mas também em países avançados da América do Norte e da Europa Ocidental, onde vem afirmando a defesa da emergência do combate à fome, fato que traz à tona a redefinição do papel da produção agrícola e da pequena agricultura na economia.

Existem substanciais diferenças[1] nas avaliações sobre os impactos causados por essa nova dinâmica econômica entre os países desenvolvidos e os em desenvolvimento, com vistas à demarcação das particularidades internas e os efeitos dessas mudanças à pequena agricultura.

Este capítulo analisa, de forma breve, algumas das diferenças e impactos dessas reformas, visando-se captar o sentido das transformações da reforma agrária em política social, e suas expressões no campo da produção e da reprodução social dos segmentos aí envolvidos.

Silva (1999, p. 129) mostra indícios desse novo padrão de reforma agrária e afirma que "para o setor capitalista destinam-se as políticas agrícolas e para a pequena produção a reforma agrária deve ter um cunho mais social, vez que os aspectos produtivos podem ser resolvidos pelas políticas agrícolas". Essa ênfase nas políticas sociais constitui, de fato, o núcleo central de reconceituação da questão agrária, a qual coloca em cheque a reprodução da força de trabalho excedente.

Dois outros eixos são examinados sob o ângulo econômico, a integração entre a agricultura e a indústria e a discussão velada sobre a desimportância das atividades agrícolas na produção familiar, iluminam as transformações no mundo do trabalho e da produção como vimos antes. A "industrialização difusa" e a "expansão de outros serviços" emanam como os novos pilares e substratos dessas reestruturações. Essas ideias combinadas à absorção da força de trabalho excedente servem de suporte ao esgotamento do mercado de trabalho sobretudo formal, e a expansão dos serviços no meio rural passa ser vista com um meio de desafogamento das aglomerações urbanas.

Enfim, essas alternativas suprem os efeitos das inovações tecnológicas no campo, minimizando as tensões sociais em áreas onde os avanços das forças produtivas poderiam suprimir os altos níveis de

---

1. Nessas reflexões nos apropriamos das formulações de José Graziano em artigo publicado no qual afirma que existem "quatro diferenças fundamentais que distinguem os impactos da globalização sobre os chamados países do primeiro mundo — os desenvolvidos ou do norte, e os do sul — os retardatários, subdesenvolvidos ou em desenvolvimento", os quais ele denomina de P1 e P2, respectivamente. Instituto de Economia (IE) — Unicamp. "O poder local na globalização", jun. 2001. Disponível em: <http://www.eco.unicamp.br>.

desemprego.[2] Todavia, isso não basta para explicar os novos rumos desse padrão de modernização.

A partir de 2002, emerge no Brasil um conjunto de reorientações nos padrões de desenvolvimento agrário, decorrentes das políticas neoliberais, executadas no final dos anos 80, acenam para reformas no desenho do padrão de acumulação. Evidencia-se a substituição da agenda política do "Consenso de Washington", circunscrita agora em um novo pacto, o "Pós-Consenso de Washington".

Esses desajustes estruturais introduzem novas formas de regulação nas relações entre o Estado, o mercado e a sociedade com o patrocínio do governo federal em suas relações multilaterais com o Banco Mundial e o Banco Interamericano de Desenvolvimento (BIRD), agências financiadoras do desenvolvimento do país. Tais instituições a partir desse período recomendam um conjunto de reformas políticas internas, propondo rupturas na concepção do padrão de desenvolvimento anterior e incorporando novas estratégias, as quais consideram os progressos econômicos e sociais como dimensões inseparáveis.[3]

Fundamentados na proeminência de fracasso do modelo neoliberal e conforme o "Consenso de Washington", centrado nas estratégias de "estabilidade macroeconômica e liberalização do mercado",[4]

---

2. Veiga, José Eli. "O Brasil ainda não encontrou seu eixo de desenvolvimento". In: *Dossiê — USP*, op. cit., p. 113.

3. Thomas, Vinod e Ferranti, David. Diretor para o Brasil e vice-presidente do Banco Mundial, além de vice-presidente do Banco Mundial para a América Latina e Caribe, respectivamente. "Um novo modelo de crescimento". (Tradução de artigo publicado em International Herald Tribune, quarta-feira, 24 de dezembro de 2003). Por que os olhares estão voltados para o Brasil. Disponível em: <http://www.bancomundial.org.br/index.php/>. Acesso em: 2 mar. 2004.

4. Conforme Relatório de Avaliação do Consenso de Washington elaborado pelo Vice-Presidente do Banco Mundial, Joseph Stiglitz. Neste documento, ele avalia os principais pilares de fundamentação das políticas neoliberais, tais como a privatização, a focalização, a redução do papel do Estado e a expansão do mercado, destacando seus aspectos positivos e negativos. As críticas do autor é que as estratégias de crescimento previstas no referido programa deixaram de lado ingredientes essenciais ao crescimento econômico, tais como: educação, evolução tecnológica e questões ambientais. Nesse conjunto inclui novas recomendações ao funcionamento do "novo consenso", como ações de desenvolvimento humano nas seguintes áreas: educação, tecnologia e meio ambiente. Banco Mundial, 2002.

— aplicado durante o governo Fernando Henrique Cardoso — passa a ser objeto de críticas de seus idealizadores. O vice-presidente do Banco Mundial questiona esse modelo e propõe "novo consenso", alicerçado nos seguintes campos: emprego, saúde, educação e meio ambiente.

Esses organismos declaram perceber no governo Lula a possibilidade de estabelecer essa "combinação de responsabilidade macroeconômica e urgência social".[5] Apoiados na assertiva de que o Brasil é o país com uma das piores distribuições de renda do planeta, combinada a altos índices de exclusão e desigualdade social, nas palavras de um desses representantes, dizem ser esse "(...) um ótimo laboratório para ampliar a constatação empírica de estudos".[6] Com base nestes temas, o governo brasileiro consolida o pacto chamado "Consenso de Brasília" em 2004.

Essas reorientações da ordem institucional trazem algumas inovações no que diz respeito à intervenção desses organismos financeiros nas políticas nacionais. Ocorrem transformações na centralidade do trabalho e em certos tipos de produção, e deslocamentos de prioridades a setores não ligados diretamente à produção, essencialmente mudanças no formato das políticas sociais direcionadas a "(...) restringir os efeitos socialmente negativos da globalização",[7] incluindo nesse campo a educação. No setor da agricultura, a principal recomendação é o "estímulo ao crescimento do setor rural não agrícola, especialmente nos setores de processamento de alimentos e de serviços".[8]

5. Entrevista com Vinod Thomas, Diretor para o Brasil e vice-presidente do Banco Mundial, publicada no Jornal *O Estado de São Paulo*, domingo, 4 de maio de 2003. "Lula pode ser o pós-consenso de Washington". Disponível em: http://www.bancomundial.org.br/index.php/>. Acesso em: 2 mar. 2005.

6. O Consenso de Brasília. Entrevista do vice-presidente do Banco Mundial publicada na *Revista Época*, no dia 2 de agosto de 2004. Disponível em: http://www.bancomundial.org.br/index.php/>. Acesso em: 2 mar. 2004.

7. Draibe, Sônia M. Novas Formas de Política Social. Mimeo.

8. Ver Relatório Banco Mundial n. 21790-BR. Combate à Pobreza Rural no Brasil: Uma Estratégia Integrada. Departamento do Brasil Região da América Latina e do Caribe. 27 de dezembro de 2001, p. V.

Nessas discussões, a pequena agricultura surge como um ramo especial, um setor que contribuirá ao combate da pobreza nas áreas rurais somado a um conjunto de políticas integradas. Dentre outras vias, estão "o estímulo ao crescimento do setor rural não agrícola, uma rede de segurança social, o desenvolvimento do capital humano, reforma do mercado de terras, reforma agrária flexível, aluguel de terras, legislação flexível"[9] etc.

Este novo pacto coloca o "social" como esfera de primeira ordem junto com a economia e a política, em paralelo, e não em posição secundária. As sugestões é que as políticas sociais tenham posição não subordinada às outras esferas. A recuperação da importância dessas políticas decorre das transformações no mundo do trabalho, e seus efeitos concretos como o aumento dos níveis de pobreza na sociedade, fenômenos que forjam as mudanças no lugar e natureza das políticas sociais. Essas são reestruturadas usando os termos de Draibe "(...) como um sistema de *equilíbrio* ou de *compensações*',[10] sendo este último o mais apropriado ao papel dessas nesse 'novo' rural brasileiro".

Nesse padrão, os organismos internacionais sugerem também investimentos em educação e em outras reformas, inclusive os desmontes das relações trabalhistas.[11] Contudo, a proposta tem como foco central não mexer no padrão fundiário. Mas qual é a relação entre essas estratégias e o debate de revalorização da agricultura familiar nos moldes do "Novo Rural Brasileiro"?

Para as instituições multilaterais, os países atrasados devem repensar suas formas de desenvolvimento, considerando que a *pobreza diminui quando as economias crescem* como premissa econômica. Ideia essa que passa a reorientar os modos de combate à pobreza em áreas rurais.

No governo Lula da Silva, essas diretrizes têm origem num documento de título "A Ruptura Necessária", cuja plataforma política

---

9. Idem, v. I, p. 16-42. O Banco alega que a pobreza rural "não pode ser mais explicada somente de acordo com o modelo de propriedade da terra", p. 19.

10. Draibe, Sônia M. Idem. Os grifos são da autora.

11. Relatório Banco Mundial. Idem, p. 11.

corrobora as novas determinações seguidas pelo governo. Em 2001, esse governo formulou seu programa, propondo uma "total ruptura" com o modelo macroeconômico neoliberal implementado no governo Collor de Mello e que teve desdobramentos no governo Fernando Henrique Cardoso. Assim, Lula da Silva propõe efetivar mudanças radicais em relação às agendas anteriores, de modo que o *"setor social"* seja considerado o eixo do desenvolvimento, devendo incidir especialmente sobre alguns fatores estruturais importantes, os quais

> (...) determinam os padrões de apropriação e distribuição da renda e da riqueza, como as relações da propriedade da terra e do capital, as relações de trabalho, as modalidades de organização e de integração do sistema produtivo, o caráter do Estado, e suas consequências na tributação e no uso dos recursos públicos.[12]

O padrão adotado por FHC — período que foi definido como "segunda *década perdida* caracterizada pelo como (...) dependência externa sem desenvolvimento".[13] — foi objeto de críticas do governo Lula da Silva, em particular, nos aspectos relativos à prevalência de questões macro estruturais em detrimento de questões econômicas mais internas, quais sejam: a dependência e a vulnerabilidade da economia nacional aos capitais externos, "as políticas de abertura comercial e financeira", o agravamento das dívidas interna e externa e a falta de contrapartidas nas relações de mercado. Não é nosso interesse e nem seria o caso tecer uma avaliação econômica de tamanha envergadura.

Em linhas mais gerais, essa reestruturação promete eliminar as mazelas conservadoras, patrimonialistas, clientelistas e oligárquicas, heranças históricas do sistema econômico, social e político brasileiro. Essa agenda governamental evoca um "novo modelo de desenvolvi-

---

12. Mercadante, Aloízio. Diretrizes do Programa de Governo do PT. "A Ruptura Necessária". Agência de Informação Senado Federal. Disponível em: <http://sp4br804.digiweb.psi.br/artigos/artigo_16.html>. Acesso em: 25 jan. 2004.

13. Idem (Grifos do autor).

mento alternativo",[14] pautado em três eixos estruturantes: "o social, o democrático e o nacional".[15]

Como dissemos antes, o setor social como "o eixo do projeto de desenvolvimento",[16] vai nortear as condições de governabilidade dessa "nova" economia social de mercado. Na realidade, essa prioridade do social é uma resposta do sistema frente a redução do emprego em áreas rurais e urbanas, somando-se a incapacidade de reprodução da família, hoje mais identificadas a partir de parâmetros micro, individualizadas, ou por locais, regiões, e não mais em caráter universal. Para tanto, são definidos parâmetros como a "inclusão social" e a "redistribuição da renda" considerados capazes de "ampliar o atendimento a direitos fundamentais da cidadania".[17]

Nessas postulações, a "reforma agrária", além de fazer parte desse "pacote" de reformas, passa a integrar a agenda programática das políticas sociais, portanto, tornando-se um assunto de extrema relevância neste estudo. O governo, em sintonia com as agências internacionais já citadas, o social sai na frente dessa recomposição burocrático-formal, combinado a outros elementos como: "(...) padrões de apropriação e distribuição da renda e da riqueza, como as relações de propriedade da terra e do capital, as relações de trabalho, as modalidades de organização e de integração do sistema produtivo, o caráter do Estado (...)".[18]

Para as agências financiadoras, existe pouca preocupação com a redistribuição da renda, como ocorrera em países da América Latina em situação semelhante à do Brasil, uma vez que o crescimento econômico não foi capaz de diminuir a pobreza e as desigualdades, principalmente, nas áreas rurais. Mas, é preciso esclarecer que a redução

---

14. Idem, op. cit., p. 4.

15. Idem, op. cit.

16. A estratégia de desenvolvimento e suas dimensões: uma síntese. Plano Plurianual — 2004-2007. Plano Brasil de Todos. Participação e Inclusão. Brasília, janeiro de 2004. Disponível em: <http://www.planejamento.gov.br/ppa4/texto_base 5>. Acesso em: 5 jun. 2004.

17. Idem, p. 2.

18. Idem.

do emprego numa economia de mercado tem reflexos no sistema de seguridade social,[19] alterando a oferta e os níveis de serviços e as oportunidades, diferente dos moldes que fora o sistema de bem-estar social. Isso inevitavelmente terá reflexos nos programas de proteção social e nas políticas sociais, colocando em questão a capacidade de redução das desigualdades previstas pelo governo a partir das políticas assistencialistas, no caso, o Bolsa Família.

Segundo as orientações desse "Pós-Consenso de Washington", essas estratégias alteram a concepção das políticas sociais a partir de 2002; invertem consideravelmente as posições hierárquicas entre as políticas econômicas e as sociais, reafirmando uma espécie de "revisionismo" do programa neoliberal para preservar seus fundamentos essenciais os pilares centrais: "a privatização, a descentralização e a focalização".

Na percepção dessas instituições, o Brasil seria um exemplo para o "Pós-Consenso", onde "a política social seja equiparada, e até unificada, à política econômica, mas, nunca subordinada".[20] Isso significa que os desmontes do mundo da produção e do trabalho como tratado no capítulo 1, no que segue a substituição da centralidade do trabalho pela reafirmação de novas bases econômicas não necessariamente na produção agrícola, vão reiterar níveis de desigualdades e pobreza ainda mais complexos nesse contexto de globalização financeira. As bases de sustentação dessas reformas são as identidades sociais e políticas em lugar de diferenças, meio de amenização das contradições entre o econômico e o social. Sob o ângulo dos espaços físicos investem no reconhecimento e revalorização das potenciali-

---

19. Draibe, Sônia M. Idem. Desenvolvo uma perspectiva teórica crítica às formulações dessa autora, mas considero esse seu estudo fundamental à análise sobre as novas tendências das políticas sociais, no que se refere à inclusão das mesmas no rol da reforma agrária.

20. "As Ideias do Banco Mundial e o futuro do Brasil". O que há de novidade realmente no chamado "Pós-Consenso de Washington" e nas agendas recicladas do Banco Mundial? As ideias constantes desse texto são extraídas de documentos originais do Banco Mundial bem como do Jornal *Folha de S.Paulo* e de outras publicações, todas constando com as respectivas indicações bibliográficas. Disponível em: <http://www.geografiaeconjuntura.sites.uol.com.br/brasil/>. Acesso em: 22 ago. 2004.

dades locais, dos recursos naturais regionais, dos valores e culturas locais etc.

Nesse modelo, a noção de "exclusão social" ressurge carregada de forte sentido ideológico e ganha lugar sua contraface teórica a categoria "inclusão social", como o desafio principal. Essas categorias "exclusão" *versus* "inclusão social" tornam-se o núcleo estratégico dessas revisões sobre os efeitos das contradições sobre os indivíduos, cuja proposta para as áreas rurais é não só o "(...) combate, mas a erradicação da fome".[21] Esta síntese sobre dinâmica econômica tem por fundamento teórico a perspectiva "multidimensional" das ações; que significa a diversificação das estratégias políticas de atuação do Estado pela via de políticas complementares, voltadas à "integração" da sociedade a essas ações pela via das políticas de recortes sociais.

Essas mudanças ocorrem na forma, mas mantêm certas contradições quando recomendam contenções dos gastos públicos, o que, de fato, não é incorreto, a depender das prioridades estabelecidas. O governo, ao mesmo tempo em que recomenda cautelas com a natureza de gastos nas áreas sociais, emite preocupações com a "redução da vulnerabilidade externa e a recomposição das finanças públicas",[22] princípios da política neoliberal de redução dos gastos sociais, e assegura a intervenção do Estado na oferta de políticas sociais assistencialistas, restritas, focalizadas, mas, adverte que "(...) os recursos à disposição, particularmente no período inicial, imporão limites à abrangência do conjunto das políticas sociais".[23]

Por conseguinte, essa ênfase nas refrações da "questão social" não significa eliminar contradições, uma vez que um dos grandes desafios do sistema é conciliar a ideia do "crescimento equitativo" ou "equilíbrio macroeconômico" com produção de equidade econômica e social via políticas de redistribuição de renda.[24]

---

21. Mercadante, Aluísio. *Diretrizes do Programa de Governo do PT*. Idem, p. 7.

22. Idem, Op. cit.

23. Idem, Op. cit.

24. Idem, p. 1.

Curioso é que, para os tributaristas, transferir renda não significa a mesma coisa que redistribuir renda,[25] ou seja, a contraface disso é que a reversão do quadro de desigualdades de renda e de concentração de riquezas instalado historicamente no país dificilmente se efetiva, pois a eficácia desse programa passa necessariamente pela consolidação de outros tipos de reformas econômicas como, por exemplo, a reforma tributária, a qual envolve alterações na natureza dos impostos nacionais, nos moldes de tributações sobre grandes riquezas etc., temas que exigiriam ampliar essa discussão além dos limites deste estudo.

Portanto, estamos diante de um movimento "revisionista", que pleiteia o desmonte de um modelo civilizatório desafiador, pois nega as contradições capitalistas entre igualdade, crescimento econômico e distribuição equitativa dos benefícios provenientes do progresso. O padrão estruturado no trabalho é considerado superado de acordo com os princípios da chamada sociedade pós-moderna ou "informacional". Este modelo, conforme os princípios da "nova economia social de mercado", desmonta a centralidade do trabalho e elege outras bases, tais como a "linguagem" e a especialização do conhecimento. No setor rural, entram em cena as mudanças nas estruturas produtivas e do trabalho, daí a prioridade aos fatores como a terra e a educação. Os efeitos dessas mudanças sobre o mundo do trabalho são constatados nas pesquisas que mostram reduções ou perdas das rendas provenientes do trabalho em quase todas as regiões brasileiras, como mostram Kageyama (2004) e Balsadi (2001).

Em contrapartida, vêm ocorrendo aumentos expressivos nas rendas não derivadas do trabalho, originadas dos recursos das políticas de proteção social.[26] Essa base conceitual constitui, de fato, o núcleo explicativo desse padrão de desenvolvimento em suas mudanças concretas nas condições de vida da população rural no atual contexto econômico. Dessa forma, a compreensão da realidade rural calcada na

---

25. Saraiva, Fernando. *Estrutura tributária e desigualdade social*. UEPG, Idem. Segundo o autor: "As despesas com alimentação representam 10,31% do desembolso total para as famílias com mais de 30 salários-mínimos, e atingem 33,51% para as famílias com até 2 salários-mínimos".

26. Kageyama, Ângela. Op. cit., p. 80.

centralidade do trabalho agrícola perde verdadeiramente o sentido enquanto substrato do modelo centralizado no trabalho, que é remanescente do Estado intervencionista do período keynesiano. Essa centralização é desmontada para dar lugar ao novo padrão ou ideário de sociedade globalizada que propõe integrar "(...) crescimento, competitividade, progresso técnico e equidade" donde "a integração competitiva" e a "redução da pobreza"[27] fundamentam esse padrão de desenvolvimento. Outras novidades destacam-se nessa discussão do "novo" mundo rural, como a valorização das microdimensões como a fragmentação e a individualização das refrações da questão social, a ênfase na família, como microidentidades sociais que substituem o sentido do coletivo, inclui também ideias físico-geográficos como micro e mesorregiões etc.

Relembrando os anos 30, passando pelo período de industrialização acelerada dos anos 50, no governo Juscelino Kubitschek, encontraremos um padrão de desenvolvimento centralizado que reafirmava um padrão de "(...) industrialização pelo 'alto'", caracterizado pela prioridade às classes sociais industriais e ao grande capital, um modelo corporativista, identificado "como um modelo orientado mais para as necessidades da acumulação do que para o consumo".[28] De fato, não é o consumo que interessa tanto ao capital, a não ser como foi no "(...) keynesianismo, em que as políticas sociais subsidiariam o consumo para estimular a demanda de camadas excluídas do mercado".[29]

Dito de outra forma, hoje se tem um modelo híbrido, atravessado pela noção das diversidades e, multissetorialidades; só que o consumo ressurge nessa "nova" economia voltada à garantia de mínimos sociais pela distribuição de produção e de benefícios sociais destinados ao combate dos níveis de pobreza e miséria de populações. No entanto, é mister prestarmos atenção ao fato de que "(...) essas políticas cobrem

---

27. Draibe, Sônia M. Idem, p. 8.

28. Oliveira, Francisco. *Crítica à Razão Dualista*. O Ornitorrinco. Idem, p. 50.

29. Faleiros, Vicente de Paula. *A política social do estado capitalista*. As Funções da Previdência e da Assistência Sociais. 6. ed. São Paulo: Cortez, 1991, p. 60.

defasagens temporárias, mas não resolvem a crise, nem as contradições entre a produção e o consumo".[30]

Não vamos aqui entrar no mérito dessa discussão, mas apenas identificar as feições que assumem tais relações na sociedade. No âmbito rural, o ideário do consumo revestido na ideia de equidade econômica em que o consumo para as classes pobres se efetiva pela ampliação das políticas públicas e ou privadas de assistência social cujas políticas pobres para os pobres, cuja retórica de garantia da equidade, no dizer de Draibe, "(...) supõe políticas capazes de trazê-los à posição de sujeitos econômicos, aumentando sua produtividade e reforçando sua precária ou nula proteção social"[31] donde a suposta redução da pobreza, nesse padrão de desenvolvimento, inclui distribuição de produtos alimentares, como cestas básicas, e vales de naturezas diversas, em dinheiro, e nos benefícios da previdência social. Essas ações reorientam o papel de tutela do Estado, que age no intuito de negar as contradições inerentes ao sistema, priorizando a ideologia da "colaboração" e a "harmonia" entre as classes sociais.

No setor agrário, as relações entre Estado e sociedade têm um de seus maiores trunfos como vanguarda, arraigados e modeladores *par excellence* de um padrão peculiar de desenvolvimento agrário: o de não desvencilhamento da principal base, "a estrutura do latifúndio", calcado na preservação, consolidação e territorialização da burguesia. Assim, é mantida uma estrutura agrária altamente concentrada, com indícios de relações não capitalistas, fundamentadas em bases extra-econômicas na captação de excedentes aspectos que particularizam o padrão econômico e social da formação social brasileira.

Os governos, em suas relações com as elites brasileiras, insistem em conservar velhos padrões estruturais — em que pesem as mudanças desse contexto neoliberal — reafirmam um modelo de desenvolvimento agrário com traços da herança colonial sustentado num modelo mantenedor da estrutura produtiva onde ainda predomina a velha

---

30. Idem, p. 60.
31. Draibe, S. Idem, p. 8.

propriedade rural só que fincada em bases industriais e empresariais, onde as mudanças nessa estrutura ocorrem nos interstícios da ordem. Tal padrão tende a preservar características de "(...) uma hierarquia social e econômica muito excludente",[32] como mostram as pesquisas recentes, sobre os níveis de exclusão social no Brasil: "como é possível um país com mais de 177 milhões de habitantes possuir apenas cinco mil famílias portadoras de um estoque de riqueza equivalente a 2/5 de todo o fluxo de renda gerado pelo país no período de um ano?".[33]

O governo Lula considera a reforma agrária como ação "fundamental no enfrentamento da crise social e para o fomento da agricultura familiar" e garante que pretende "aumentar o emprego na agricultura, reduzir gastos e garantir segurança alimentar aos trabalhadores sem terra e suas famílias".[34] Ora, como aumentar emprego numa conjuntura de "desestruturação da sociedade do trabalho"[35] em que os avanços tecnológicos têm como contrapartida a redução da força de trabalho? Se o país sempre foi um grande produtor de grãos alimentares, por que mantém um número tão elevado de pessoas com fome?

Sob o ângulo da grande produção, vem sendo travada uma batalha, nos últimos anos, entre o governo brasileiro e países de economia avançada, como os Estados Unidos e países da Europa, na busca da liberalização global e da abertura do comércio de mercadorias nesses países, processo ainda em negociação. O acesso a esses mercados em igualdade de condições é considerado, nessas agendas, como o mais eficiente mecanismo na busca de redução da pobreza, focalizando os gastos nesses segmentos humanos. Isso parece importante, se pensarmos que "cerca de 70% dos pobres no mundo obtêm renda do trabalho agrícola", no entanto, "os países ricos da (OCDE) apresentam grandes distorções".[36]

---

32. Pochmann, Marcio et al. (Orgs.). *Atlas da Exclusão Social no Brasil*. Volume 3. Os ricos no Brasil. São Paulo: Cortez, 2004, p. 31.

33. Idem, Op. cit., p. 11.

34. Relatório Banco Mundial, Idem, p. 5.

35. Draibe, Sônia M. Idem, p. 5.

36. Idem, op. cit.

No Brasil — conforme estimativa do Programa Fome Zero com base em dados de 1999 do IBGE — existem 46 milhões de pobres, que vivem com renda inferior a US$1 dólar por dia, equivalendo a mais de um terço das famílias brasileiras. O que se apreende dessas considerações é que as mudanças em nosso país passam pelo aumento do consumo de alimentos atendendo aos elevados níveis de pobreza e de desigualdade social como um dos parâmetros fulcrais a serem atacados. O que surpreende é que essas mesmas investidas no consumo ressurgem desarticuladas de quaisquer alusões à crise, e as contradições engendradas entre as esferas da produção e do consumo,[37] como se produção e consumo fossem esferas dissociadas na ordem capitalista. Assim, caberia ao consumo fornecer as garantias sociais mínimas voltadas à reprodução social dos segmentos familiares. O consumo de alimentos torna-se uma via econômica feita também pela importação de grãos de outros países, uma medida que deverá atender sobretudo à formação de divisas entre as nações nas trocas internacionais.

Do ponto de vista social, essas medidas apontam para uma novidade referente à redefinição da noção de exclusão social nesse contexto de crise — o sistema lança mão das políticas de incremento a certos tipos de consumo, numa perspectiva de "mercantilização dos serviços e benefícios com vistas a ampliar o consumo de mercadorias",[38] cujos fatos são tratados numa leitura naturalizada da dinâmica social.

O reforço à condição de consumo, que se articula à ideia de "inclusão social" dos segmentos pobres, vem sendo objeto de análises da Sociologia Rural.[39] Martins considera a exclusão social como fenômeno imanente ao sistema capitalista. Para ele, faz parte da lógica desse sistema destruir relações sociais e construir outras, "excluir" para depois "incluir", como necessidade ao funcionamento do sistema capitalista em transformar todas as pessoas em "produtores e consumi-

---

37. Faleiros, Vicente de Paula. Op. cit., p. 60.

38. Idem, p. 61.

39. Refiro-me aos seguintes livros: *Exclusão Social e a Nova Desigualdade*. Caxias do Sul: Paulus, 1997. *A sociedade vista do abismo*. Novos estudos sobre exclusão, pobreza e classes sociais. 2. ed. Petrópolis: Vozes, 2003.

dores de mercadorias".[40] Para Martins (2003), "não há como sobreviver no capitalismo sem ser consumidor, mesmo que consumidor de menos riqueza do que aquela cuja produção esteve envolvido".[41] Mostra-se acrítico aos desígnios da ordem econômica, abnega alusões à noção de classe social e às relações sociais de produção. Compreende o movimento histórico não como fruto da ação humana, mas, como "desígnios do movimento natural";[42] em defesa de um programa de integração de políticas com direito pleno de cidadania, donde a "participação" e o fortalecimento da "família" formam o centro de garantia desses novos ideais, como bases possíveis de efetividade da democracia.

Contudo, essa perspectiva da integração de todos não explica a "inclusão social" no setor da agricultura tendo em vista as implicações das relações sociais de produção, como as formas de subordinação do trabalho ao capital. Temos discordâncias quanto a essa forma de abordagem, por se tratar de uma abstração sociológica que naturaliza essas relações e diferenças de classes. Aliás, o capitalismo não precisa de todos os segmentos sociais rurais para realizar plenamente seus interesses, principalmente a reprodução e valorização — mesmo porque, para o sistema, nem todos são considerados capazes de desenvolver as potencialidades técnicas e humanas exigidas.

Além de seletivo, o capitalismo é absolutamente contrário à autonomia do trabalho e, quando o submete sobretudo ao assalariamento, cria outras formas de subsunção não só financeira, como bancárias, cujas leis do mercado não só regulamentam como o condicionam aos interesses do capital. Escolhe, de forma indubitável, aqueles setores e segmentos sociais que respondam melhor e, de preferência, mais rápido, às suas imposições de remuneração e produtividade. Com isso, força as camadas "excedentes" a buscar outras vias de adequação. O certo é que essa não inclusão nos circuitos acumulativos também não indica exceção; ao contrário, significa outras formas de recriação das

---

40. Martins, José de Souza. *A sociedade vista do abismo*. Novos estudos sobre exclusão, pobreza e classes sociais. Idem, p. 120-21.

41. Martins, José de Souza. *A Cidade Vista do Abismo*. p. 121-4.

42. Idem, op. cit., 121-4.

relações de produção e, nessa dinâmica, constrói um ambiente social favorável, e sem ameaças aos seus objetivos.

No contexto atual, as políticas assistencialistas e compensatórias destinadas aos trabalhadores constituem as novas formas de "personificação" desses interesses, os quais não se integram totalmente aos jogos do mercado. Observando-se a classificação dos agricultores familiares, segundo Silva, Guanziroli et al. — como mostramos no capítulo I e ainda que não seja essa a direção analítica dada por esses autores — permite-nos perceber as diferenciações entre os sujeitos aí envolvidos, nos quais alguns se "tecnificam, outros não". Isso porque nessa seletividade técnica reside a possibilidade de expansão dos negócios rurais, combinados às condições de extração de mais trabalho através da recriação das formas de subordinação deste ao sistema do capital.

Ainda explorando essas prospecções à luz das construções de Martins (1997), identifica-se algumas premissas do ideário pós-moderno na abordagem do setor rural, em suas formulações sobre uma "nova desigualdade que separa, mas, também, unifica ideologicamente". É o que o autor denomina "cultura da imitação".[43] Esse autor define nessa leitura categorias como exclusão "multidimensional", e inclui outros vetores teóricos na apreensão de fenômenos urbanos e rurais, tais como dimensões múltiplas, adversidades culturais, sociais, políticas e, até mesmo, estruturais. Centra sua análise nos indivíduos, e a dinâmica social é atribuída à esfera "superestrutural", com ênfase nos valores culturais e religiosos em detrimento de elementos políticos, numa leitura conservadora.

Diferente disso, este estudo percebe essas micro, dimensões como bases de naturalização da realidade e de cunho conservador; se contrapõem ao ideário de universalidade e coletividade, funcionando mais como meios ideológicos na garantia dos fins desse novo padrão de sociabilidade. A família enquanto categoria originada do pensamento conservador constitui uma base social, uma esfera mais durável fincada em bases tradicionalistas, razão pela qual deve permanecer ilesa

---

43. Martins, José de Souza. *Exclusão social e a nova desigualdade*. Op. cit., p. 23.

em sua estrutura social impermeável às interferências externas. Essa é a razão atribuída à essa base e a consistência teórica buscada pelo novo reformismo agrário.

O Banco Mundial declara preocupações com o agravamento dos níveis de pobreza e de desigualdades urbana e rural no Brasil, segundo relatórios recentes. Sinaliza para a emergência do combate à fome e sugere a criação e a recriação de "rede de segurança social".[44] No plano institucional, esses mecanismos servem à reordenação econômica e política, estabelecendo o controle sobre a pobreza em países pobres como o Brasil. Daí, recomenda a implementação de "políticas de transferência de renda[45] e de reorganização da rede de proteção social" como componentes dessas reformas estruturais.

No âmbito das necessidades sociais, as avaliações da realidade rural, no que concerne aos níveis de pobreza, confirmam as complexidades desse sobre os índices de pobreza em áreas rurais brasileiras onde a taxa de incidência de pobreza está estimada em cerca de 49% nas áreas rurais do Nordeste contra 24% na região Sudeste. O padrão de vida de 9,8 milhões de pessoas residentes nessas áreas rurais está abaixo da linha de pobreza e representa 85% de toda a população rural de baixa renda dessas regiões.[46]

Por conseguinte, combater a fome, reduzir a pobreza e gerar empregos são os principais desafios da agenda dessa "nova" economia

---

44. Termo utilizado no Resumo do Relatório do Banco Mundial de título *Combate à pobreza rural no Brasil*: uma estratégia integrada. Departamento do Brasil, Região da América Latina e do Caribe. Dezembro de 2001, v. I, p. 3-5.

45. Essas políticas vêm sendo contestadas sobre a relação entre o dinheiro do Fundo de combate à pobreza e o aumento do superávit: "2004, cerca de 70% dos recursos dos programas de transferência de renda R$ 3.682.153.368 de um total de 5.366.453.081, tiveram uma sobra". O problema é que essa sobra não gasta vai para a contabilidade do governo, o que significa o aumento das reservas fiscais, as quais se destinam ao pagamento da dívida. Jornal *O Globo*, O País, 24 de abril de 2005.

46. Idem, Relatório Banco Mundial, op. cit. Neste relatório, constam diversas indicações sobre as reorientações que o Banco Mundial sugere quanto às tendências da expansão das atividades não agrícolas como alternativas de saída da pobreza rural, pois, dentre outras, indica a emergência da abertura dos mercados de terras, arrendamentos e outras soluções que explicitaremos a seguir.

social de mercado que define a inserção dos segmentos familiares em políticas sociais como meios de inclusão e amenização de conflitos políticos rumo à democratização das sociedades, nessa etapa de desenvolvimento capitalista no contexto da globalização econômico-financeira. Em razão do exposto, examinaremos, de forma breve, como esses fenômenos vêm sendo tratados nos países desenvolvidos, atribuindo, porém, destaque para a realidade brasileira.

4.2 Desenvolvimento agrícola em países avançados e em desenvolvimento: breves considerações

A dimensão ampla desse debate exige alguns aportes teóricos sobre o funcionamento das novas regras econômicas em experiências de países desenvolvidos e em desenvolvimento. De fato, o parâmetro analítico mais apropriado parece ser o de considerarmos os indicadores das desigualdades e os níveis de pobreza e de exclusão social que assolam nações pobres como a brasileira.

No Brasil, as alternativas direcionadas ao combate à pobreza dos segmentos mais vulneráveis nesse contexto de maior abertura e competitividade econômica são a expansão e o incremento de políticas emergenciais e compensatórias adotadas pelos governos neoliberais desde o início dos anos 90. Essas medidas têm efeitos diferenciados quanto às peculiaridades da agricultura nas economias avançadas e naquelas em desenvolvimento. As condições históricas desses países são absolutamente assimétricas, dispensando comparações, exceto em relação aos processos históricos referentes à colonização, aos níveis de civilização, aos padrões econômicos, sociais, culturais e dos modelos de reforma agrária adotados. Incluem-se aí as condições de trabalho, os processos de produção e de reprodução social, bem como os níveis de organização política das classes sociais e a capacidade de geração de emprego e renda.

Pode-se observar que, nos países em desenvolvimento, como o Brasil, os mercados agrícolas continuam a ter especial importância, enquanto que, nas economias avançadas, sua relevância é reduzida pelo alcance de "(...) autossuficiência da maioria das commodities agrícolas".[47] Sabe-se que diante dos efeitos da "globalização", sobram aos mercados de países em desenvolvimento, além do "(...) pagamento das importações", igualmente, o aumento da pressão por "(...) remessas de juros e *royalties*" fazendo com que "(...) o acesso aos mercados agrícolas internacionais continue sendo crucial".[48] Estes aspectos acenam para outras bases sobre a relação que existe entre o incremento recente do agronegócio no Brasil e as expressões disso nas condições de viabilidade da pequena agricultura.

As constantes requisições das pesquisas às experiências internacionais sobre a evolução desses fenômenos sinalizam a importância de examinarmos os rumos desse debate. No que diz respeito às novas formas de regulação na sociedade, a retórica neoliberal advoga uma ampliação efetiva das funções do setor privado, a flexibilização das relações de trabalho e, até, da reforma agrária. Essas proposições são observadas em áreas rurais em detrimento do recuo das funções do Estado na implementação de políticas fundiárias, agrárias e agrícolas. Surge aqui outra questão a ser considerada.

No contexto da reordenação econômica, os estudos mostram que nos países avançados não há um recuo efetivo das funções do Estado, porém há a preocupação de ampliar políticas públicas para novas áreas temáticas, como já citadas neste estudo. Em contraposição, nos países em desenvolvimento, como o Brasil, ocorre a reordenação dos papéis entre o mercado e o Estado.

Nesse sentido, Silva parece ter razão quando afirma que "a globalização nos países em desenvolvimento avança num contexto de perda da capacidade de regulação econômica por parte dos Estados nacionais".[49] Todo esse processo ocorre em uma direção de total "(...)

---

47. Silva, Graziano. *Poder local na globalização*. Idem, p. 1-2.

48. Idem, p. 1-2.

49. Idem, op. cit., p. 1-2.

desmonte do aparato público", onde "(...) a burocracia pública se derrete".[50] Ao que tudo indica, a falta de aparato regulatório combinado ao agravamento das condições de pobreza e desigualdade remanescentes do padrão de desenvolvimento passam a exigir, cada vez mais, mudanças no padrão de redistribuição através de políticas de proteção social destinadas ao enfrentamento da pobreza.

É exatamente nesse vazio de desregulação pública, administrativa e financeira que entra em cena uma das novas determinações desse contexto societário, a expansão do setor privado. Ampliam-se as ações do mercado na maior parte dos setores econômicos. Como diz o mesmo autor, "o vácuo de poder público é preenchido pelas próprias empresas transnacionais, (...) que assumem a coordenação dos mercados fortemente oligopolizados".[51]

Confirmadas essas tendências, surge, a partir daí, novos desafios à sociedade, como esfera que se mobiliza em prol de seus interesses de mudanças nos moldes de intervenção do Estado na regulação interna e interesses externos. Como já sinalizamos, um dos cuidados dos países de economias avançadas é o protecionismo de seus mercados internos, onde é dada atenção especial à garantia das condições de reprodução das camadas sociais mais vulneráveis aos efeitos das contradições do sistema econômico.

Na óptica desses países, embora não explicitem dessa forma, um dilema se instaura nessas relações porque, se abrirem seus mercados agrícolas à entrada de produção de outros países, sacrificam suas economias, restando, portanto, o receio do aviltamento das condições econômicas e sociais internas. Isto é, os riscos de elevação dos níveis de pobreza diante da competitividade dos mercados e da concorrência comercial, assim como a exposição dos segmentos sociais mais frágeis aos jogos do mercado exigirão, em contrapartida, o aumento dos gastos com investimentos em políticas sociais emergenciais e compensatórias, o que, certamente, para eles, não interessa.

---

50. Idem, op. cit., p. 1-2.
51. Idem, op. cit.

Não por acaso, em tempos de mundialização econômica e financeira, ao contrário do que se tem falado sobre essa abertura dos mercados internacionais agrícolas, os Estados Unidos aumentaram recentemente os subsídios destinados à produção da soja de 10 bilhões de dólares, em 2004, para 25 bilhões, em 2005. Esta é uma questão de maior interesse nesta discussão, que remete à seguinte pergunta: o que faz com que o Brasil precise investir, cada vez mais, em políticas sociais de caráter emergencial e compensatório para a população pobre não só do campo como da cidade? Seria esse um dos imperativos desse estágio de desenvolvimento? Que fatores explicam essa dinâmica?

É verdade que, no capitalismo, o agravamento dos níveis de pauperização absoluta de certos segmentos da sociedade imprime a ampliação das ações tutelares do Estado como saídas aos efeitos das contradições desse sistema sobre o mundo do trabalho em função do desenvolvimento das forças produtivas, que fomentam os altos níveis de desigualdades e de exclusão social, como vimos no capítulo 2.

Por sua vez, essas transformações capitalistas, em suas reestruturações no mundo do trabalho e nos padrões de produção, desestruturaram os sistemas de proteção social[52] nos padrões anteriormente edificados, resultando no incremento de políticas assistencialistas de recortes sociais, como meios de enfrentamento da pobreza rural e urbana no Brasil. A evidente negação do direito ao trabalho e os altos níveis de desemprego estrutural alteram a esfera civilizatória de sociabilidade. Considerando-se o universo de pobres demandantes dessas políticas assistencialistas e compensatórias no Brasil, os governos vêm implementando outras estratégias para aumentar o consumo, só que essas políticas não são suficientemente conectadas a outras políticas de emprego. Daí, a pouca consistência à garantia, continuidade e sustentabilidade. Sob o ângulo da política, essas estratégias têm efeitos negativos frente às tendências de se transformarem em instrumentos populistas pelos imensos rincões do país, onde são utilizadas

---

52. Draibe, Sônia M. Idem, p. 3.

para reforçar relações de poder, dominação econômica e política, submissão, reificando padrões conservadores de modernização.

Nas sociedades desenvolvidas, a discussão sobre essas reestruturações agrárias — salvo as bases doutrinárias e paradigmáticas[53] — surge correlacionada às transformações capitalistas das últimas décadas. Como mostra Marcelino Souza sobre os padrões de pluriatividade adotados em países como os Estados Unidos, França, Japão, Holanda, Nova Zelândia, Alemanha, Espanha, Portugal, Grécia e Itália, há diferenças econômicas, sociais e políticas substanciais em relação aos mecanismos e às estratégias de implementação dessa alternativa. Na verdade, não existem discordâncias sobre os efeitos desse fenômeno nesses países, em virtude de suas próprias condições históricas. As maiores incidências residem nos efeitos do desemprego estrutural que afeta o mundo do trabalho na agricultura, condicionando esse à apropriação de outras alternativas fora da produção agrícola, em atividades não agrícolas. Tais abordagens relacionam essas reformas ao esgotamento dos padrões de sobrevivência da agricultura e aos processos de industrialização/urbanização desses países.

Nesse caso, a diversificação das atividades fora desse tipo de produção, por sua vez também fomenta as formas de "subsunção do trabalho ao capital". Por se tratar de realidades absolutamente distintas como as de sociedades pós-industrializadas e as de industrialização incompleta, tem-se dificuldades de síntese sobre esses fenômenos. Outras justificativas de ordem estrutural se apresentam, tais como a desconcentração da indústria, a escassez das oportunidades do emprego na agricultura, a marginalização das atividades produtivas e até a reforma agrária.

---

53. Tomamos como referência um artigo de Marcelino de Souza, doutorando da FEAGRI-Unicamp e participante do Projeto Rurbano (coordenado pelo professor Graziano), no qual o autor faz um balanço da "Pluriatividade nos países capitalistas desenvolvidos" e mostra diferentes pontos de vista internacionais, destacando a importância e a diversidade de compreensão desse fenômeno. Baseamo-nos também em artigo de Graziano, "O poder local na globalização", no qual o autor mostra, de forma resumida, o significado da nova divisão internacional do trabalho nos países desenvolvidos e em desenvolvimento. Disponível em: <http://www.eco.unicamp.br>. Acesso em: 16 mar. 2004.

Sabe-se que a globalização coloca em questão os estágios de desenvolvimento das forças produtivas em que se encontram as sociedades. Nas economias centrais, dois novos parâmetros são considerados nessas reestruturações: as formas de "regulação e de consumo".[54]

Marsden (Silva, 2004) considera o conceito "pós-produtivismo' como uma etapa em que os agricultores se integram ao setor não agrícola". Ele afirma que a superação do regime produtivista do pós-guerra resultou na "(...) diminuição do suporte à produção agrícola", ressurgindo daí novos debates temáticos, tais como temas ligados às questões ambientais e à qualidade dos alimentos.[55] Sua preocupação principal está voltada para a emergência dos fatores de ordem social e política, que se encontram impregnados nos processos de desenvolvimento desigual, e destaca a importância do conceito de regulação como fundamento no entendimento dos novos padrões rurais.

Não é nossa intenção aqui fazer um balanço internacional sobre os desdobramentos desse debate. Essas considerações objetivam apenas um exame breve sobre certas simetrias sinalizadas nas interpretações dos novos rumos pensados nesse padrão produtivo, porque as indicações mais representativas desse debate no Brasil se inspiram em experiências internacionais, até por se considerar as relações econômicas nessa economia globalizada. No entanto, é importante ter atenção para os riscos de apropriação indevida dessas tendências, diante das condições históricas, evitando-se o afã de certas transplantações apressadas das experiências de países desenvolvidos "pós-industrializados" sem as devidas mediações das particularidades históricas dos mesmos. Ou seja, o tratamento a ser dado à produção na pequena agricultura nas economias avançadas e naquelas em desenvolvimento nem de

---

54. Marsden, Terry. Abstract/Resumos. "Além da Agricultura? Regulando os novos espaços rurais." Disponível em: <http://www.eco.unicamp.br/>. Acervo do Projeto RURBANO. IE — Instituto de Economia — Unicamp. O autor analisa os novos parâmetros do Desenvolvimento Desigual (DD), considerando as mudanças na política econômica para a agricultura e o desenvolvimento rural em países avançados da Europa. Reconhece que essas redefinições resultam das crises enfrentadas por essas sociedades no pós-guerra, com destaque para a relação entre o social e o espacial, ou seja, introduz a noção de espaço rural. p. 1-4. Acesso em: mar. 2004.

55. Idem, p. 4.

longe se assemelha. Como já identificado nesse estudo, no Brasil consolidou-se um quadro social caracterizado por um rápido padrão com altos níveis de desenvolvimento industrial, melhor dizendo, um "desenvolvimento pelo alto", com expressiva concentração populacional e com custos elevados principalmente para os trabalhadores e para o Estado.

Silva (2001), em artigo sobre o "poder local na globalização", identifica antagonismos nas relações entre a pequena e a grande agricultura, e dá relevância à importância da organização dos grupos mais frágeis com vistas à competição dos jogos de mercado. Destaca a modalidade de inserção da agricultura familiar e inclui algumas distinções entre regiões e países e afirma que existem "(...) quatro diferenças fundamentais que distinguem os impactos da globalização sobre os países do primeiro mundo e os subdesenvolvidos ou em desenvolvimento".[56]

Para as economias desenvolvidas, a agricultura é um setor economicamente menos importante nas relações de mercado, de forma que essas transformações pouco afetam a realidade. Já no caso dos países em desenvolvimento, a "agricultura continua a ter um peso econômico relevante" (...) na geração de emprego e renda, como também nas divisas necessárias ao pagamento das importações (...)". Isso vai resultar em limitações e impasses em suas "(...) relações com os mercados internacionais.[57]

As formas históricas de inserção econômica e social dos países são distintas, porém, identifica-se que, nesse contexto de globalização, as economias avançadas investem fortemente em medidas de proteção dos seus mercados internos e na implementação de políticas de subsídios aos produtores e consumidores mais frágeis aos circuitos da economia de mercado. Ao contrário disso, nas sociedades em desenvolvimento, os níveis de exclusão social tendem a se agravar pela insuficiência desses aportes econômicos e tecnológicos, pelas deter-

---

56. Silva, José Graziano da. O Poder local na Globalização. Instituto de Economia (IE) — Unicamp. Junho de 2001. Disponível em: <http://www.eco.unicamp.br/nea/rurbano/textos>, p.1-2.

57. Idem, op. cit., p. 1-2.

minações das leis internas do capitalismo, pela fragmentação das políticas públicas nas esferas econômicas de emprego e nas políticas sociais, de saúde, educação, habitação etc. No caso das economias periféricas como o Brasil, o fato de maior notoriedade é que o Estado nacional perde ou não utiliza sua capacidade plena na regulação econômica, fato que se complexifica no contexto das políticas neoliberais, em que a defesa de Estado-mínimo dá origem a um desmonte do aparato institucional, declarado em sua falência pela "fraqueza" do Estado, só que apenas em certos setores sociais. Tem-se nessa vacância pública uma brecha para a intromissão de empresas transnacionais de mercados fortemente oligopolizados, como já nos referimos, subvertendo-se em relações de submissão cada vez maiores dessas economias aos setores mais avançados cujos atributos tecnológicos são mais capazes de agregar valor à produção. No limite, é um vazio de proteção social, de falta de empregos, de direitos sociais e o daí o aumento de desigualdades sociais agravamento dos processos de exclusão social, exigindo estratégias de enfrentamento social com ações de assistência social pública.

Neste cenário cravam-se as fronteiras entre a reafirmação da emergência do Estado brasileiro em recorrer à montagem de um forte sistema de "segurança social" fundamentado nas políticas emergenciais e compensatórias, que se vêm expandindo tanto em áreas rurais como em urbanas.

Sob o prisma da produção da grande agricultura, os recentes investimentos e o aumento de plantações de culturas de exportação — como, por exemplo, a soja — vem exigindo esforços do governo na mediação das relações entre os países para o enfrentamento da competição com os mercados internacionais com vistas a incrementar o volume das importações da produção interna; caso contrário, prejuízos podem ser causados a alguns ramos dessa produção.

Segundo o IPEA, durante os últimos três anos vem ocorrendo no Brasil um incremento expressivo da área cultivada com grãos, de 22,8%, e da soja, que cresceu, nos períodos 2001/2002, 2002/2003 e 2003/2004, 39,8% nas regiões Sul e Sudeste e nada menos que 66,1% na região

Centro-Oeste.[58] Essa pesquisa mostra que a área plantada também aumentou 3,6% do período de 1990-1991 a 2000-2001 para 13,8% entre 2000-2001 e 2003-2004.[59]

Outros efeitos das contradições capitalistas na luta pela apropriação da mais-valia no setor rural se expressam também nos aumentos dos índices de violência no campo. Apesar de as estatísticas do governo Fernando Henrique mostrarem queda relativa nesses índices, o uso expressivo de instrumentos de coerção por parte do governo traduz certo descontrole nessas relações econômicas e políticas.

No ano de 1996, 56 pessoas foram mortas em consequências de conflitos agrários; desses, 19 trabalhadores foram assassinados por policiais militares no Estado do Pará, no conhecido massacre de Eldorado dos Carajás.[60] Constata-se que entre 1996 e 2002 ocorreu um total de 185 mortes por conflitos agrários.[61] Na atualidade, os dados sobre a violência no campo são assustadores. Conforme dados da Ouvidoria Agrária do INCRA, só no ano de 2004 foram 60 mortes em áreas rurais brasileiras decorrentes de conflitos agrários. A Região Norte tem nú-

---

58. Instituto de Pesquisa Aplicada (IPEA). Texto Para Discussão n. 1.062. Brandão, Antonio Salazar Pessoa, Resende, Gervásio de Castro e Marques, Roberta Wanderley Costa. "Crescimento Agrícola no Período 1999-2004, Explosão da Área Plantada com Soja e Meio Ambiente no Brasil". Rio de Janeiro, janeiro de 2005, p. 1.

59. Idem, op. cit., p. 9.

60. Dados extraídos de *Notícias do Brasil*: "Região Norte lidera *ranking* de mortes no campo". Disponível em: <http://notícias.terra.com.br/brasil/interna>. Acesso em: 18 jan. 2005. O Jornal *O Globo* publicou uma reportagem recente sobre a violência no campo em que confirma a tendência de intensificação dos conflitos agrários. Só no ano de 2004 "quase dois milhões de brasileiros (385.899 famílias de áreas rurais) estiveram envolvidos diretamente em 1.543 conflitos no campo, segundo dados da Comissão Pastoral da Terra". "Em 2003 foram 1.690 conflitos. No governo FHC ocorreram 925 conflitos em 2002, 880 em 2001 e 660 em 2000". E, mais, em 2004, foram sete assassinatos, sendo 25 pessoas ameaçadas pela pistolagem. "São 3,4 milhões de hectares grilados, trabalho escravo, (...) são mais de 30 mil acampados". Jornal *O Globo*. Caderno O País. "Violência no Campo. As muitas Anapus do Brasil". Rio de Janeiro, 27 de fevereiro de 2005.

61. Ministério do Desenvolvimento Agrário — Secretaria de Reforma Agrária, Secretaria de Agricultura Familiar — PRONAF, Conselho Nacional de Desenvolvimento Rural Sustentável (CNDRS) e Instituto Nacional de Colonização e Reforma Agrária (INCRA). Balanço da Reforma Agrária — Brasília, setembro de 2002. Segundo o relatório, em 1996, ocorreram 54 mortes; em 1997, 30; em 1998 foram 47; em 1999 ocorreram 27; em 2000 foram 10 mortes; em 2001, 14; e em 2002 ocorreram 3 mortes (relatores consideram estes últimos como dados parciais).

mero elevado: 24 mortes; a Nordeste, 19; a Sudeste, 7; e a Centro-Oeste e Sul, 5 assassinatos. Em síntese, de 1995 até 2004, aconteceram no país 301 mortes em áreas rurais como consequência de disputas pela terra.

Portanto, essas relações entre Estado e sociedade civil por vias coercitivas atestam fragilidades e subordinação do trabalho ao capital. A recusa oficial quanto à autonomia dos movimentos sociais dificulta a democratização dessas relações, frente às relações de poder político, e não se restringe apenas a questões de caráter burocrático, mas dizem respeito, por um lado, à crise estrutural, às diferenciações nas relações de propriedade construídas historicamente por confrontos entre classes sociais proprietárias e não proprietárias de terra. Por outro lado, sinalizam também para certa leniência da parte do Estado na organização da estrutura fundiária e atestam os equívocos na apreensão do significado da relação "capital — terra" remanescente desde o regime militar cujas formas de enfrentamento do Estado têm alimentado a cultura de impunidade na sociedade.

Algumas correntes de pensamento que explicam essas questões reconhecem a existência de impasses na realização de uma reforma agrária diante da consolidação da agroindústria brasileira. Essa situação, quando comparada aos padrões de países que adotaram "modelos clássicos de reforma agrária", de fato, é um caminho sem volta, se pensarmos na indissociação da relação terra — capital consolidada no país. Entretanto, esse fato não elimina observar as potencialidades da estrutura fundiária ainda disponível no país e a quantidade de população demandante de terra, emprego, o que coloca em questão o papel do Estado na regulação da propriedade imóvel, ou quem sabe, a realização de uma reforma agrária assentada na "nacionalização da terra", a depender da vontade política do Estado.

A propriedade da terra no Brasil, ao se tornar, cada vez mais, mercadoria e ao "territorializar-se" (nos termos de Lênin), mascara o fato de a terra ser um componente social importante no sistema do capital. Ou seja, terra e capital subsumem-se, daí o risco da naturalização e o obscurecimento de sua função social no sistema, cujas possibilidades de diversidade e ampliação dos investimentos e potencialidades de sua reprodução econômica são obscurecidas nessa acepção. Incluem-se aí as razões pelas quais a propriedade privada da terra no Brasil abriga particularidades internas como um patrimônio que alimenta fortes relações políticas de dominação e de poder. Afora isso, a terra é transfigurada pelo domínio do capital enquanto elemento de mediação social em virtude de seu potencial produtivo no incremento da produtividade pelo trabalho, pelos avanços da tecnologia, isto é, a terra como valor-trabalho se valoriza como capital quando transfere valor às mercadorias produzidas. Nessas condições, ela demanda trabalho vivo para se conservar como valor de uso a ser apreendido como valor de troca.[62]

Nos capítulos anteriores nos reportamos ao padrão agrário que vem se consolidando no Brasil, em que a "aliança capital terra", ao efetivar a "territorialização da burguesia", eliminou, no limite, as condições de uma reforma agrária segundo os padrões clássicos. Porém, este fato traz à tona outro o ângulo da questão, as peculiaridades do modelo de desenvolvimento agrário brasileiro, frente a quantidade expressiva de terras devolutas ainda disponíveis no país.[63]

Alguns estudos indicam que faltou compromisso político não só para formular, mas, sobretudo, para garantir a efetividade de uma reforma agrária específica às condições históricas internas. Porém, a ausência de uma aliança entre camponeses, operários e setores progressistas da sociedade no sentido de alterar a estrutura concentrada da propriedade imóvel reforçou um padrão de soluções reformistas "desde cima", pelo qual as mudanças ocorrem dentro da ordem e nos interstícios da dominação, fazendo deste um caminho sinuoso a ser trilhado nas análises. Em contrapartida, as instituições comprometidas com esse modelo "pelo alto" desconsideram as dimensões que assumem as expressões da "questão social" no setor agrário, pela atrofia social, fomentada nessas engrenagens econômicas e políticas histori-

---

62. Observações extraídas das arguições do Professor Haroldo de Abreu na ocasião da Pré-banca, realizada no dia 19 de julho de 2005.

63. Em entrevista para a Rádio CBN, realizada no dia 27 de novembro de 2004, Ariovaldo Umbelino declarou que o Brasil ainda possui 200 milhões de hectares de terras devolutas.

camente construídas, com submissão extrema das necessidades e demandas sociais às determinações macroeconômicas.

Por sua vez, a fragmentação e ineficiência das políticas de reforma agrária, em sua efetividade e convivência revestida de fortes tensões entre a grande e a pequena propriedade, requisitam uma compreensão mais acurada acerca da dinâmica das relações entre o Estado e a sociedade civil.

4.3 Sociedade civil, Estado e relações sociais de produção

Ao longo deste estudo, vimos que uma das particularidades do capitalismo agrário na formação social brasileira é ter a propriedade privada da terra como um forte indicador no entendimento sobre a constituição das classes sociais as formas de regulação e controle que exerce o capital em suas relações com o Estado, moldes históricos construídos entre essas esferas e as elites fundiárias do país.

De certo modo, o conservadorismo é uma das características marcantes dessas relações que deram origem à formação e à territorialização da grande propriedade. O casuísmo do Estado nessas relações e a desigualdade de tratamento de suas mediações entre o capital e o trabalho, salvaguardados os avanços, frente aos interesses de classes, tem favorecido o retorno de relações não capitalistas, o ressurgimento do trabalho sob formas primitivas em áreas rurais. Encontram-se reedições de velhas formas sociais de trabalho, reapresentadas de forma metamorfoseada nas relações sociais de produção. A especulação de novas terras é acompanhada pela exploração da força de trabalho marginal, excedente, confirmando os hiatos institucionais decorrentes desse contexto de desregulamentação das relações entre o Estado e o mercado.

Já afirmamos que faz parte da lógica capitalista gerar riqueza, mas, igualmente, pobreza e miséria; pois essa é uma das maiores contradições engendradas por essa ordem econômica e social, sendo este um dos maiores desafios para as sociedades em desenvolvimento, onde o alto crescimento dos níveis de pobreza, em especial, a pobreza rural, e onde as desigualdades sociais são originadas desse padrão de desenvolvimento caracterizado pela má distribuição da renda, da riqueza e de poder político no Brasil, agravados nesse contexto societário de desmantelamento da capacidade de luta política dos trabalhadores aí inseridos.

A redução dos níveis de pobreza tem desafiado os governos neoliberais, a quem compete solucionar o problema principal desse padrão de desenvolvimento: como encontrar saídas para os excluídos do sistema a partir da redistribuição de renda? Como se fosse possível redistribuir "equitativamente" a riqueza gerada nessa ordem do capital, contrariando as determinações da lei geral de acumulação capitalista que têm a diferenciação de classes como um dos seus fundamentos centrais.

O maior desafio dos debates da economia política, — como dizem na chamada "nova economia social de mercado" — está na definição de novas formas de gestão social frente aos interesses das classes sociais, diante da situação instaurada pelas contradições capitalistas na relação entre as duas principais esferas econômicas: o "produtivismo" e o "distributivismo social". Na versão oficial em suas respostas à crise do sistema do capital, diga-se, numa óptica naturalizada dessas relações sociais, a sugestão é que alguma equivalência deveria existir nessa funcionalidade do sistema econômico capitalista, principalmente porque, sem equivalência, tornar-se-ia impossível garantir o pleno funcionamento do sistema, como afirma Silva, "sem mecanismos sociais de redistribuição, a pobreza cresce simultaneamente à abastança".[64]

Desse modo, o problema estaria na esfera da redistribuição, o que pressupõe maior equidade diante do que foi arrecadado como fruto do trabalho socialmente produzido. Vimos que é inegável que o desenvolvimento do capitalismo brasileiro, historicamente, se construiu apoiado no aviltamento e na expropriação do trabalho, como um dos

---

64. Silva, José Graziano da. *A cebola que não faz chorar*. UNICAMP, Instituto de Economia (IE), junho de 2002. Disponível em: <http://www.eco.unicamp.br>. Acesso em: 20 mar. 2004.

pontos fulcrais na realização de suas finalidades de elevação da queda das taxas de lucro e de mais-valia. No entanto, essas reestruturações do sistema produtivo esbarram em limites sociais e políticos importantes, no que se refere à absorção do trabalho nas relações capital-trabalho, tal como fora no pós-guerra. Esses processos de exploração e expropriação dos trabalhadores se expressam nos níveis de pobreza, de desigualdades e exclusão social decorrentes das relações sociais de produção capitalistas.

Vejamos, o Brasil tinha 170 milhões de habitantes em 1999, espalhados por 8,547 milhões de quilômetros quadrados, com índice de Gini de 0,6 (medida de distribuição de renda que varia de 0 a 1) — um dos piores do mundo. "Aqui, os 10% mais ricos controlam quase metade da renda".[65] Tem-se aí o retrato da concentração desmedida não só da renda, mas da terra em poucas mãos, sem se falar que a população total corresponde hoje a mais de 185 milhões de habitantes, segundo o IBGE.

No final dos anos 80, os governos já vinham desenvolvendo políticas públicas destinadas a atenuar as questões de "segurança social", no caso específico, a "segurança alimentar". Isso pode ser observado pela natureza básica das políticas cíclicas calcadas na distribuição imediata de alimentos no combate da pobreza e da fome.

Por sua vez, na década de 90, o governo federal criou o Conselho Nacional de Segurança Alimentar (CONSEA), composto por diversos Ministérios e representações da sociedade civil. Esse programa comportava diferentes políticas sociais nas áreas de alimentação e nutrição, incluindo as de assentamentos rurais, distribuição de alimentos etc. Posteriormente, o governo Fernando Henrique Cardoso substituiu esses programas pelo "Comunidade Solidária". Não vamos aqui entrar em detalhes acerca dessas intervenções sociais; interessa apenas observar alguns aspectos relativos às alternativas de viabilidade da agricultura familiar com as condições de produção e as políticas sociais hoje

---

65. Silva, José Graziano da. "Como combater a pobreza". Instituto de Economia (IE) — Unicamp. Dezembro de 2001.

voltadas à garantia da reprodução social desses segmentos, enquanto nova forma de regulação da dinâmica social em áreas rurais.

Ao final dos anos 90, essas medidas são continuadas pelo governo neoliberal de Luíz Inácio Lula da Silva, o qual incrementa as políticas de recorte sociais e de caráter compensatório, destinadas ao enfrentamento dos níveis de pobreza que atingem os segmentos pobres das áreas rurais. Tais medidas alteram substantivamente o tratamento dado pelo governo à pequena agricultura, como fora até o final dos 80 quando os estudos afirmavam, como já sinalizado, serem esses segmentos responsáveis pela quase totalidade da produção interna de alimentos, através de ampla intervenção do Estado na implementação de políticas públicas agrícolas e agrárias de financiamentos, subsídios agrícolas etc. No entanto, sob o ângulo das propriedades, as tendências atuais mostram reduções nas áreas cultivadas por esse setor, como uma das expressões das transformações no mundo trabalho e de certos tipos de produção como abordado anteriormente — ainda que se considere o aumento no volume da produção agropecuária. Situação contrária ocorre com a grande agricultura, em que as importações do agronegócio foram de US$ 385 milhões em janeiro de 2004, com variação de 0,5% em relação a 2003. Curiosamente, entre os outros setores, no Brasil houve um crescimento do valor das importações de arroz de 84,6%, dado extremamente significante a esta avaliação, por tratar-se de uma cultura que, antes, era basicamente produzida pelos segmentos envolvidos com a agricultura familiar interna, como dissemos. Esses fatos confirmam as tendências que tem o capital em transformar a terra em mercadoria, e assim, aposta na valorização da terra pelo mercado e o agronegócio, como um modelo de reformismo agrário que se consolida no Brasil.

Segundo Guanziroli et al., mesmo aqueles agricultores que não contam com total apoio no desenvolvimento de sua produção — por exemplo, os plantadores de mandioca e de feijão — apresentam grande contribuição/participação no valor bruto da produção nacional.[66]

---

66. Guanziroli, Carlos et al. *Agricultura familiar e reforma agrária no século XXI*. Op. cit., p. 98-9.

Entretanto, há que se considerar não somente suas condições efetivas — pouca terra e, em geral, de má qualidade — como também a falta de recursos técnicos e financeiros, de assistência técnica e de crédito. Outros novos fatos são observados, como por exemplo, as "quedas do valor bruto da produção de R$ 78,3 bilhões, em 1994, para 72,4 bilhões em 1999", bem como uma redução em 200 mil hectares nesse setor.[67]

Essa lenta redução do prestígio da produção de alimentos, evidencia os novos rumos do setor produtivo que, em meio a essa crise capitalista, devem tomar os trabalhadores desse setor, que além de não absorvidos pelo sistema de produção, tornam-se "frágeis" aos jogos do mercado; nesse contexto de queda dos lucros e de disputas na busca da mais-valia e acumulação capitalista. Por isso, a ordem do capital determina que, frente às dificuldades de apropriação dos avanços tecnológicos, do progresso social e econômico conferidos agora, muito mais pelos imperativos do mercado, em concorrência similar ao *agribusiness*, o qual se consolida como padrão agroindustrial, resta a esses segmentos, como alternativa à sua reprodução, a integração nas políticas públicas de recorte sociais assistencialistas e compensatórias.

Por sua vez, a ampliação dos programas de aposentadorias e pensões para os trabalhadores rurais como forma de regulação dentro dessa ordem social colocam-se como estratégias sociais voltadas, no limite, à universalização na escala dos direitos sociais a idosos e aos inválidos, homens e mulheres, no sistema de previdência social rural, conforme previsto no artigo 198, parágrafo 8° da Constituição Federal de 1988.[68]

---

67. Ver Domingos M. Neto. "O novo mundo rural". In: Martins, Mônica D. (Org.). *O Banco Mundial e a terra*: ofensiva e resistência na América Latina, África e Ásia. São Paulo: Viramundo, 2004. p. 29.

68. A proposta de universalização de direitos incorpora mudanças substanciais em relação ao regime previdenciário anterior — Prorural/Funrural —, tais como: equiparação de "acesso para homens e mulheres, antes apenas para o chefe de família, redução do limite de idade, (60 para homens e 55 para mulheres) estabelecimento de um salário-mínimo, antes orçado num teto de meio salário-mínimo para o FUNRURAL e pensões limitadas a 30% do benefício principal". Conforme pesquisa de: Delgado, Guilherme e Cardoso Jr., José Celso. "O idoso e a previdência

Contudo, como já explicitado, medidas sociais de caráter mais imediatista como a distribuição de cestas básicas de alimentos e os vales, distribuídos nas regiões pobres do Brasil, — servem de suporte à queda do incremento de políticas agrícolas voltadas à garantia da reprodução dessa força de trabalho familiar excluída do mercado. Essa estratégia é afirmada por Graziano como saída aos setores rurais mais frágeis, quando defende que na ausência de políticas agrícolas, restam aos mesmos as políticas de recorte social. Na verdade, medidas de cunho imediatista, como a distribuição de alimentos, vêm se consolidando no Brasil a partir do "Programa Fome Zero" através do Projeto de Distribuição Emergencial de Alimentos a populações rurais, principalmente a Famílias Sem Terra Acampadas".[69]

A Ouvidoria Agrária Nacional (OAN) — em parceria com o INCRA, com o Ministério Extraordinário de Segurança Alimentar e Combate à Fome (MESA), com a Companhia Nacional de Abastecimento (CONAB) e com o Ministério do Desenvolvimento Agrário (MDA) — constituem o arsenal institucional responsáveis pela distribuição emergencial dos produtos aos trabalhadores que aguardam as políticas de reforma agrária.

No governo Lula da Silva, durante o ano de 2003, a distribuição de alimentos ocorreu em três etapas: a primeira distribuiu um total de 182,3 mil cestas de alimentos a 113,9 mil famílias; a segunda, 408,7 mil cestas de alimentos, atendendo um total de 174 mil famílias; e, na terceira, foram adquiridas 659,4 mil cestas de alimentos para atendimento a 219,8 mil famílias de trabalhadores rurais acampados.[70]

Não se pode negar a importância desses instrumentos de suporte imediato às vítimas do flagelo da fome. Não se trata de um fenômeno social descolado das condições sócio-históricas mais amplas, que atravessam as sociedades capitalistas. Mas trata-se de questões que devem

---

rural no Brasil: a experiência recente da universalização". IPEA, Texto para Discussão n. 688. Rio de Janeiro, dezembro de 1999.

69. Ministério do Desenvolvimento Agrário, Instituto Nacional de Colonização e Reforma Agrária (INCRA). Relatório de Gestão do Exercício de 2003. Brasília-DF, p. 44.

70. Idem, p. 45.

ser examinadas à luz das transformações capitalistas que revolucionam todos os setores da vida social, rurais e urbanos, cujos imperativos econômicos, sociais, políticos submetem à novas formas de sociabilidade, com impactos no mundo do trabalho, da produção. O problema é que essas alternativas assentadas em medidas eventuais, de caráter voluntarista, efêmeras, apenas promovem alívio temporário.

Esse novo padrão de modernização em economias em desenvolvimento contém aspectos que devem ser observados. Um deles é que o modelo neoliberal, ao reduzir os problemas sociais agrários a políticas residuais, compensatórias e fragmentadas, assegurando eliminar as desigualdades e a exclusão social em áreas rurais, apenas mascara o sentido desses recursos como instrumentos de alívio aos antagonismos e contradições engendrados nesse estágio capitalista, perde de vista a dimensão universal que deveriam ter certas políticas sociais, além de desconsiderar a relevância da produção social nessa ordem econômica como fator de distinção à condição das classes sociais fundamentais.

Neste sentido, quando a solução para as desigualdades se dá pelo caminho das políticas sociais, via redistribuição desses ativos já citados, em detrimento de políticas agrárias e agrícolas que alterem as estruturas, melhorem a renda, mas, ainda assim, mantém a propriedade privada, não transforma a realidade social, apenas dissimula as contradições engendradas na sociedade. E, mais, o Estado lança mão de fundamentos teóricos próprios do pensamento conservador como a categoria "família" eleita como um parâmetro social destinado a consolidar esse novo padrão de sociabilidade em que a reforma agrária é transformada em uma política de recorte social, de caráter "assistencialista" e compensatório, e opera-se efetivamente a "filantropização da reforma agrária".

Isso se confirma na medida em que restringe a noção das relações sociais de produção a relações de trabalho familiar. Com isso, nega o caráter social da produção e da produtividade social, sua subordinação, legitimada na inserção de certos segmentos do PRONAF nas dinâmicas da agricultura burguesa e da acumulação mundializada de capital.

Essa reafirmação do conservadorismo se legitima pois *"a questão mais combativa dos conservadores está na ameaça à propriedade, que tem como centro de gravidade a terra"*.[71]

A perspectiva da redução das desigualdades pela via das políticas sociais alternativas acaba por confundir os dois mais importantes elementos econômicos e sociais que determinam as diferenciações de classes na sociedade, quais sejam: a relação entre "transferência de renda", a partir desses meios imediatistas, com a "distribuição de renda". Estas são esferas absolutamente distintas, e por isso não podem ser atacadas pelo uso dos mesmos instrumentos burocráticos.

A "transferência de renda", como dizem os especialistas, ou melhor, "os tributaristas", significa uma ação mais complexa, pois implica quebrar a espinha dorsal, ou seja, a estrutura do modelo tributário brasileiro. Talvez seja esta a razão pela qual a reforma tributária seja a tarefa mais difícil de ser realizada no conjunto das reformas institucionais feitas pelo Estado brasileiro. O outro aspecto diz respeito à distribuição, cuja ação se submete aos possíveis riscos do uso político desses meios de intervenção pública, pela distribuição de dinheiro às camadas carentes. Esses instrumentos podem servir de manipulação política à prática de populismos, cooptações, sobretudo como mecanismos de despolitização das lutas pela reforma agrária, de desvalorização de lutas coletivas. Esses fatores favorecem a primazia à individualização das lutas e problemas sociais, em detrimento da consciência social e política na defesa de condições dignas de vida, de direito ao trabalho e à cidadania.

Do ponto de vista dessas relações sociais e políticas, esses arranjos formais-burocráticos forjam equívocos quanto à apreensão do papel do Estado em suas relações com a sociedade civil. Na medida em que tendem a distorcer o papel do Estado como mediador das relações sociais na ordem burguesa, confundindo o fato dessas instâncias serem teoricamente separadas, daí a tensão entre essas esferas. Essa distorção

---

71. Nisbet, Robert. *O conservadorismo*. Ciências Sociais. Tema n. Lisboa: Editorial Estampa, 1987, p. 91.

faz retroagir o curso da história, por negar as conquistas e os avanços civilizatórios alcançados nessas relações. Isso contribui para atribuir ao Estado uma superioridade desmesurada, tornando-o o fim último, como uma esfera que sintetiza essas relações. Esse papel superior atribuído é abstraído e torna um canal, por excelência, pelo qual se efetivam todas as relações sociais na sociedade.

Enquanto alternativas à reprodução da força de trabalho, excedente ou não, esse padrão de relações reforça processos de subordinação do trabalho ao capital, fortalecendo as condições de "alienação", combinada ao caráter "tutelar" que configuram essas relações sociais entre a sociedade e o Estado. E mais, podem funcionar como fator de obstrução da democracia e da conquista dos direitos sociais, reduzindo as condições de cidadania. Isso reafirma a clivagem conservadora e idealista que aí imperam, e assemelham-se às bases abstratas do pensamento hegeliano, que via, no Estado, uma esfera como fim último, espaço em que se consolidavam todas as relações sociais, como critica Frederico (1995, p. 69): "a burocracia é expressão disfarçada dos antagonismos entre sociedade civil e Estado".[72]

Calcados no "voluntarismo" social, esse projeto parece-nos pouco consistente exatamente por essa maneira excessiva em trabalhar com a categoria "vontade", que esbarra então em uma base "idealista", de frágil sustentação, dificilmente tendo consistência e, mais ainda, garantindo sucesso e durabilidade.

Em Hegel, essa noção de vontade particular significa um primeiro momento da vida social, em que a "soma das outras vontades dá a dimensão da vontade universal". Segundo esse método de conhecimento, família e sociedade civil são momentos do Estado. Nesse sistema social, a "sociedade nunca é pensada separada do Estado, eles formam uma unidade".[73] É esse estreitamento de relações que leva a uma percepção da realidade burguesa como harmônica, desprovida

---

72. Frederico, Celso. *O jovem Marx*. Idem, p. 69.

73. Lustosa, Maria das Graças O. P. Estas reflexões são extraídas de anotações de aulas ministradas pelo Professor Carlos Nelson Coutinho, conforme o Paper II que elaborei e apresentei na ocasião de meu Exame de Qualificação do Curso de Doutorado, 2003, p. 20-2.

de tensões e antagonismos, o que parece ser análogo às relações travadas na sociedade contemporânea, onde o Estado é colocado como a esfera de salvação de todos os problemas da sociedade.

Recentemente, a principal política pública governamental direcionada ao combate à fome é o "Programa Bolsa Família", considerado como uma política social direcionada ao enfrentamento da "questão social", assim como os que o antecederam, e absorveu os diversos programas sociais de distribuição emergencial de alimentos, os chamados programas de transferência de renda. Segundo o governo Lula, todas essas políticas são designadas a garantir a diminuição da pobreza e a melhoria dos indicadores sociais. Tais medidas são dirigidas ao combate às desigualdades e à exclusão social no país, ou, como diz o governo, visam "promover a emancipação das famílias mais pobres". Como meta desse programa, o governo Lula afirmou que atenderia até 2006 um total de 11,4 milhões de famílias. Segundo informações da Secretaria executiva do Programa, para o ano de 2003, o governo estimou pagar 3,6 milhões de famílias, a partir de uma ajuda de R$ 75,00, em média, por mês.[74]

Os níveis de pobreza generalizados tanto nas áreas urbanas como rurais tem exigido a extensão desses programas a todas as regiões brasileiras. Segundo o Ministério de Desenvolvimento Social e Combate à Pobreza o programa atende atualmente, 12,7 milhões de famílias em todo o território nacional. E os recursos previstos para 2010 foram de R$ 13,4 bilhões de reais. Em segundo lugar, está a Região Sudeste, com 3.045.159 milhões de famílias, ou 49,0%. Segundo os organismos internacionais, esse programa receberá US$ 572,2 milhões do Banco Mundial. Essa realidade também tem origem no equivocado processo de industrialização/urbanização em que um imenso e desorganizado processo de mobilização populacional delineou um quadro de desigualdades sociais tanto nos espaços urbanos como rural.

Na atualidade o programa pretende alcançar 16,2 milhões de brasileiros que vivem na extrema pobreza. Atende mais de 13 milhões

---

74. Disponível em: <http://notícias terra.com.br/Brasil/interna>. Acesso em: 5 maio 2012.

de famílias no país e prevê gastos anuais com o bolsa família de R$ 16 bilhões de reais.[75] A população brasileira hoje totaliza mais de 185 milhões de habitantes, dos quais, aproximadamente, 83% moram em áreas urbanas e o restante, em áreas rurais. Se essas tendências se confirmarem, teremos, em curto espaço de tempo, um país eminentemente urbano. O problema é que alguns estudos sobre o "Novo Rural Brasileiro" apontam dúvidas quanto a essas constatações, quando mostram o inverso, em que há um retorno expressivo de populações às áreas rurais. Entra aí um debate com um novo viés mais voltado ao âmbito estruturalista, com relevância à dimensão "territorial", cuja categoria renasce nesse pensamento modernista. Porém, existem divergências nesse debate. Veiga, por exemplo, nega que o Brasil seja um país eminentemente urbano, ao passo que Silva vê um movimento contrário de migração populacional, pois percebe aumento da população rural nos últimos anos.

Um dos eixos teóricos que orientam essa concepção territorial é uma nova ideia de redução entre os espaços urbanos e rurais, conforme consta no recém-aprovado "Estatuto da Cidade", Lei Federal n. 10.257/2001, cujo objetivo legal é, "o ordenamento do pleno desenvolvimento das funções sociais da cidade; a integração e a complementaridade entre as atividades urbanas e rurais".[76] Aqui se encontra a ênfase estruturalista das interpretações acerca das dimensões locais e regionais, categorias que integram o pensamento pós-moderno que privilegia a ideia de fragmentação dos espaços, cujo fundamento teórico desse padrão de desenvolvimento é acrítico e contraposto à concepção de totalidade.

O fato é que o surgimento no país desse novo padrão de desenvolvimento assemelha-se ao que se convencionou chamar de "modernização conservadora", só que agora apoiado em bases de caráter mais social, consubstanciado, em boa parte, pelas políticas sociais assisten-

---

75. Bolsa Família terá US$ 572,2 milhões do BIRD. Documento Banco Mundial. Disponível em: <http://www.tnprojetossociais.com.br/noti_abril>. Acesso em: 22 ago. 2004.

76. SILVA, José Graziano da. Por que separar o urbano do rural? Artigo publicado pelo Instituto de Economia (IE) da Unicamp, março de 2002.

cialistas e compensatórias de suportes às esferas da produção e da reprodução social. Essas mudanças denotam aspectos da dinâmica das relações entre as bases materiais ou "infraestruturais" e "superestruturais" que exigem ser brevemente examinadas.

4.4 Dimensão econômica e política da reforma agrária: "políticas de exceção" e classes sociais

Teoricamente, esse padrão mantém certas similaridades com a via de desenvolvimento calcado no "produtivismo", concentrado na grande propriedade, com certas semelhanças ao que Lênin denominou "Via Prussiana", no que diz respeito, por um lado, à expropriação do trabalho e, por outro, à conservação máxima das propriedades. Isso significa não redistribuir totalmente a terra, melhor dizendo, pouco se altera a estrutura da propriedade.

Em contrapartida, o governo, em conjunto com agências internacionais de financiamento do desenvolvimento, aposta e recomenda o incremento de um conjunto de políticas sociais, residuais, segmentadas e focalizadas, de caráter não universal, designadas a suprir o quadro de pobreza e miséria instalado no país. Essas alternativas têm rebatimentos à lógica funcional da pequena agricultura diante dos reflexos dessas novas relações sociais na sociedade, entre o Estado e as elites dominantes, incluindo as alianças políticas e econômicas estabelecidas com o capital transnacional.

O lado complementar desse modelo "pelo alto", em seus métodos, estão os processos de exploração e expropriação do trabalho, a manutenção da propriedade e a recomposição das formas de "subsunção formal e real do trabalho", reeditando relações autoritárias, modalidade cujos novos métodos de exploração e de expropriação da força de trabalho levam à proletarização e subproletarização. Na verdade, os efeitos dessas mudanças são justificados pelas políticas de "inclusão social", idealizadas nessa nova economia de mercado cuja clivagem integradora requisita medidas similares a uma contrarreforma agrária, legitimada na estratégia da "reforma agrária com pouca terra", como explicitado anteriormente.

Trata-se de uma reorganização do trabalho, que afeta os níveis de organização política dos segmentos trabalhadores, no intuito de manter, ou mesmo, reforçar "situações de dependência", de subalternidade, ou "constrangimentos não vivenciados, ou pelo menos, em condições mais amenas enfrentadas por trabalhadores urbanos", segundo os termos de Prado (Coutinho, 1990).[77]

Caso se mantenha esse perfil de relações construídas na história brasileira, caracterizadas hoje muito mais sob forma de tutela, ou autoritarismos, ou quando o Estado se mostra autônomo em relação à sociedade, confirmam o velho padrão, em que as mais importantes transformações na sociedade não são decorrentes de lutas.[78] O governo, através de diversificadas manobras políticas, tenta obstruir ou, pelo menos, dificultar as formas de participação das massas populares na dinâmica social, legitimando as distâncias na consolidação da democracia burguesa, dificultando a inserção consciente de certos segmentos nos processos econômicos e políticos.[79]

Tal situação dificilmente significa obstrução, em definitivo, das potencialidades e das condições e construção histórica dos avanços nos níveis de organização política da sociedade civil brasileira, principalmente daqueles que lutam pela terra. No entanto, não se pode negar que as saídas comumente encontradas na história da constituição do Estado brasileiro, em suas intervenções no setor agrário, ocorrem, no limite, sem o concurso dos segmentos pobres da sociedade.[80]

---

77. Coutinho, Carlos Nelson. *A imagem do Brasil na obra de Caio Prado Júnior.* Idem, p. 171-2.

78. Prado Jr., Caio. *Evolução política do Brasil*: colônia e império. 21. ed. São Paulo: Brasiliense, 1999, p. 45-52.

79. Como afirma Prado em sua análise sobre a caracterização do Estado brasileiro: "fez-se a Independência praticamente à revelia do povo; e se isto lhe poupou sacrifícios, também afastou por completo sua participação na nova ordem política. A Independência brasileira é fruto mais de uma classe que da nação tomada em conjunto". Idem, p. 52.

80. Martins, em obras como *O Poder do Atraso*, mostrava essas particularidades das relações entre o Estado e a Sociedade civil. Em sua obra mais recente, *a Sociedade Vista do Abismo*, reconhece a reforma do Estado, ao dizer que se trata de uma "desoligarquização do Estado", reco-

Diferente da integração desses segmentos, e em concordância com as formulações de Coutinho (1990; 1999) sobre essas saídas do Estado como soluções "pelo alto", em que os constrangimentos ou os disfarces no combate às lutas populares, não significa anular a importância da vigilância da sociedade nessas relações. Por isso, reitera-se a relevância dessa combinação sugerida no destaque que o autor faz entre a noção lenineana de "Via Prussiana" com a de Gramsci de "Revolução Passiva", uma vez que também percebo que, na abordagem sobre essas questões sociais agrárias, não se pode dissociar as dimensões infraestruturais e econômicas da produção material, da outra esfera ou "(...) momento político", isto é, "as características superestruturais".[81] Ao contrário, essas esferas se complementam quando se pretende a compreensão da totalidade social.

A rigor, a dimensão da "política" constitui um elemento teórico da maior importância na apreensão das relações entre sociedade civil e Estado, em suas inter-relações entre as esferas, econômica, social e política. Nessas, o Estado surge como referência principal, mas a apreciação da realidade não se encerra nele, pois o ponto de partida para uma apreensão histórico-crítica dessas relações não deve ser o Estado e, sim, a sociedade civil — esfera na qual se fomentam as bases materiais e objetivas do ser social — mesmo porque esse contexto de redução do papel do Estado e de ampliação do setor privado demanda a apreciação dessas novas formas de regulação social.

Vale acrescentar que o significado dessas condições históricas — salvos os limites de nossa incursão — será examinado à luz do que fez Marx na *Crítica do Programa de Gotha*, escrito em 1875, quando mostrara a importância do trabalho nas relações sociais de produção. Por conseguinte, o caminho para o conhecimento desse padrão de desenvolvimento da agricultura, em particular, os trabalhadores en-

---

nhecendo como positiva a modernização feita pelo mercado, que, para ele, "fortalece o protagonismo da sociedade civil". Ele percebe essa dinâmica como possibilidade de integração entre Estado e movimentos sociais. Ver *A sociedade vista do abismo*, op. cit., p. 176-7.

81. Coutinho, Carlos Nelson. *Gramsci*. Um estudo sobre seu pensamento político. 1999, p. 196-7.

volvidos com a agricultura familiar, deve ser o "trabalho", entendido no sentido "ontológico e social", "como fonte de toda riqueza"[82] e objeto de apropriação por parte dos que possuem os meios de produção. Entendendo que a "distribuição é resultado do modo como são distribuídas as formas de produção",[83] portanto, considerada aqui como uma via por excelência de exame das diferenciações das classes sociais agrárias.

Nesse sentido, as condições de produção em suas interdependências — a produção, a distribuição a troca e o consumo — e as formas de organização política e cultural conformam as bases infra e superestrutural na reprodução das relações sociais, e são os fundamentos que revelam as relações entre "trabalho" e "Estado" — sendo, a divisão do trabalho, a razão da ordem burguesa — cujas bases material e política conformam as relações do sistema capitalista.[84]

Assim, evita-se qualquer possibilidade de dissociação entre as etapas dos diferentes complexos que envolvem a produção e seus demais corolários, a despeito de incorrer-se em graves erros metodológicos, como mostra Menezes em sua crítica ao caráter fetichizado do debate acerca da funcionalidade das políticas sociais na ordem do capital, enfatizando o papel do Estado. Suas reflexões mostram a indissociabilidade entre as esferas da produção e da distribuição como parâmetro científico à apreensão das engrenagens do sistema capitalista, e, apoiada em Marx e em autores marxistas, critica a literatura sobre políticas sociais cujas análises estritamente centradas na esfera da distribuição cometem erros teóricos greves, pois limitam a pensar a pobreza de forma superficial e restrita em sua imediatez, ao abnegarem a dialeticidade entre produção e distribuição, o que, de fato, não revela a lógica de acumula-

---

82. Marx, Karl. *Crítica do Programa de Gotha*. Clássicos do Marxismo. Rio de Janeiro: Ciência e Paz, 1984, p. 7-13.

83. Idem, op. cit.

84. Os desdobramentos desta discussão estão contidos em um dos *papers* que elaborei, o qual trata da reestruturação produtiva e das novas determinações do trabalho e seus impactos sobre a agricultura familiar. Apresentamos uma discussão sobre a agricultura, em que fazemos um balanço sobre as tendências do debate, sobre a modernização agrária dos anos 90, tomando como referência os produtores incluídos no PRONAF.

ção capitalista.[85] Na crítica do Estado político feita por Marx, o Estado é o fundamento da sociedade burguesa, na qual ele tem sua base, sendo impensável fora desse terreno político de sustentação.[86]

As discussões feitas por esse pensador na obra citada — salvo as particularidades históricas e teóricas inerentes, a despeito das críticas sobre os limites de seu debate entre o econômico, o político e o social —, Marx mostra um caminho capaz de descortinar o "fetichismo" que reveste a constituição do Estado burguês, sobretudo no que trata de superar a noção hegeliana de neutralidade do Estado. Mas é importante destacar que Hegel foi um pensador crítico do liberalismo, matriz na qual o Estado seria considerado acima das classes sociais; ele defendeu o contrário, quando reconheceu, de forma abstrata, que "o Estado 'sai' da sociedade civil" (...). Na óptica idealista de Hegel, "é a própria ideia do Estado que se divide nesses dois momentos, o da família e o da sociedade civil".[87]

Enfim, no Estado hegeliano sintetizam-se todas as demais esferas de seu sistema. Na 'Filosofia do Direito', Hegel tenta mostrar a separação entre sociedade civil e Estado, mas demonstra o contrário, a integração dessas esferas. Essa noção parece servir de alicerce ao ideário que aposta nos "(...) seres particulares permanecem esvaziados, alienados, e só ganham sentido enquanto degraus de acesso ao Estado".[88]

Marx inverte essa noção e resgata a importância desses seres particulares da sociedade civil em suas críticas a Hegel. Nega a assertiva hegeliana e mostra que, em lugar de "integração", o que há, na realidade, são "conflitos e antagonismos" entre essas esferas.[89]

---

85. Ver a discussão de Menezes, especificamente, o capítulo I, item 1.2, sobre o reformismo institucional, no qual a autora desenvolve um debate a respeito do papel do Estado na implementação de políticas sociais. Menezes, Maria Thereza C. G. Em Busca da Teoria: políticas de assistência pública. São Paulo/Rio de Janeiro: Cortez/UERJ, 1993, p. 36-45.

86. Marx, Karl. Crítica do Programa de Gotha. Clássicos do Marxismo. Trad. de Neusa Campos. Rio de Janeiro: Ciência e Paz, 1984, p. 19.

87. Lefebvre, Jean Pierre; Macherrey, Pierre. Hegel e a sociedade. Op. cit., p. 65. (Grifos do original).

88. Frederico, Celso. O jovem Marx. Idem, p. 59.

89. Frederico, Celso. O jovem Marx. Idem, p. 63. (Grifos nossos).

4.5 Desmontando Idealismos: Estado e reconstrução de sociabilidades

Nesse sentido, em que as relações conflituosas são consideradas harmônicas, é mister entendermos que, como vimos anteriormente, principalmente o governo Lula demonstrava benevolências políticas na representação do Estado no sentido de amenizar as contradições do sistema. É por isso que no atual estágio de transformações capitalistas, o Estado, ao assumir certas configurações e papéis nas condições históricas atuais, em suas relações com a sociedade, esses fatores não são desprezíveis, ao contrário, ajudam na apreensão da realidade. No entanto, é preciso atentar que essa forma de apreensão da realidade mascara o fato de que, na sociedade burguesa, não é o Estado que viabiliza essas possibilidades, ou seja, é improvável que o Estado capitalista promova transformações em sua lógica de funcionamento, e que suas realizações contrariem sua lógica política, a depender da correlação de forças da sociedade civil nessas relações.

Esse papel do Estado burguês foi mostrado por Marx também nos *Manuscritos Econômico-Filosóficos de 1843-1844*, inclusive já tendo sido citado na *Crítica do Programa de Gotha*. O autor discute a dimensão política do Estado, como já referimos. Portanto, trata-se de uma máquina burocrática como "(...) expressão disfarçada dos antagonismos entre sociedade civil e Estado", portanto, "(...) uma modalidade assistencial com forte influência no reforço de um quadro análogo, ao que podemos chamar de uma indisfarçável expressão da alienação".[90] Dessa forma, não deve ser confundido em suas funções na ordem do capital.

Na sociedade contemporânea, as estratégias pós-modernas preconizam o apelo à participação da sociedade civil no Estado, valorizam as microdimensões como a família, os indivíduos, como vias de maior integração com a burocracia. Tais relações se assemelham ao sistema

---

90. Marx, Karl. Crítica do *Programa de Gotha*. Idem, p. 69.

hegeliano, para o qual não há indivíduos fora do Estado, todos se integram a ele, numa espécie de convivência plena, desprovida de contradições. O Estado, nesse caso, forma a síntese dessas instâncias de sociabilidade "como um ciclo que encontra seu fundamento em sua meta, sua finalidade".[91]

Essa busca de consentimento social, característica da "Via Passiva", tende a dificultar a autonomia da sociedade civil diante do controle social. Assim, nessa matriz teórica idealista, abstrata, "o Estado é o espaço de racionalidade, onde os indivíduos encontram as condições de resoluções dos conflitos surgidos nas outras dimensões, por isso mesmo é considerado como a síntese de funcionamento do todo".[92]

O caráter "utilitarista" e pragmático desses instrumentos empregados por parte do Estado funcionam contraditoriamente como amortecedores e desmobilizadores das forças sociais e políticas frente aos antagonismos criados pela própria ordem econômica. Com isso, pensam eliminar os espaços de transcendência dos conflitos sociais com vistas à garantia de realização dos interesses burgueses; o Estado, enquanto Estado burguês, depende da forte estabilidade econômica.[93] Por conseguinte, o Estado capitalista funciona mediando essas relações, nega seu divórcio da sociedade, mas ele não é autônomo frente à sociedade civil, a qual luta no sentido de reconstruir suas condições de sociabilidade no sentido da evolução não só material, objetiva, como também espiritual e subjetiva.

Malgrado o conservadorismo desse sistema hegeliano — embora tenha avançado teoricamente em relação aos que o precederam —, Hegel percebera a existência de contradições no sistema capitalista. Por isso, nas observações sobre a sociedade de classes, identifica a indissociabilidade da sociedade capitalista com o Estado. Nesse sentido, ultrapassou em relação à teoria moderna sobre sociedade civil

---

91. Lustosa, Maria das Graças O. P. (2003). Paper II, elaborado para o Exame de Qualificação no Curso de Doutorado, p. 22.

92. Idem, Paper II, p. 22.

93. Athos, Magno, Idem, p. 68.

segundo o pensamento pós-moderno, o qual elege "o mundo da vida" autonomizado da regulação estatal e nega a centralidade do trabalho. Porém, prioriza elementos da superestrutura como *a* "cultura, a sociedade e a personalidade, os quais formam uma nova construção social onde a relação entre economia e organização burocráticas do Estado parecem pouco significativas".[94]

No que se refere à constituição do modelo capitalista agrário no Brasil, principalmente a forma como vem se consolidando a *"territorialização"* — nos termos de Lênin — da burguesia brasileira, em contraposição, constituiu-se um setor agrário povoado por extensa população pobre — a qual, em boa parte, migrou para os grandes e médios centros — sem sequer ter-se estabelecido um "campesinato forte", como foi o caso de países desenvolvidos, como os Estados Unidos e os da Europa.

Uma importante pesquisa sobre a história da exclusão social no Brasil organizada por Pochman et al. (2004) recupera dados de um Censo de 1872 e mostra que o Brasil tinha apenas 10,1 milhões de habitantes correspondendo a 1,3 milhão de famílias, sendo 23,4 mil o total de famílias ricas, proprietárias de escravos e de latifúndios, negócios comerciais e financeiros, ou seja, 1,8% do total das famílias respondia por aproximadamente 2/3 da riqueza e da renda. O mesmo estudo, com base em dados da PNAD/IBGE, atualiza dados sobre o perfil distributivo da riqueza no país e afirma que os 10% mais ricos da população respondiam por cerca de três quartos de toda a riqueza nacional em 2001 — um percentual superior ao verificado nos séculos anteriores, ou seja, "mantendo-se inalterado o padrão excludente de distribuição de riqueza no país".[95]

Reafirmo estas constatações e reconheço que os aspectos mais relevantes que direcionam nossa investigação são a predominância da

---

94. Arato, Anrew; Cohen, Jean. Apud Lustosa, Maria das Graças O. P. (2003) (Mimeo). Conforme Paper II, p. 22. Sociedade Civil e Teoria Social. Redescobrindo a Sociedade Civil. In: L. Avritzer (Org.). Sociedade Civil e democratização. Belo Horizonte: Del Rey, 1994, p. 153.

95. Pochamann, Marcio et al. (Orgs.). *Atlas da Exclusão Social no Brasil*: Os ricos no Brasil. São Paulo: Cortez, 2004, v. 3, p. 26-7.

má distribuição da renda e da riqueza no país, na medida em que isso contribui para a falta de autonomia, vista como "(...) redução do grau de liberdade para o enfrentamento efetivo e necessário do grave complexo processo de exclusão social".[96] As projeções desse mesmo autor em relação ao combate à pobreza, com base na renda *per capita* mostra que pode haver redução de pobres, e da "pobreza absoluta", o que não significa "(...) a diminuição da pobreza relativa".[97] Consolidou-se, em nosso país, um padrão absolutamente diferente do itinerário histórico seguido pelos países desenvolvidos, onde não se realizou uma reforma agrária como condição essencial ao desenvolvimento pleno do capitalismo.

4.6 "Políticas de exceção" e "inclusão social" — meios contra-reforma agrária?

Como já tratamos, o trabalho e as lutas sociais agrárias são referências teóricas essenciais à avaliação da lógica dessas relações políticas, pouco priorizada em boa parte da teoria social moderna nos estudos sobre a sociedade civil.

Marx procura desmontar a concepção burguesa, que percebe as transformações da sociedade como surgidas do Estado, eliminando qualquer noção ingênua dessas mudanças vindas "desde cima". Invertendo a concepção de Hegel acerca da prevalência do Estado sobre a sociedade civil, Marx a substitui pela noção de sociedade civil, quando faz a crítica ao *Programa do Partido Operário Alemão*.

Com Mészáros vemos, nessa mesma perspectiva, que não é o Estado que dá sustentação ao capital, mas o trabalho em sua dependência estrutural ao capital,[98] e aqui percebo o significado da busca de

---

96. Idem, p. 27.

97. Pochamann, Marcio et al. (Orgs.). *Atlas da Exclusão Social no Brasil*: Os ricos no Brasil. São Paulo: Cortez, 2004, v. 3, p. 27.

98. Mészáros, Istváno. *Para além do Capital*. Op. cit., p. 217.

outras formas de trabalho na agricultura, como respostas às imposições do sistema, e não como um fato natural fora dele.

Apoiando-nos em Marx, vemos que há tergiversações nisso, pois o Estado é colocado acima das classes naquela expressão histórica e é, na realidade, uma expressão alienada da sociedade civil. Essa sua crítica revela uma visão rigorosamente contrária à afirmativa de que o Estado é que deveria estar subordinado às classes.

Por sua vez, a separação entre sociedade e Estado defendida pelo *Programa do Partido Alemão* serve de base à crítica de Marx, que pensa e defende uma sociedade sem classes, portanto, sem necessidade de Estado. Sob o ângulo teórico, esse Estado corresponde à definição de Lênin, que percebe o "Estado como produto e a manifestação do caráter inconciliável das contradições de classe".[99]

Trata-se de uma crítica ao "fetichismo", que contorna as noções alienadas das funções do Estado capitalista em suas relações com a sociedade. Nessa sua fase imperialista e especulativa de desenvolvimento, esse fetiche é intensificado, igualmente, obscurecido enquanto estrutura de mediação na reprodução do sistema capitalista.

Entretanto, isso não desonera o cuidado que se deve ter de pensá-lo como instância "(...) nem autônoma nem redutível" ao sistema do capital, apesar de ser esfera indissociável do metabolismo desse sistema. Dessa forma, essas esferas devem ser vistas "(...) não como duas dimensões independentes, (...) ou mesmo como aquelas que tendem a reduzir o Estado a mero comitê executivo das classes dominantes".[100]

É importante notar que não se trata de estruturas isoladas, de domínio exclusivo de uma classe; ao contrário, "ele expressa as necessidades globais da manutenção da reprodução do metabolismo social regido pelo capital".[101] Essas contradições do Estado capitalista têm

---

99. Lênin, V. I. *O Estado e a revolução*, p. 192.

100. Lessa, Sérgio. Beyond capital: Estado e capital. *Revista Serviço Social e Sociedade*, n. 54. São Paulo: Cortez, 1989, p. 145.

101. Idem, p. 145.

sido objeto de intensas pesquisas sobre seu papel, sobretudo o debate que se contrapõe à política neoliberal de defesa do Estado mínimo.[102]

Ora, como pensar esse Estado mínimo, se o capital não apenas precisa dele, como somente "(...) pode existir se possuir no Estado uma mediação estrutural ao intrínseco e absolutamente necessário processo de reprodução ampliada"?[103]

De fato, nesse contexto neoliberal, a novidade quanto ao papel do Estado fica por conta da prioridade à intervenção na implementação de políticas de recorte social, instrumento confrontado no contexto neoliberal, hoje revisado pelo Pós-Consenso de Washington. Esse precisa investir na "distribuição" de benefícios sociais como meios para minimizar os antagonismos sociais forjados nessa conjuntura econômica, frente aos desmontes de direitos universais originados do trabalho e do Estado de Bem-Estar Social. Ainda que, no âmbito rural, existam, no limite, direitos à saúde, e à educação, os avanços das forças produtivas aproximam os espaços urbano-rurais, onde o crescimento da proletarização tem como tendência aproximar os trabalhadores desempregados do campo e da cidade, frutos da proletarização. A falta de investimento na produção agrícola e industrial agrava os níveis de pobreza e a realidade demanda cada vez mais de programas de rendas mínimas de enfrentamento da pobreza, como bolsa renda, bolsa escola, e, mais recentemente, o "Programa Bolsa Família".

No contexto atual, os programas de recortes sociais, utilizados pelo Estado na mediação da reprodução da força de trabalho, são engrenagens que têm por funções econômicas, sociais, mas também, ideológicas, não apenas suprir os níveis de pobreza, mas buscar respostas para as persistentes desigualdades sociais. As polêmicas sobre a efetividade dessas políticas diante de suas funções no sistema capitalista é que, ao se colocarem na esfera do distributivismo social inequivocamente, não alteram esse quadro social. O resultado desse en-

---

102. Destaco, entre outros, estudos críticos da produção teórica de José Paulo Netto, Francisco Teixeira, Ricardo Antunes, Maria Thereza C. G. Menezes. Na produção internacional, destaco a produção de István Mészáros.

103. Lessa, Sérgio. Idem. Op. cit., p. 148.

trelaçamento entre Estado e sociedade civil implica numa face autoritária por parte dessas instituições, de negação dos avanços democráticos conquistados pela sociedade. Essa superioridade frente à sociedade civil revela um Estado atrasado no sentido de suas relações com o sistema econômico-social, cujas distorções nessas relações explicam, em parte, a fragilidade dessas instâncias em reconhecer a legitimidade das organizações políticas dos trabalhadores do campo. Daí emana o demasiado controle social das lutas sociais pela terra,[104] surgindo sérias dificuldades na instauração de uma autêntica democracia burguesa.

Ou seja, em se mantendo esse sistema econômico, o Estado só pode ser entendido como "(...) a máquina governamental ou o 'Estado', que em razão da divisão do trabalho constitui um organismo em separado da sociedade"[105]. Na verdade, o que estamos vivenciando é um contexto de "Contra-Reformas", calcado em uma suposta hegemonia, isto é, deparamo-nos com uma época de desmontes em vista da reconstrução de outro padrão de sociabilidade. Esses alicerces teóricos sobre a sociedade civil servem de balizamentos para a avaliação do sentido das lutas políticas travadas entre os Movimentos dos Trabalhadores Sem-Terra e o Estado brasileiro, especialmente nas últimas décadas.

É importante observar que, no debate do novo rural, certos aspectos históricos relativos ao significado da propriedade na perspectiva de classes sociais, de correlação de forças, ficam subsumidos. Boa parte dos estudos enfatiza as determinações econômicas, produtivas, sem combinar as esferas sociais e políticas na relação orgânica entre estas. O caráter provisório e as "soluções reformistas" no enfrentamento dos problemas agrários, de longe, têm como possibilidades as

---

104. Lesbaupin, Yvo; Mineiro, Adhemar. *O desmonte da nação em dados*. Petróplis: Vozes, 2002, p. 53. A título de ilustração sobre os conflitos agrários no Brasil, de 1985 a 2001 ocorreram 1.237 assassinatos de trabalhadores rurais, sendo que 243 foram durante o governo Fernando Henrique Cardoso. Do total desses assassinatos, só 102 foram submetidos a julgamentos até o presente. Os autores apresentam estes dados sobre os conflitos no campo, com base em documento da Comissão Pastoral da Terra — CPT.

105. Marx, Karl. *Crítica do Programa de Gotha*, p. 20-21.

saídas revolucionárias, conforme mostradas nos termos de Lênin no *Programa Agrário*.[106]

Dessa forma, a desregulamentação das funções dos Estados nacionais é uma das estratégias relevantes nessas transformações, diante de suas repercussões sobre a dinâmica das relações sociais de produção no setor agrário. Portanto, a agricultura não está excluída dessas mudanças. Ao contrário, essas alterações confirmam um acentuado desmonte do "trabalho" diretamente realizado na produção agrícola, colocando em questão a importância da produção em geral, e a de alimentos em particular, haja vista os deslocamentos ou da negação da centralidade principalmente do trabalho à ordem do capital, ou seja, os fatores, trabalho e produção como essências do padrão de acumulação, agora movido pelo sucesso dos investimentos, dos lucros e da mais valia obtida através da informática, dos eletro-eletrônicos, do conhecimento, educação e cultura. Mudanças essas que, de fato, concorrem à "desagregação do trabalho e das famílias rurais". Diante desses desmontes da estrutura de organização econômica, produtiva, social e política, e dos processos de produção nas áreas rurais, dos avanços da proletarização do trabalho, o resultado não poderia ser diferente, qual seja, um de seus focos centrais, a "despolitização dos movimentos sociais, consequentemente, da reforma agrária".

O Estado brasileiro, em suas relações com o setor rural, tem sido, em boa parte, resultado de um processo de relações mais voltadas aos interesses dominantes. Em seu papel de principal protagonista de um desenvolvimento tem conservado relações autoritárias caracterizadas por coerções extra-econômicas, com forte tendência de proteger bem mais a grande propriedade. Para as pequenas propriedades, as estratégias, tanto em relação às políticas agrícolas como às agrárias, têm sido sobretudo pela distribuição de terras, compras de produção e, mais recentemente, como mudança mais importante, transformar a

---

106. Lênin, V. I. *O Programa Agrário*. Da Social-Democracia na Primeira Revolução Russa de 1905-1907. São Paulo: Livraria Editora Ciências Humanas, 1980. p. 74-5.

reforma agrária na categoria de políticas sociais, via políticas assistencialistas e compensatórias, no enfrentamento da pobreza rural-urbana.

É dentro desse novo cenário que as políticas sociais alternativas "distributivistas" ressurgem como possibilidades de reforço ao conturbado contexto de transformações capitalistas. A tendência do uso desses instrumentos poderá ser forjar processos de "alienação humana" — nos termos de Marx —, porque reforçam a opacidade da realidade social, freiam e distanciam o crescimento sociopolítico e dissimulam as desigualdades sociais.

Nesse sentido, a distribuição de produtos destinados a aliviar a fome, prioridade nas duas últimas décadas, ressurge diante da queda dos investimentos na produção, do desmoronamento do padrão civilizatório edificado no contexto do Estado interventor, cujo recuo da esfera da produção, como via mais lucrativa, despreza, no limite, outros componentes da cadeia produtiva além da terra, tais como: créditos, matérias-primas, insumos agrícolas, máquinas, equipamentos e assistência técnica, uma distorção que deixa comprometido o binômio "formas de produção e distribuição".

Segundo o professor Francisco de Oliveira, quando os mecanismos de nivelamento das desigualdades sociais não funcionam, o Estado precisa lançar mão de "políticas de exceção" no atendimento às situações de "excepcionalidade". Portanto, a emergência no uso desses meios pode ser um forte indicador da ineficácia das políticas universais voltadas à redução das desigualdades. Essas "excepcionalidades" anunciam o fracasso das diretrizes que o Estado deveria seguir.[107]

Assim, a ênfase intensa no consumo, quando separada qualitativamente da lógica entre as demais esferas da produção, distribuição,

---

107. Utilizamos as expressões "exceção" e "excepcionalidades" entre aspas porque elas foram cunhadas pelo professor Francisco de Oliveira na ocasião de um Curso sobre "Democracia e Direitos Sociais" promovido pelo Projeto de Estudos e Pesquisas sobre o Trabalho, coordenado pela Professora Nobuco Kameyama, realizado na Escola de Serviço Social da UFRJ, em março de 2003. Segundo o professor, o Estado adota políticas de "exceção" para tratar segmentos de classes sociais excepcionais, porque precisa do consentimento; assim, lança mão dessas políticas, criando clientelas para a negação da cidadania.

troca e circulação, mascara a indissociabilidade da distribuição como resultado do "modo de distribuição das formas de produção", como bloqueios às diferenciações entre as classes sociais. Essas políticas colocadas na esfera da distribuição imediata — não se referem à distribuição dos meios de produção, e sim, a proventos, benefícios sociais — descolada da lógica da produção e seus corolários orgânicos, ajudam a compactar e partilhar certas "ilusões", no sentido teórico que Marx chama de "falsas noções", como ele observa; isso reforça a "alienação", porque dissimula os fundamentos e a gênese dos padrões desiguais imperativos do sistema capitalista e consolidados nas relações sociais.

Contudo, o que chama atenção é que não nos parece positivo quando esses fatos ocorrem, com o rebaixamento de certas políticas ou, mesmo, se esse enquadramento da distribuição de alimentos é feito em detrimento de políticas agrícolas e agrárias como possibilidade de um desenvolvimento relativo da produção. Sendo assim, na ausência das condições de reprodução, só resta aos segmentos excluídos se inserirem nas políticas assistencialistas, como alternativas de "inclusão social". Essa via pragmática obstrui as possibilidades de desenvolvimento da consciência política e social e nega o reforço da cidadania obtida pelo trabalho como garantia digna às condições de reprodução social.

As políticas compensatórias na óptica burguesa por um lado, camuflam o significado do não acesso dos segmentos mais frágeis aos jogos do mercado, por outro, servem de meios de "inclusão social" e de controle social na mediação dos conflitos sociais. Esses mecanismos protecionistas compõem o aparato institucional-burocrático do Estado como meios de superação dos antagonismos engendrados nas relações sociais, fruto dos avanços das forças produtivas. Daí, o caráter utilitarista de "supostamente superar os antagonismos de classes, assegurar um crescimento ininterrupto, um aumento do consumo (...) a função objetiva da ideologia 'economicista' é, sem dúvida, tentar desmantelar a luta de classes do proletariado".[108]

---

108. Mandel, Ernest. Idem, p. 341. (Grifos do autor).

Constatamos que a apreensão da realidade agrária fica incompleta, se examinada apenas pelo enfoque econômico da produção agrícola, por esconder a noção das diferenciações de classes e por dificultar a percepção de que a exclusão de formas de trabalho e a recriação de mecanismos de absorção deste é condição histórica desse sistema.

Assim, a "apropriação do sobre-produto social, controla também as "superestruturas" construídas com este".[109] Ou seja, as alterações no sistema de produção social têm efeitos diretos sobre as demais esferas da reprodução social e política. No rastro dessa noção, as instituições de poder e a hegemonia da sociedade civil organizada são instâncias sociais inerentes às configurações da constituição do Estado e não o contrário.

O Estado brasileiro aposta nesses instrumentos conciliatórios como vias alternativas na solução das questões sociais rurais. Delgado sinaliza essas tendências, quando lembra o exemplo recente da estratégia de combinação dos temas como "reforma agrária e resgate da proteção social no meio rural".[110] Tais meios funcionam como suporte aos efeitos dessa transição econômica para a "nova economia" cuja dinâmica redefine os papéis das instâncias envolvidas: o Estado, o mercado e a sociedade.

Sabe-se da importância que os salários indiretos e as políticas de distribuição de renda têm na compensação dessas carências. No entanto é preciso atentar para além disso, pois o que está em jogo nessa distribuição de renda é que ela implica ultrapassar o caráter desigual da distribuição cuja efetividade passa, de fato, pela distribuição real da propriedade, da renda e da terra. A maior parte dos estudos que tratam da exclusão relega a questão da propriedade privada como parâmetro analítico. Por isso, deixa escapar a noção de que a "'nova exclusão' é fruto da 'velha exclusão' não resolvida e destas novas formas de ajustamento interno e externo, que funcionam como mecanismos de proteção e acumulação da riqueza privada".[111]

---

109. Idem, p. 346.

110. Delgado, Idem, p. 236.

111. O Movimento Nacional da Exclusão Social. In: *Atlas da Exclusão Social no Brasil*. Dinâmica e manifestação territorial. Campos, André et al. (Orgs.), v. 2. São Paulo: Cortez, 2003, p. 53-6.

Contudo, como diz Oliveira, isso não basta. É preciso avançar na compreensão dessas saídas buscadas pelo capitalismo contemporâneo, para entender o significado das políticas particulares ou "micropolíticas", como lógica imperante dessa sociabilidade centrada nas micro-dimensões como famílias e indivíduos segmentados. Isso pode resultar em anacronismos, que tendem a negar e a fazer retroagir a história.

No caso da viabilidade da agricultura familiar, é preciso atenção para além do problema da terra, dos processos de trabalho e da produção. É preciso desvendar os problemas agrários numa dimensão da totalidade do sistema "como um todo social". Além dos avanços tecnológicos, devem-se considerar as múltiplas determinações econômicas, sociais e políticas engendradas nessa ordem do capital. Lembrar que a emergência da ampliação do consumo pela distribuição de proventos, significa que os instrumentos priorizados na circulação através do incremento de políticas na esfera da produção, não constituem mais o eixo central desse novo ciclo econômico, só a partir daí, pode-se captar que mudanças ocorrem nas relações sociais de produção. A atenção especial a esses aspectos levam às metamorfoses engendradas nessa missão histórica do sistema capitalista de produção.[112]

Nesse novo estágio da expansão e acumulação capitalista, a reforma agrária passa a ser vista muito mais pelo ângulo de política social, cujas reestruturações vão do setor de produção ao consumo. Essas mudanças resultam dos avanços tecnológicos, incluindo a produção de máquinas, equipamentos e insumos, da mesma forma que as transformações da indústria eletroeletrônica e das telecomunicações, as quais afetam não só o setor agrícola, mas exercem efeito na produção em geral.[113] Atuam nas formas do trabalho familiar em particular, nos aparatos institucionais — bases estruturais do sistema econômico

---

112. Lênin. *Desenvolvimento do Capitalismo na Rússia*. Op. cit., p. 25.

113. Essa discussão sobre a relação entre produção e consumo deve ser entendida no sentido marxiano, em que a produção não é só a de coisas, mas produção que cria também o modo do consumo. Ou seja, há dependência recíproca entre ambas, onde elas se realizam mutuamente, sem perder sua identidade, sem jamais se diluírem uma na outra. Na sociedade mercantil, essas relações são mediadas pela distribuição.

— nas relações sociais e nas formas de organização política das classes trabalhadoras.

Esses fenômenos trazem consequências diferenciadas, em particular, às economias em desenvolvimento, como a brasileira, cuja participação no processo da globalização, segundo estudiosos, se dá em condição de subordinação às economias hegemônicas.[114] Essas reestruturações econômicas têm expressões importantes nos campos sociais e políticos, pois envolvem a criação de novas formas do trabalho ou mesmo recriam velhas formas de subordinação do trabalho ao capital, fruto das imposições do novo padrão de acumulação capitalista com vistas à sua objetivação.[115] Formas essas cuja magnitude e complexidade tem rebatimentos diferenciados para as classes sociais, no mundo do trabalho, conforme as particularidades históricas dos países, quer em áreas rurais ou urbanas quer em economias desenvolvidas ou em desenvolvimento.

A transição do trabalho das atividades agrícolas para as não agrícolas alteram as formas sociais do trabalho, deslocam a importância da base de produção para a esfera da circulação e do consumo em busca das finalidades do sistema. Faz parte da lógica histórica do capital reproduzir-se mediante a subordinação do trabalho às suas imposições. Por isso, a assertiva materialista da história em sua versão

---

114. Chesnais, François. *A Mundialização do Capital*. Trad. de Silvana Finzi Foá. São Paulo: Xamã, 1996. Esse autor chama a atenção para um fator essencial nas relações regionais e/ou internacionais quanto à condição de "subordinação de economias em desenvolvimento face às desenvolvidas, quando sustenta que 'o movimento da mundialização é excludente'. Com exceção de uns poucos países industrializados". Esse autor sintetiza a questão, ao dizer "(...) está em curso um nítido movimento tendente à marginalização dos países em desenvolvimento". Essa afirmativa desnuda a eminência de uma visão ingênua de "desenvolvimento econômico" por igual entre nações capitalistas, quando, na verdade, sabe-se que isso é impossível na dinâmica do sistema de valorização e acumulação do capital, cuja racionalidade exige atualizações nas relações macropolíticas além do campo material da produção. Por isso mesmo, o movimento do capital coloca em questão os padrões de regulamentação produtiva de trabalho, inspirados nos modelos: "taylorismo, fordismo e keynesianismo". Idem, p. 33.

115. Refiro-me ao conjunto de transformações impostas pela necessidade que tem o capital em seu estágio de valorização e expansão, conhecido como acumulação flexível, mundialização econômico-financeira.

crítica nesse estágio de acumulação especulativa de capitalismo global continua válida e atual.

Assim, a centralidade do trabalho é substituída por outras bases, assume outras formas de organização social, mas o trabalho, no setor agrícola, não desaparece; ao contrário, é cada vez mais explorado pelos avanços da ciência e da tecnologia moderna. É funcionalizado em outras atividades, centrado muito mais, em atividades não agrícolas e no setor de serviços em áreas mais rentáveis aos interesses do capital, cujos imperativos desse estágio do sistema alteram a lógica da produção e da reprodução social. Redesenha uma nova divisão e uma hierarquia social do trabalho na agricultura, o recuo da produção tem como contrapartida a reconfiguração do papel do Estado, com a ampliação de políticas públicas de assistência social no enfrentamento da pobreza rural, mas não mexem na estrutura fundiária. Todos esses fatores reorientam as novas concepções ao desenvolvimento rural, agora calcado em outros parâmetros analíticos que explicam os grandes eixos desse modelo civilizatório, como as noções de redução de "distâncias entre o urbano e o rural", "espaços", "territórios", desenvolvimento de esferas "locais", "regionais". Estes são alguns dos determinantes desse "novo mundo rural": Seria essa uma contra-reforma agrária?

CONSIDERAÇÕES FINAIS

As tendências do padrão de desenvolvimento agrário e agrícola brasileiro — em particular, no que tange às condições de viabilidade da agricultura familiar — acenam para novas roupagens de velhos temas, como a reedição do modelo de reforma agrária de caráter "reformista-conservador", em consonância com as recentes orientações do governo brasileiro e dos organismos internacionais: Banco Mundial, BIRD, FMI, financiadores do desenvolvimento do país, cuja ênfase mais central está na discussão sobre a relações entre as políticas econômica e social, diferente do padrão de relações de produção fordista-keynesiano de maior intervenção do Estado no desenvolvimento da pequena agricultura, mas incorpora expressivas reconfigurações no padrão de desenvolvimento rural, preconizadas a partir dos anos 90 nos governos Fernando Henrique Cardoso e continuadas no governo Luiz Inácio Lula da Silva.

Uma das expressões sob o âmbito da produção na agricultura é o fortalecimento da produção de mercadorias que ocorre de forma mais intensa no agronegócio, em especial, através da expansão da produção de grãos destinados à exportação de produtos monocultores como soja, cana-de-açúcar, mamona etc., que servem à produção do valor e a mercantilização da produção agrícola. Essa produção de matérias-primas decorre dos grandes incentivos ao desenvolvimento agroindustrial e dos avanços tecnológicos investidos no agronegócio. Essa produção destina-se à aceleração dos processos de agregação de valor dos produtos através do envio da produção para outros mercados de países tecnologicamente mais desenvolvidos, como os Estados Unidos e a Europa.

É importante atentar para o fato de que contraditoriamente o projeto "novo rural brasileiro", com esse apogeu no *agribusiness*, desenvolve, em paralelo, uma retórica sobre a desimportância relativa da terra, consubstanciada na proposta de "reforma agrária com pouca terra" que nas entrelinhas surge combinada à desimportância do trabalho e de certos produtos agrícolas. Essas premissas conformam paradoxos, se considerarmos o que disse Karl Marx, para o qual a terra, em sua forma natural, constitui um "meio de trabalho", cuja valorização está necessariamente condicionada à incorporação de outros meios indispensáveis à agregação de valor. O trabalho, nesse caso, é o componente, por excelência, na criação do valor junto aos meios de produção, os quais formam uma combinação que consolida essa finalidade: "meios de trabalho e de desenvolvimento elevado da força de trabalho".[1]

Incluem-se aí os outros instrumentos de mediação social cujo uso condiciona o domínio do capital e favorece a ampliação dos investimentos mercantis, efetivando-se, nesse contexto histórico, uma modernização agrária conservadora, voltada muito mais à grande agricultura para exportação, com a exploração de grandes áreas, à qual a grande propriedade privada da terra tende a se consolidar, territorializar-se como reserva de valor, afora que, também, agrega "valor-trabalho", promovendo alterações substanciais, nas relações sociais de produção.

Assim, confirmam-se a conservação do grande latifúndio, a propriedade da terra concentrada nas mãos de poucos, onde a estrutura fundiária não sofre alterações substantivas, porque a terra continua enquanto reserva de valor sedimentando uma das particularidades

---

1. Marx, Karl. *O Capital*. Crítica da Economia Política. Livro I, v. I, idem, p. 204.

históricas do capitalismo agrário brasileiro. O progresso tecnológico ocorre interligado ao controle da propriedade burguesa, numa dinâmica que difere daquela que seguiram os países que fizeram a reforma agrária.

No Brasil, sob o ângulo da propriedade, a liberação das terras continua a ocorrer através de políticas residuais, focalizadas e pontuais, um modelo de reforma agrária — mesmo diante dos expressivos avanços das lutas sociais dos trabalhadores rurais — cuja exequibilidade efetiva tem lugar nos limites e interstícios concedidos pela ordem burguesa. Há expressivos indícios de reconcentração de terras, principalmente em certas regiões de baixa densidade demográfica, tais como Amazônia, Mato Grosso, Bahia e Goiás, regiões em que vem se difundindo o crescimento do agronegócio veiculado, sobretudo, com a exploração de culturas de grãos para exportação de matéria-prima.

Tal dinâmica favorece o movimento de uma contrarreforma agrária, ainda que se considere a abundância de terras disponíveis no país, com capacidade de efetivar um programa de reforma agrária, nos moldes reivindicados pelos movimentos sociais, pois, como mostra o INCRA, são "mais de 300 milhões de hectares".[2]

Esses fatos confirmam minha hipótese de que, nesse modelo, a viabilização da pequena agricultura enfrenta dificuldades, porque não conta com a ajuda efetiva e sistemática dos governos, enquanto a instância de regulamentação das relações de propriedade, o qual, além de não lhes facultar ou por que não dizer, socializar a terra? Em geral, não contam com crédito suficiente e sistemático, bem como os demais componentes dos processos produtivos — assistência técnica, insumos agrícolas etc. Os governos nas diferentes instâncias optam por estabe-

---

2. "Segundo levantamento do INCRA — Instituto de Colonização e Reforma Agrária —, em 2003, 49,1% das terras do Brasil estavam em mãos de particulares, o que equivale a 418.211.314 hectares; destes, 100 milhões de hectares não teriam titularidade confirmada. Dos 50,9% de terras restantes, 432.696.151 hectares, 230 milhões são de terras devolutas e cerca de 200 milhões são de reservas indígenas e áreas de conservação. Nesse caso, só o estoque de terras para efetivar uma reforma agrária no país, seria de 300 milhões de hectares". Conforme matéria publicada no jornal *O Globo*. "As muitas Anapus do Brasil". O mapa dos conflitos. Caderno "O País", de 27 de fevereiro de 2005.

lecer relações estreitas com os movimentos sociais que servem muito mais para confundir seus papéis. As contradições capitalistas nesse conjunto de relações sociais são disfarçadas no âmbito do poder público, o qual nesses tempos de neoliberalismo, investe fortemente num esquema de apelo à solidariedade entre as classes sociais, em busca do consenso social, como se sabe, uma arma poderosa à contrarrestar as contradições do sistema do capital.

Os pequenos segmentos dificilmente se sustentam plenamente nessa ordem que se consolidou no país, onde o total domínio da terra pelas elites constitui uma das razões da agricultura familiar se desenvolver ou conviver com os padrões do agronegócio que, ao se territorializar na sociedade, tornam a viabilização dos pequenos dentro dessa ordem muito mais complexa, somadas aí, as condições de subsunção que se submetem ao capital sob as mais diferentes formas. A inversão desse quadro pressupõe a ruptura desse padrão agrário, rumo à estatização ou nacionalização das terras de forma que uma socialização da propriedade subentende uma ruptura do padrão capitalista rumo a outra ordem social.

Assim, o novo rural, ao reorientar um padrão de reforma agrária nos moldes econômicos vigentes, não mostra avanços na viabilidade desses pequenos segmentos, até mesmo pela falta de condições agrárias e agrícolas que façam frutificar sua produção. Ao contrário, as tendências mostram que crescem os benefícios à grande propriedade e os investimentos abundantes no agronegócio destinados ao mercado de exportação e agregação de valor mercantil, mediado em geral, com patrocínio do Estado, sejam na forma de oferta de créditos em tempo hábil, juros mais baixos, períodos maiores de carências, dispensas de pagamentos de tributos, impostos, anistias ou outras trocas entre os governos regional, local e federal.

Diferente do nosso padrão interno, países avançados demonstram proporcionar as condições mais equitativas de exploração da grande e da pequena propriedade em circunstâncias similares quanto ao total apoio do governo a seu desenvolvimento. Isso implica a liberação de maiores investimentos destinados aos pequenos, subsídios financeiros e técnicos, combinados a outras políticas integradas, rigorosamente articuladas aos estágios produtivos. Não só isso, mas dispõem de políticas de cobertura das demandas relativas aos estágios da produção, distribuição, troca (circulação) e consumo das mercadorias, incluindo toda a infraestrutura necessária. Caso contrário, boa parte dos pequenos continuará excluída dos jogos do mercado agrícola diante das dificuldades em competir no mercado lucrativo de altas tecnologias, que forjam o aumento da força de trabalho excedente, em fim, expandem a proletarização.

No Brasil, uma possibilidade na melhoria dessas condições poderia proporcionar uma possível convivência entre a agricultura desenvolvida, as médias e as pequenas propriedades rurais, as quais poderiam se desenvolver em uma perspectiva de complementaridade de suas ações, cabendo às primeiras assegurar o consumo alimentar dos grandes centros, ao passo que às pequenas, o abastecimento dos centros menores[3] como indica a realidade das sociedades avançadas.

Por sua vez, o processo de mercadorização agrária e agrícola em nosso país, no contexto atual, frente às premissas de desimportância da terra como meio de produção essencial, combinada à desimportância do trabalho justificado pela busca de atividades fora do setor agrícola, ajudam a naturalizar, ao invés de desvendar a realidade. Tais abordagens fortalecem a desimportância da produção dos alimentos vista como esfera obsoleta, nesse padrão de acumulação "flexível", fato largamente justificado pelos limites do tamanho da terra. Ora, como isso se sustenta se este é um país que possui a maior reserva de terras agricultáveis do mundo? Não seria portanto considerável uma revisão dessa realidade?

A terra considerada como fator de obliteração do desenvolvimento somada a suposta pouca capacidade dos pequenos segmentos em competir no mercado, caracteriza o projeto conservador contrário à divisão da terra, nega o tamanho da terra como condição ao desenvolvimento efetivo da agricultura e dos demais fatores essenciais à pro-

---

3. Idem.

dução, infraestrutura, reafirma o ideário de uma "contrarreforma agrária". O que ocorre é um reformismo agrário de extrema relevância às análises sociais, que possam decifrar as novas formas de (re)produção e as expressões da "questão social" rural.

Sob o ângulo teórico emerge uma diversidade de interpretações acerca dessas relações de produção, incluindo desde leituras mais conservadoras — como nos tempos da CEPAL — até análises mais híbridas. A parte mais representativa desse debate dá maior ênfase ao ângulo da produção de mercadorias descolada de suas influências nas relações sociais de produção e de reprodução social. Assim, deixam subsumidas as formas de "subsunção do trabalho" ao capital, e as contradições engendradas no sistema, nos avanços das forças produtivas, pelo caminho da recriação das novas formas sociais do trabalho sobre outras bases não mais calcadas ou centradas na produção agrícola, mas um desenvolvimento rural realizado através de atividades informais, artesanais, pesqueiras, comerciais e turismo, dentre outras.

Na apreensão dessa realidade se expressa a noção de "diferenciação" na análise sobre as formas de apropriação da propriedade e do produto social, seguindo o legado marxiano, ao contrário da noção de identidade muito em moda no pensamento pós-moderno. Compreendo os processos agrários como uma "relação social", nos termos de Marx e Lukács, em que as novas relações sociais de produção determinam e são determinantes das condições objetivas e subjetivas do ser social enquanto substratos dos processos de "produção" e de "reprodução social".

O certo é que a centralidade maior na expansão e incremento financeiro do mercado de tecnologias avançadas na agricultura vem consolidando os negócios mercantis de modo a atender, além do aumento da produção de matérias-primas, as mudanças nos tipos de produção e de trabalho. O incremento da compra e venda de tecnologias de ponta, como máquinas, equipamentos agrícolas e insumos supermodernos, ampliam os lucros gerados especialmente pelo "trabalho morto" apropriado pelos meios de produção, e pelo "trabalho vivo", os quais formam a porta de entrada à extração de mais trabalho e de mais-valia.

O trabalho aí embutido assume distintas formas no conhecimento científico incorporado às altas tecnologias eletro e eletrônicas, mecânicas e no campo da genética, dos transgênicos, cujo sentido ontológico e finalidade maior estão na capacidade humana de exercer o controle dos recursos naturais da terra e também das tecnologias.

Assim, a ultrapassagem das barreiras naturais na agricultura faz progredir o conhecimento científico, afora a potencialização e favorece as necessidades humanas em prol dos diversos interesses mercantis, comerciais, sociais etc.

O acréscimo das vendas de máquinas e equipamentos garante lucros exorbitantes tanto pelo trabalho vivo como pelo trabalho morto, mais favorecido pelo primeiro. A exploração do trabalho vivo gera o aumento da produtividade, adquirida na e pela potenciação dos recursos tecnológicos empregados nos diversos ciclos produtivos, em especial, nas atividades da colheita.

Pode-se constatar a obtenção da grande produção de grãos angariada nas duas últimas décadas, em que, recentemente, passou de 120 milhões de toneladas a 130 milhões de toneladas na última safra.[4] No entanto, vale dizer que não é a produção, a via central desse sucesso, mas o crescimento do emprego de tecnologias mais avançadas, que, além de potencializar a produção e a produtividade, fazem a exploração do "trabalho vivo pelo morto", o que significa que "(...) é o passado que avilta e agrilhoa o presente" (Marx, 1969, p. 21).

Esses resultados revelam significados mais profundos, para além da noção da produção em si — o caráter naturalizado do "trabalho vivo" — deixa em aberto as fronteiras entre este e o "trabalho morto", subsumindo a "diferenciação" entre os segmentos envolvidos e a funcionalidade do trabalho na ordem do capital.

Por sua vez, esse novo contexto societário evidencia as tendências de acirramentos dos ímpetos da globalização,[5] em que a mercantili-

---

4. Revista *Veja*. "O tamanho do Brasil que põe a mesa", ano 39, n. 9, 3 de março de 2004.

5. Identificamos que, em reunião da Organização Mundial do Comércio, na 5ª Conferência Ministerial da OMC, realizada em Cancun, México, em 2003, os países não consolidaram um

zação agrária e agrícola aumentam a "concorrência" e a "competitividade" entre os mercados nacionais e internacionais. Afloram também os ideários de perdas relativas de soberanias nacionais, mas expandem as relações mercantis agrárias e agrícolas, igualmente crescem as disputas pela dominação de territórios, das tecnologias, dos recursos naturais: terra, água, minérios, recursos nos quais o Brasil se destaca.[6]

Ocorre um incremento no consumo dos recursos tecnológicos beneficiado pela abertura e ampliação dos mercados nacionais e transnacionais, favorecendo a dinâmica do "capital constante" como via, por excelência, de obtenção dos lucros sobre o trabalho empregado nesses meios. A "mais-valia relativa e absoluta" obtidas nesses processos ocorre não apenas pelo aumento da produtividade, mas, sobretudo, pela exploração do trabalho diante das formas de "subsunção formal e real do trabalho" tanto nas jornadas extensas de trabalho como na produtividade otimizada no/pelo emprego de tecnologias, levando parte expressiva dos excedentes dessa lógica capitalista à situação de semiproletários ou proletários.

---

acordo sobre o fim dos subsídios agrícolas em países ricos, o que permitiria o acesso aos mercados agrícolas pelos países pobres. O Brasil se considerou vitorioso, ao liderar como porta-voz do G22 (os vinte e dois países em desenvolvimento). Diante das potências mundiais, 15 nações da União Europeia, Suíça, Japão e Estados Unidos foram contrários à eliminação dos subsídios agrícolas. Não houve consenso, ficando para a próxima reunião do Conselho Geral da OMC, marcado para Genebra em dezembro de 2003. Trata-se de conflitos nas relações de poder entre nações industrializadas e países emergentes, onde os primeiros continuam a exercer pressões em busca da manutenção de sua hegemonia sobre os segundos. A OMC agrega mais de 90% do comércio internacional, mas tem, embutidas nessas relações de comércio mundial, questões teóricas recheadas de controvérsias, como *direito de propriedade intelectual fundamentado na teoria do crescimento com progresso técnico endógeno*. Estão em jogo relações de poder, cujos avanços dependem da capacidade de modificá-las no mercado mundial. O Brasil demonstra querer lutar para sua inserção nessa luta. Informações extraídas de jornais e em artigo de autoria de Kallabis, R. P. Países em desenvolvimento e a Organização Mundial de Comércio. Disponível em: <http://www.jubileubrasil.org.br/artigos>. Acesso em: 20 abr. 2005.

6. "O Brasil tem a maior fronteira agrícola do mundo — isso sem avançar um centímetro na Floresta Amazônica. São 355 milhões de hactares aráveis, dos quais apenas 20% são utilizados para plantações. Essas áreas equivalem a dez vezes o território da Alemanha ou 12% das terras que podem ser ocupadas com agricultura em todo o planeta". Reportagem recente publicada na Revista *Veja* de 4 de março de 2009.

Outra novidade desse ciclo de economias transnacionalizadas é a ênfase sobre a revalorização dos recursos naturais, para além da discussão da relação entre os espaços, urbano e rural. É dada relevância à disponibilidade de terras brasileiras e dos recursos naturais entre os países; surge como destaque, nesse debate, a justificativa de que o Brasil é o único país que ainda "(...) dispõe de 106 milhões de hectares de terras férteis, e uma das maiores reservas de terras agrícolas do planeta".[7]

Esse conjunto de questões tem relação direta com o recuo dos investimentos na produção de alimentos, cujo problema, salvo limites, tem relação com a qualidade e natureza da intervenção pública na implementação das políticas voltadas à viabilidade da produção alimentar. As expressões desse fato, com os desmontes do trabalho e de certos tipos de produção, em favor de outros interesses econômicos, incluindo as disputas pelos territórios. Esses fatores colocam a agricultura, em curto período de tempo, como um setor em foco no âmbito mundial, confirmando as previsões quanto às ineficiências do modelo neoliberal no tratamento dado à agricultura em sociedades capitalistas avançadas ou em desenvolvimento.[8]

O afã das transplantações apressadas de modelos internacionais parece não mudar em nada a realidade social brasileira. O desmonte do setor público tende a agravar os níveis de exclusão pela insuficiên-

---

7. Artigo recente, publicado pela *Revista Veja*, mostra que, apesar de o Brasil já ter ocupado 30% do território com lavouras e criações, ainda possui a maior reserva de terras agricultáveis do planeta. "Os Estados Unidos, apesar de ser o maior produtor de alimentos do mundo hoje, não consegue ampliar sua produção porque a tecnologia existente já foi incorporada e não há fronteiras para plantar". Outros países como a Europa (sic) também não têm mais áreas de reserva; a Índia, a Rússia e o Canadá, por sua vez, enfrentam dificuldades em relação "(...) às condições climáticas e geográficas para ampliar a produção". O grande desafio é que o Brasil vem sendo visto como o país que deverá "(...) garantir a alimentação aos outros países do mundo, principalmente aumentando os excedentes destinados às exportações". *Revista Veja*. "O tamanho do Brasil que põe a mesa", 3 de março de 2004.

8. Reportagem da *Revista Veja* de outubro de 2008 revela que os estrangeiros são donos de 4 milhões de hectares, o equivalente a apenas 0,47% do território brasileiro. Diz ainda que a maior parte dessas terras fica em estados com vocação agropecuária: Mato Grosso, 19,9%; São Paulo, 13,48%; Mato Grosso do Sul, 11,7%; Bahia, 9,4%, seguidos de outros estados com índices menores.

cia dessas intervenções nas raízes das distorções estruturais que assolam o país. Esses comprometimentos políticos obstruem as possibilidades efetivas de implementação de políticas de transferência de
renda, o que, de fato, não interessa ao mercado. Percebo que a abertura dos mercados à maior competitividade caminha "pari passo" com
a montagem de um "sistema de segurança social" ou de "controle
social" da pobreza, uma vez que as políticas sociais segmentadas e
natureza cíclica reafirmam um modelo híbrido de desenvolvimento
rural, um padrão de reforma agrária que pouco altera o quadro fundiário e as estruturas econômicas e sociais e, muito menos, os níveis
de desigualdade e pauperização na sociedade.

Mais do que nunca, essas tendências colocam em questão o mundo do trabalho e da produção de alimentos nesse ramo da economia.
Essa lógica provoca o incremento da competitividade internacional,
países ricos e pobres onde os primeiros acirram a concorrência e a
competitividade na disputa de ocupação dos territórios nacionais,
convergindo com ideias de desnacionalização dos Estados, a eliminação de fronteiras nacionais, fatos estes que minam as formas tradicionais não só do trabalho, mas do conjunto das relações sociais, políticas,
culturais. O "desmonte" do trabalho na produção constitui um dos
enfoques centrais dessa reestruturação produtiva, justificado pela ideia
de que a legislação rígida subtrai as oportunidades do trabalho assalariado no campo. Daí a crescente substituição do trabalho direto na
agricultura pelo incremento tecnológico, o que, seguramente, não
significa um desaparecimento do trabalho, mas a recriação de velhas
formas sociais como o trabalho escravo, e a criação de novas formas
sociais de trabalho.

Nessa direção, há um aumento da gestão das propriedades pelos
próprios donos das terras, mostrado pelo IBGE, confirmando as tendências de desmonte do trabalho, com reflexos na estrutura de organização coletiva e política do trabalho. O desemprego no campo
surge em versão similar ao que ocorre no mundo do trabalho na indústria, e os empresários argumentam que vem ocorrendo o "aumento dos custos de mão de obra — um custo de 102% do salário básico

na contratação de trabalhos formais", o que seria uma das razões das reformas.

Segundo o Banco Mundial, esse aspecto engendrou a proliferação dos contratos indiretos de trabalho em regime temporário para a agricultura "como resposta do mercado induzida pela rigidez dos mercados de trabalho rural brasileiros".[9] De certo modo, atesta a aversão ao trabalho formal, segundo os capitalistas, por este ter caráter negativo diante dos altos impostos exigidos.

Dessa forma, esta é uma conjuntura em que as tendências do trabalho rural reafirmam que o mercado é desfavorável à pequena agricultura tecnologicamente pouco avançada, na qual a terra é transformada em mercadoria, dificultando essa inserção, com mais intensidade, em tempos de sociedades globalizadas, onde a expansão do mercado de terras intensifica-se através da exploração e a extração de mais trabalho.

Portanto, a terra como um dos mais importantes "meios de trabalho", que se valoriza como terra-capital, conjugada ao desenvolvimento tecnológico, realiza o processo de valorização mediante a sucção de "trabalho vivo", invertendo-o em "trabalho morto" como o fim último da essência do trabalho, onde este cria as condições para a valorização capitalista.[10] Dizendo de outro modo, a mercantilização e a valorização das terras, nesse contexto histórico, revelam a junção terra-capital, igualmente a expansão dos meios tecnológicos de produção; consequentemente, a extração do valor-trabalho, cuja estruturação "altera a composição do consumo e determina (...) a composição orgânica do capital no departamento II e a taxa de acumulação".[11]

No âmbito dessa reestruturação produtiva, os desmontes dos processos de trabalho e a desimportância da produção agrícola são

---

9. Relatório Banco Mundial n. 21.790 — BR. Departamento do Brasil, Região da América Latina e do Caribe. "Combate à Pobreza Rural no Brasil: Uma Estratégia Integrada", v. I. Resumo: 27 de dezembro de 2001, p. 22.

10. Marx, Karl. Capítulo VI Inédito, Idem, p. 54-5.

11. Mandel, Ernest. *O Capitalismo Tardio*. Idem, p. XII-XIII.

efeitos concretos dos avanços das forças produtivas da ciência e da tecnologia sobre o trabalho; enquanto isso, ressurgem novas formas sociais ou reeditam-se velhos métodos de extorsão do trabalho, os quais são metamorfoseados na expansão de outras "atividades não agrícolas", redefinindo um novo padrão de reforma agrária. A desregulamentação do papel do Estado e a expansão do mercado nos negócios agrários confirmam os rearranjos burocrático formais centrais de viabilização desse ciclo de acumulação. O fato de o governo restringir, ou repassar, em parte, as ações de implantação de políticas públicas nesse setor às instituições privadas, às Organizações Não Governamentais — ONGs, prevendo os efeitos disso sobre as condições dos trabalhadores, leva o governo a investir maciçamente em políticas públicas de assistência social, compensatórias, cujos efeitos, teóricos e práticos, sociais e políticos são discutíveis.

Algumas análises expõem que o crescimento de gastos sociais compromete o Produto Interno Bruto (PIB) e reforçam negativamente os impactos das despesas pagas com benefícios assistenciais. Os setores responsáveis alegam que essas despesas subiram de 20% para 22,1%, ou seja, um crescimento de 9,5%, em que só os gastos com o programa Bolsa Família cresceram em 66,4%.[12]

Essa modernização re-funcionaliza relações conservadoras que sedimentam a despolitização da reforma agrária, através da proposta de "Reforma Agrária negociada" ou "Reforma Agrária com Pouca Terra", não mais com a intervenção do Estado, seguindo as premissas do "Pós-Consenso de Washington". Nesse caso, o papel do Estado é deslocado em diversas ações agrárias e agrícolas, para mediar as negociações diretas, individualizadas entre os interessados. Há expansão das relações comerciais entre os indivíduos que compram a terra —

---

12. Conforme avaliação de economistas, haveria dificuldade de o governo acumular superávit primário capaz de assegurar o cumprimento da meta global de 4,25% do PIB e a manutenção da relação entre a dívida e a redução do PIB. Demonstram que existiria determinação econômica maior a orientar a necessidade de equilíbrio nas relações entre receita e despesa, como as preocupações voltadas muito mais ao cumprimento das metas da dívida externa e queda do PIB, cujas informações mostram crescimento das despesas públicas no governo Lula de 87,3% para 90%. Jornal O Globo, 8 de maio de 2005.

ainda que contem com repasses públicos — e os proprietários das terras interessados em vendê-las, no mercado, sem a presença direta do Estado. Este faz a intermediação, repassando aos mesmos a condução dos negócios da reforma agrária. Sob o ângulo social, essas relações segmentam, fragmentam e despolitizam as lutas coletivas, individualiza os efeitos da "questão social". Uma dessas mudanças é a criação de formas cooperativas de financiamento da produção. Nesse contexto, ocorre a expansão do setor privado com a atuação de Organizações Não Governamentais (ONGs) nas questões sociais agrárias.

Assim, deslocam-se os conflitos agrários para as dimensões individuais, similar ao padrão liberal-conservador no tratamento da reforma agrária. Essas reorientações seguem as sugestões das agências financiadoras do desenvolvimento agrário, com a mediação dos Estados. Essas agências recomendam que os interessados desenvolvam um mercado de compra de terras através da criação de um "Fundo de Crédito" com recursos internos ou externos: "Nesse modelo, um dos objetivos é não incomodar as elites econômicas, com possíveis confiscos de suas propriedades, mas trata-se apenas de comprar as terras daqueles que estão dispostos a vender pelo preço pedido".[13]

Esses meios de circulação do capital circulante nos negócios da reforma agrária legitimam a mercantilização em vias da valorização e acumulação através da circulação do capital especulativo financeiro. Vale observar que, mesmo contando com certos recursos, "na maioria dos países o crédito e ou empréstimo que recebem do Banco da Terra não é suficiente para comprar a terra e torná-la produtiva".[14]

Porém, essa proposta encontra limites pois o mercado não trabalha na perspectiva de soluções das expressões da "questão social", não cabendo a ele assumir compromissos de tal envergadura. Por conseguinte, essas estratégias funcionam muito mais como instrumentos de amenização das contradições do sistema, na direção de uma contrar-

---

13. Rosset, Peter. *O Bom, o Mau e o Feio*: A Política Fundiária do Banco Mundial. Op. cit., p. 22.

14. Rosset, Peter, Op. cit., p. 23.

reforma, atravessada por um mercado de terras voltado basicamente à expansão do papel do setor privado no campo agrário.[15]

Em respostas às exigências econômicas do mercado, em vias da competitividade internacional, efetiva a busca de produção de melhor qualidade, com preços mais baixos, tendo como resultado o incremento da importação de alimentos pelo mercado interno, com desvantagens claras aos trabalhadores que se ocupam desse ramo da produção.

Certas regiões de baixa densidade demográfica, que oferecem amplas disponibilidades de terras, como a Nordeste e a Centro-Oeste, com imensas áreas desabitadas, vêm se transformando em grandes propriedades privadas. O preço baixo do mercado de terras estimula a consolidação desse padrão agrário.[16] Coincidência, ou não, é exatamente nessas regiões que se constata a ocorrência dos maiores gastos com os programas de assistência social.[17]

O incremento das inovações tecnológicas também provoca a queda dos preços diante da competitividade entre os mercados, exigindo, cada vez mais, propriedades altamente modernas destinadas a maior extração de lucros e mais-valia. Porém, essa competitividade não se restringe apenas aos negócios mercantis dos meios de produção; inclui também

---

15. Idem, p. 24.

16. O artigo de Peter Rosset mostra os efeitos dessa proposta em termos da superavaliação dos preços da terra. Embora modelo diferente para os países, tudo indica que as observações do autor são dirigidas ao caso do Brasil, onde tal modelo tem servido muito mais para estimular a corrupção entre latifundiários e funcionários dos governos dos Estados em termos de especulação e sobrevalorização dos preços das terras, o que inflaciona o mercado de terras. Tais ocorrências mostram que "a reforma agrária de mercado" tem sido mais benéfica para os latifundiários. Op. cit., p. 22. (Grifos do autor).

17. O governo federal vem comemorando os sucessos dos programas unificados de transferência de renda no Programa Bolsa Família. O Ministério do Desenvolvimento Social e Combate à Fome prevê, neste ano de 2005, atingir 8 milhões de famílias pobres, ou seja, 40 milhões de pessoas. Declara que executaram 94,6% do referido programa no ano de 2004. A Região Nordeste aparece com maior número de famílias atendidas, 5.259.839; a Sudeste com 3.045.159; a Sul com 1.045.279; a Região Norte com 1.134.478; e, por último, a região Centro-Oeste com 668.456. O governo não informa os dados segundo áreas urbanas e rurais, o que nos permitiria melhor avaliação quanto às condições dos trabalhadores rurais. Conforme dados do Ministério do Desenvolvimento Social e Combate à Fome (Fonte: PNAD/2001/IBGE). Disponível em: <http://www.mds.org.br>. Acesso em: maio 2005.

a competição pelos espaços territoriais como uma novidade desse ideário de sociedades globalizadas. Essa noção de espaços se estabelece nas disputas de territórios entre os países, especialmente, aqueles que ainda têm disponibilidade de vastos recursos naturais em condições de exploração como o Brasil, tais como terras, vegetação, minerais, entre outros recursos, o que parece não ser verdadeiro em outros países.

Nesse caso, os países avançados pós-industrializados, que já utilizaram por completo os seus recursos tecnológicos,[18] correm em busca de fontes de renovação e recriação das condições de reprodução do capital, seguindo os propósitos da globalização dos territórios. Isso evidencia as tendências de desestruturação da condição de soberania das nações, cujas incidências e particularidades históricas do desenvolvimento das formações sociais têm significados importantes no mundo do trabalho com expressões à questão social.

Uma dessas expressões no mundo do trabalho agrícola é verificada na redução expressiva das rendas rurais, as quais em grande parte não se originam mais dos rendimentos do trabalho agrícola, mas, com maior incidência, tem procedência nas políticas de recortes sociais do governo. A redução da intervenção do Estado nas políticas agrícolas confirma os propósitos neoliberais de negação da centralidade do trabalho e da produção, elegendo outras bases não materiais como a diversificação de atividades. Por fim, investem na concessão dos benefícios sociais. Tem-se, nesse contexto histórico, a consolidação de um padrão de reforma agrária à brasileira, um reformismo assistencialista com caráter "social" "tutelar" e menos calcado na "produção".

Essa tendência se legitima no governo Lula da Silva que atendeu, só com o programa Bolsa Família, quase 60% das famílias pobres brasileiras, ou seja, 6,5 milhões de famílias, com previsão de expansão para 8,7 milhões até o final de 2005.[19]

---

18. Conforme o artigo "O tamanho do Brasil que põe a mesa", publicado na *Revista Veja*, em 03 de março de 2004.

19. Conforme dados do Ministério de Desenvolvimento Social e de Combate à Fome. Disponível em: <http://www.primapaginapnud.org.br>. Acesso em: 22 abr. 2005.

Enfim, se os segmentos mais fragilizados da agricultura familiar não contam com as garantias essenciais a sua reprodução, se forem desrespeitadas as particularidades e as essencialidades regionais em termos do tamanho dos imóveis, das condições técnicas, econômicas, sociais necessárias à produção e a reprodução social, bem como situações climáticas etc., esses determinantes constituem condições de concorrência nos processos de produção social.

O problema é que essas políticas sociais de recorte assistencial, os chamados programas de "transferência de renda", esbarram em seus próprios limites, pois são incapazes de gerar renda e emprego. Por essa razão, eles não devem ser confundidos nem podem substituir o apoio à produção, pois essas vias dificilmente permitem superar os níveis de desigualdades e combater a pobreza. Ideologicamente, buscam o "consenso social" para a amenização da pauperização, mas funcionam também como alternativas ao subemprego tecnológico, ou, como diz Souza (2002), como "possibilidade de emprego externo à exploração agrícola".[20]

Os novos acordos pós-neoliberais atingem não só o Brasil, mas a América Latina, onde o emprego rural não agrícola vem crescendo. Um terço do total dos postos de trabalho nas áreas rurais é constituído por atividades não agrícolas e geram 40% da renda nessas áreas, incluindo os setores, industrial e de serviços.[21]

Nesse padrão agrário, o grande capital lidera o mercado de terras, e consolida uma modernização calcada em dependências externas do mercado interno. Conquanto isso não seja novidade, basta constatar a concentração da terra em um país onde: "Seis das 10 primeiras empresas privadas nacionais em 1985 são também grandes propriedades de terras — tão grandes a ponto de aparecerem entre 00,1% superior no estado onde está instalada, ou por ter este mais de 10.000 hectares".[22]

---

20. Souza, Marcelino. Idem, p. 9.

21. Idem, p. 23.

22. Silva, José Graziano da. *Tecnologia e agricultura familiar*. Op. cit., p. 91.

Semelhantes distorções confirmam esse padrão híbrido de desenvolvimento, cujas características sociais combinam alguns elementos da "Via Prussiana", como mostrou Lênin, em que os aspectos econômicos ou a infraestrutura material é a essência em que se situam as diferenciações entre as classes proprietárias e as não proprietárias. Mas implica reconhecer, além desse fator, a relação orgânica entre a esfera econômica dos problemas agrários com uma revolução política, definida por Lênin o qual sugeriu a "estatização das terras" como a alternativa à propriedade privada.

Considerando-se esse conjunto de questões desse modelo social, esta parece ser uma equação difícil de resolver, cujas contradições pode se observar, como mostrou recentemente o IPEA, o aumento do número de pobres para 53,9 milhões, o equivalente a 31,7% da população, em um país que se coloca em penúltimo lugar na lista de 130 países em termos de pior distribuição de renda.[23] Tais dados não são desprezíveis à análise do papel do Estado frente ao quadro social atravessado por expropriações e exclusões. Este busca proteger a ordem social e estabelece padrões de renda mínima designados a promover a "integração social", a "solidariedade", tão cara a esse modelo civilizatório, com vistas à preservação da ordem democrática e à garantia da exequibilidade de suas relações internacionais.[24]

Por fim, em situações similares, as economias avançadas buscam outras saídas ao desenvolvimento à produção agrícola, que não a via de políticas assistencialistas. Diferente disso, salvo as particularidades entre esses países, mantém a defesa de políticas protecionistas e os subsídios à produção agrícola interna; protegem seus mercados pelo receio de comprometer a saúde de suas economias frente aos riscos da elevação de gastos com políticas assistenciais. Países como os da Eu-

---

23. Segundo recente estudo do Instituto de Pesquisas e Análises Econômicas (IPEA), intitulado Radar Social 2005, "foram considerados pobres famílias com renda domiciliar *per capita* inferior a meio salário-mínimo por mês, o equivalente a R$ 120 em 2003. Na mesma linha, 21,9 milhões eram considerados indigentes por viverem com menos de um quarto de salário-mínimo por mês, R$ 60 à época". Jornal *O Globo*. Caderno O País. "O Bolo ainda mal dividido". Disponível em: http://oglobo.globo.com. Acesso em: 1 jun. 2005.

24. Draibe, Sônia. *As novas formas de Política Social*, p. 1 (Mimeo.)

ropa e os Estados Unidos vão continuar a investir nessas medidas, reafirmando uma vigilância férrea contra os efeitos sociais que podem ter semelhantes processos. Agem assim prevenindo aumentos com os gastos nas áreas sociais, porque consideram que a liberação de importações de produtos agrícolas coloca em risco a estabilidade econômica e social, além de alterar o mercado interno. Há indícios de que esses países industrializados caminham numa direção do desaparecimento ou desaceleração da produção agrícola frente ao esgotamento de seus recursos naturais e da indisponibilidade de terras agricultáveis.

Ora, se for verdade que a terra não tem valor apenas pela sua condição natural — pois, nessa forma ela constitui um meio de produção — e se o debate interno desconsidera a razão de ser de uma reforma agrária, a noção de que a terra perde importância nessa "nova economia" torna-se uma retórica, ficando, assim, "obsoleta" a proposta de "reforma agrária com pouca terra". Por isso, não se sustenta a ideia de desimportância da propriedade privada da terra e à desvalorização da produção agrícola velada em boa parte do debate do "novo rural", principalmente porque a terra continua considerada como reserva de valor. Não é por acaso que as estatísticas atuais evidenciam um expressivo desempenho do agronegócio no Brasil, considerado pelos capitalistas como um dos setores mais dinâmicos e rentáveis dessa economia social de mercado, cujo padrão concentra o latifúndio e consolida seus interesses.

Em contrapartida, há propagação de outras formas sociais de trabalho, que são metamorfoseadas como expressões do crescimento do setor de serviços, embora não se trate de um processo similar a todas as regiões brasileiras. Portanto, em se tratando de uma economia situada na periferia do capitalismo, guarda particularidades e desafios às análises sociais, pois esse sistema capitalista, em seus imperativos históricos, recria, além de novas necessidades, as condições necessárias ao provimento de seus interesses. Mesmo porque o sistema "(...) é incapaz de organizar as relações entre as esferas que se situam de forma diferente em relação ao progresso técnico",[25] sobretudo na medida em que

---

25. Husson, Michel. *Miséria do Capital*. Uma crítica do neoliberalismo. Tradução de Ana Barradas. Lisboa: Terramar, 1999, p. 192-5.

esse progresso "(...) não atua da mesma maneira na produtividade social em todos os setores nem em todas as regiões do mundo".[26]

Daí, as impropriedades de transplantação de modelos externos, desconsiderando as diversidades econômicas, sociais, culturais, políticas, incluindo alusões às classes sociais, a despeito de deixar obscuras as reais tendências do desenvolvimento rural-urbano, nesse ramo da produção, no contexto dessas transformações capitalistas.

As formas assumidas nas relações multilaterais entre os países em termos da natureza das trocas de mercadorias agrícolas são diferentes. Os países de industrialização incompleta assumem posição de submissão, atuam basicamente como exportadores de matérias-primas para os países ricos e de força de trabalho mais farta e barata, como os principais desafios enfrentados pelo sistema, ou seja, "(...) a organização da coexistência entre estes setores e países de produtividade diferente".[27]

Por um lado, essas determinações consubstanciam a estratégia de "(...) reabsorver brutalmente estas diferenças por uma concorrência generalizada"; por outro, agrega o substrato de forte realce deste nosso estudo, isto é, a noção de que "(...) o capitalismo exclui os menos produtivos e nega-lhes o direito ao emprego e à satisfação de necessidades elementares".[28]

Sob a perspectiva social, esse modelo "pelo alto" é comumente mais seletivo e rigoroso na escolha dos recursos não só materiais, mas — e sobretudo — na escolha dos arsenais ideológicos funcionais à garantia de sua reprodução. O controle social surge caricaturado nos instrumentos de pacificação das relações sociais no campo. Estas são combinadas a outros meios jurídicos, que fomentam as transformações. Exemplo disso é a edição das medidas provisórias — MP n. 2.027 — 38/2000 e n. 2.183 — 56/2001 — que tratam da proibição e da inibição das invasões de terras por parte dos movimentos sociais, bem como

26. Idem, p. 192.

27. Husson, Idem, op. cit., p. 192.

28. Idem, p. 192.

das vistorias de imóveis ocupados, respectivamente, alegando a não desapropriação de terras ocupadas.

Outras prospecções apontam, em entrelinhas, que o Brasil por se constituir uma sociedade "totalmente industrializada", o uso dos recursos tecnológicos e a estrutura fundiária são consideradas por eles como já superadas ou totalmente incorporadas. Em tais condições, consideram esgotadas ou ultrapassadas certas etapas do seu desenvolvimento, e, assim, instalam analogias com os modelos consolidados nas sociedades avançadas, o que, absolutamente, não é verdade, e dificilmente se aplicam ao caso brasileiro, como vimos neste estudo.

Esse padrão de reforma agrária reedita o conservadorismo e tem a proteção à propriedade privada da terra como uma de suas principais características, em que no "(...) amor à propriedade está a essência da sociedade burguesa",[29] mesmo porque "a questão mais combativa dos conservadores está na ameaça à propriedade, que tem como centro de gravidade 'a terra' ".[30]

Portanto, essas transformações do capitalismo contemporâneo respondem às imposições da nova divisão nacional e internacional do trabalho, e os fenômenos sociais rurais são produto da sociedade moderna e das complexidades das relações capital-terra, e afetam as formas de regulação de todos os setores da vida social, inclusive o rural.

As insuficiências desta análise ficam por conta das complexidades e dificuldades de darmos conta da totalidade social, quando se considera a centralidade do trabalho como uma esfera indissociável do capital, suas novas formas como imperativos histórico-sociais, com reflexos nas relações de produção e de reprodução social. Mais do que isso, é importante uma visão indissociável da relação orgânica que tem o trabalho, de modo geral, e o agrícola, em particular, em suas relações com o capital, o Estado, a economia, a política, os avanços da democracia nos marcos dessa reestruturação produtiva no capitalismo contemporâneo.

---

29. Nisbet, Robert. *O Conservadorismo*. Idem, p. 24.
30. Idem, p. 91.

Em suma, o caráter objetivo e subjetivo que envolve os fenômenos sociais analisados exige sim "(...) explicações materialistas",[31] o que reafirma a importância da matriz histórico-crítica na análise dos fenômenos sociais contemporâneos.

Uma frase de Chasin sintetiza bem essas ideias: "a guerra marxiana é imortal, a não ser que as possibilidades do homem estejam definitivamente extintas". Do contrário, se resta alguma esperança — e resta — é preciso compreender que a guerra marxiana ao capital é uma luta à qual o homem não pode renunciar".[32]

---

31. Wood, Ellen Meiksins. O que é a agenda pós-moderna? In: Wood, E.; Foster, J. (Orgs.). *Em defesa da história*: marxismo e pós-modernismo. Trad. de Ruy Jungman. Rio de Janeiro: Jorge Zahar, 1999. p. 18.

32. Chasin, J. Ensaios Ad Hominem/Estudos e Edições Ad Hominem. NI, Política. São Paulo, 2000, t. III, p. 120.

REFERÊNCIAS BIBLIOGRÁFICAS

ABRAMOVAY, R.; BITTENCOURT, Gilson A. *Inovações institucionais no financiamento à agricultura familiar*: o Sistema Cresol. Disponível em: <http://www. eco.unicamp.br>. Acesso em: 3 set. 2005.

ABRAMOVAY, Ricardo. *Paradigmas do capitalismo agrário em questão*. São Paulo/Rio de Janeiro/Campinas: Hucitec/Anpocs/Ed. Unicamp, 1992.

AHMAD, Aijaz. Pós-modernismo e movimentos culturais. Problemas de classe e cultura. Entrevista concedida a Ellen Meiksins Wood. In: WOOD, Ellen M. et al. (Org.). *Em defesa da história*: marxismo e pós-modernismo. Rio de Janeiro: Jorge Zahar, 1999.

ANDERSON, Perry. *As origens da pós-modernidade*. Trad. de Marcus Penchel. Rio de Janeiro: Jorge Zahar, 1999.

ANDERSON, Perry. Balanço do neoliberalismo. In: SADER, Emir; GENTILLI, Pablo (Orgs.). *Pós-neoliberalismo*: as políticas e o Estado democrático. Rio de Janeiro: Paz e Terra, 1995.

ANTUNES, Ricardo. *Adeus ao trabalho?* Ensaio sobre as metamorfoses e a centralidade do mundo do trabalho. São Paulo/Campinas: Cortez/Ed. Unicamp, 1995.

ANTUNES, Ricardo. Apresentação. In: MÉSZAROS, István. *Para além do capital*. Trad. de Paulo Castanheira e Sérgio Lessa. São Paulo/Campinas: Ed. Unicamp/Boitempo, 2002.

ANTUNES, Ricardo. *Os sentidos do trabalho*. Ensaio sobre a afirmação e a negação do trabalho. 2. ed. São Paulo: Boitempo, 2000.

BALDUÍNO, Tomás Dom. A ação da igreja católica e o desenvolvimento rural. Presidente da Comissão Pastoral da Paz (CPT). In: *Dossiê*: desenvolvimento rural. São Paulo: USP — Instituto de Estudos Avançados (IEA), v. 15, n. 43, set./dez. 2001.

BALSADI, Otávio V. Mudanças no meio rural e desafios para o desenvolvimento sustentável. *Revista São Paulo em Perspectiva*, v. 15, n. 1, jan./mar. 2001.

BANCO MUNDIAL. *Relatório n. 21.790* — BR. Combate à pobreza rural no Brasil: uma estratégia integrada. Departamento do Brasil — região da América Latina e do Caribe, 27/12/2001.

BELIK, Walter. O financiamento da produção agrícola brasileira na década de 90: ajustamento e seletividade. In: LEITE, Sérgio (Org.). *Políticas públicas e agricultura no Brasil*. Porto Alegre: Ufrgs, 2001.

BITTENCOURT, Gilson. *Abrindo a caixa preta*: o financiamento da agricultura familiar no Brasil. Dissertação (Mestrado) — Unicamp, Instituto de Economia, São Paulo, 2003. (Mimeo.)

BOBBIO, N. *Estado, governo e sociedade*. São Paulo: Paz e Terra, 1987.

_____. *O conceito de sociedade civil*. Trad. de Carlos Nelson Coutinho. Rio de Janeiro: Graal, 1982.

BÓRON, Atílio. A sociedade civil depois do dilúvio neoliberal. In: SADER, Emir; GENTILLI, Pablo (Orgs.). *Pós-neoliberalismo*: as políticas e o Estado democrático. Rio de Janeiro: Paz e Terra, 1995.

BRANDÃO; A. S. P.; CASTRO G.; MARQUES, R. W. C. *Crescimento agrícola no período 1999*: 2004, explosão da área plantada com soja e meio ambiente no Brasil. Rio de Janeiro: Instituto de Pesquisa Econômica Aplicada (IPEA), 2005.

BRASIL. A estratégia de desenvolvimento e suas dimensões: uma síntese. Plano plurianual — 2004-2007. *Plano Brasil para todos*: participação e inclusão. Brasília. Janeiro de 2004. Disponível em: <http://www.planejamento.gov.br/ppa4/texto base>. Acesso em: 5 jun. 2004.

_____. *Agricultura familiar, reforma agrária e desenvolvimento local para um novo mundo rural*. Política de desenvolvimento rural com base na expansão da agricultura familiar e sua inserção no mercado. Brasília: NEAD, 1998.

BRASIL. FAO/INCRA/NEAD. *Agricultura sustentável*. Agenda 21 — revolução verde. Brasília, 1994.

_____. Governo Federal. INCRA/NEAD, Agricultura familiar, reforma agrária e desenvolvimento local para um novo mundo rural. Brasília, 1998.

_____. Governo Federal. *Novo retrato da agricultura familiar*. O Brasil redescoberto. O perfil da agricultura brasileira. Ministério do desenvolvimento Agrário. Brasília, fevereiro, 2000.

_____. Ministério da Agricultura e do Abastecimento. *Programa Nacional de Fortalecimento da Agricultura Familiar* (PRONAF). Brasília, 1996.

_____. Ministério do Desenvolvimento Agrário — Instituto Nacional de Colonização e Reforma Agrária (INCRA). *Balanço da reforma agrária e da agricultura familiar, 2001*. Brasília, agosto de 2003.

_____. Ministério do Desenvolvimento Agrário. *Balanço 1999 da reforma agrária e da agricultura familiar, programa parceria e mercado*. Brasília, abril de 2002.

_____. Ministério do Desenvolvimento Agrário. *Relatório de gestão do exercício de 2003*. Brasília-DF, 2004.

_____. Ministério do Planejamento, orçamento e gestão — Instituto Brasileiro de Geografia e Estatística (IBGE). *As fundações privadas e associações sem fins lucrativos no Brasil*. Disponível em: <http://www.ibge.gov.br/home/estatistica/economia/fasfil/pdf>. Acesso em: 12 dez. 2004.

_____. *Reforma agrária compromisso de todos*. Secretaria de comunicação social, Presidência da República. Brasília, 1997.

BRUNHOFF, Suzanne de. *A hora do mercado*. Crítica do liberalismo. Trad. de Álvaro Lorencini. São Paulo: Ed. da UNESP, 1991.

CAMPOS, André et al. (Org.). Dinâmica e Manifestação Territorial. In: CAMPOS, André et al. (Org.). *Atlas da exclusão social no Brasil*. São Paulo: Cortez, 2003, v. 2.

CARVALHO Filho, José Juliano de. Política agrária do governo FHC: desenvolvimento rural e a nova reforma agrária. In: LEITE, Sérgio (Org.). *Políticas públicas e agricultura no Brasil*. Porto Alegre: UFRGS, 2001.

CHESNAIS, François. *A mundialização do capital*. Trad. de Silvava Finzi Foá. São Paulo: Xamã, 1996.

CHESNAIS, François. Apresentação. In: FARIAS, Flávio Bezerra de. *A globalização e o Estado cosmopolita*: as antinomias de Jürgen Habermas. São Paulo: Cortez, 2001.

COSTA, Lúcia Cortes da. *A reforma do estado no Brasil*. Uma crítica ao ajuste neoliberal. Tese (Doutorado) — Pontifícia Universidade Católica, São Paulo, 2000. (Mimeo.)

COUTINHO, Carlos Nelson. A imagem do Brasil na obra de Caio Prado Júnior. In: COUTINHO, Carlos Nelson. *Cultura e sociedade no Brasil*. Belo Horizonte: Oficina de Livros, 1990.

_____. *Democracia e socialismo*. Questões de princípios & contexto brasileiro. São Paulo/Campinas: Cortez/Autores Associados, 1992.

_____. *Gramsci*: um estudo sobre seu pensamento político. Rio de Janeiro: Campus, 1989.

_____. *Gramsci*: um estudo sobre seu pensamento político. Nova edição revista e ampliada. Rio de Janeiro: Civilização Brasileira, 1999.

_____. *Notas sobre o conceito de 'via prussiana' em Lênin*. ANPOCS, 1987. (Mimeo.)

DATATERRA. *Campanha global pela reforma agrária no Brasil*.

DELGADO, Guilherme C. Nova configuração da política agrária nos anos 90 e o processo de globalização. In: CASTRO, Iná Elias de; MIRANDA, Mariana; EGLER, A. G. (Orgs.). *Redescobrindo o Brasil — 500 anos depois*. Rio de Janeiro: Bertrand Brasil/FAPERJ, 1999.

DELGADO, Guilherme C.; CARDOSO JR., José Celso. Universalização de direitos sociais no Brasil: a previdência rural nos anos 90. In: LEITE, Sérgio (Org.). *Políticas públicas e agricultura no Brasil*. Porto Alegre: UFRGS, 2001.

_____. Expansão e modernização do setor agropecuário no pós-guerra: um estudo da reflexão agrária. In: _____. *Estudos avançados, dossiê desenvolvimento rural*. Universidade de São Paulo. Instituto de estudos avançados, v. 15, n. 43, set./dez. 2001.

_____. *O idoso e a previdência rural no Brasil*: A experiência recente da universalização. IPEA — Texto para Discussão n. 688, Rio de Janeiro, dezembro de 1999.

DELGADO, Guilherme C.; CARDOSO JR., José Celso. *Capital financeiro e agricultura no Brasil*: 1965-1985. São Paulo: Ed. da Unicamp, 1985.

DELGADO, Nelson Giordano. *Condicionantes externos à reforma do estado no Brasil*: O GATT e o Acordo Agrícola da Rodada do Uruguai. (Mimeo.)

_____. Política econômica, ajuste externo e agricultura. In: LEITE, Sérgio (Org.). *Políticas públicas e agricultura no Brasil*. Porto Alegre: UFRGS, 2001.

DEL ROIO, Marcos. *O capital além do imperialismo*. Disponível em: <http://www.mhd.org/artigos/delroio-imperialismo.html>. Acesso em: jan. 2005.

DOMINGOS NETO, Manoel. O novo mundo rural. In: MARTINS, Mônica D. (Org.). *O Banco Mundial e a terra*: ofensiva e resistência na América Latina, África e Ásia. São Paulo: Viramundo, 2004.

DRAIBE, Sônia M. *Novas formas de política social*. 1996. (Mimeo.)

ENGELS, F. El Origen de la familia, la propriedad privada y el Estado. In: MARX, K.; ENGELS, F. *Obras escogidas*. Moscou: Editorial Progresso.

_____. El problema campesino en Francia y en Alemania. In: MARX, K.; ENGELS, F. *Obras Escogidas*. Moscou: Editorial Progresso.

EVANGELISTA, João E. *Crise do marxismo e irracionalismo pós-moderno*. Coleções Questões de Nossa Época, v. 7. 2. ed. São Paulo: Cortez, 1997.

FALEIROS, Vicente de Paula. *A política social do estado capitalista*. As funções da previdência e da assistência sociais. 6. ed. São Paulo: Cortez, 1991.

FARIAS, Flávio Bezerra. *O estado capitalista contemporâneo*: para a crítica das visões regulacionistas. São Paulo: Cortez, 2000.

FERNANDES, Bernardo Mançano. *A formação do MST no Brasil*. Petrópolis: Vozes, 2000.

_____. *Questão agrária, pesquisa e MST*. Coleção Questões de Nossa Época, v. 92. São Paulo: Cortez, 2001.

FERNANDES, Florestan (Org.). *Marx e Engels, história*. Coleção Grandes Cientistas Sociais. São Paulo: Ática, 1989.

FREDERICO, Celso. *O jovem Marx*. As origens da ontologia do ser social. São Paulo: Cortez, 1995.

GASQUES, José Garcia. Desempenho e crescimento do agronegócio no Brasil: síntese dos fatores explicativos. *Relatório do Instituto de Pesquisa Econômica e Aplicada*. (Resumo executivo). Brasília: IPEA — DISET, jan. 2004.

GRAMSCI, Antonio. *Cadernos do cárcere*. Ed. e Trad. de Carlos Nelson Coutinho. Co-edição: Luis Sérgio Henriques e Marco A. Nogueira. Rio de Janeiro, Civilização Brasileira, 2000.

GUANZIROLI, Carlos E. et al. *A agricultura familiar e reforma agrária no século XXI*. Rio de Janeiro: Garamond, 2001.

GUIMARÃES, Alberto Passos. *Quatro séculos de latifúndio*. 6. ed. Rio de Janeiro: Paz e Terra, 1989.

HABERMAS, Jürgen. Direito e democracia; entre facticidade e validade. Trad. de Flávio B. Siebeneichler. v. II. Rio de Janeiro: Tempo Brasileiro, 1997.

HARVEY, David. *Condição pós-moderna*. 8. ed. São Paulo: Loyola, 1999.

HOBSBAWM, Eric. *Era dos extremos*. O breve século XX. 1914-1991. Trad. de Marcos Santarrita. Revisão Maria Célia Paoli. São Paulo: Cia. das Letras, 1995.

HUSSON, Michel. *Miséria do capital*. Uma crítica do neoliberalismo. Trad. de Ana Barradas. Lisboa: Terramar, 1999.

IAMAMOTO, Marilda Vilela. *Trabalho e indivíduo social*. São Paulo: Cortez, 2001.

IBGE (Instituto Brasileiro de Geografia e Estatística). *Brasil, população urbana e rural*. Disponível em: <http:www2.fct.unesp.br/nera/atlas/caracteristicas_socioeconomicas_b.html>. Acesso em: nov. 2004.

_____. *Censo agropecuário*: 1995-1996. Rio de Janeiro, 1998.

_____. *Censo agropecuário*: 1995-1996. Rio de Janeiro, 1998. n. 1.

_____. Estatísticas sobre o século XX no Brasil. *Revista Veja*, n. 40, 8/10/2003.

_____. *Relatório síntese de indicadores sociais 2002*. Disponível em: <http://www.ibge.gov.br/home/estatistica/população/condicaodevida/indicados_minimos/sintededeindicsociais/pdf>. Acesso em: 12 jun. 2003.

_____. *Síntese dos indicadores sociais de 2002*. Disponível em: <http://www.ibge.gov.br>. Acesso em: 15 jul. 2004.

_____. *Taxa da população desocupada nas grandes metrópoles*. Dados apresentados em abril de 2004, Brasília. Disponível em: <http://www.ibge.gov.br>. Acesso em: jan. 2005.

JAMESON, Frederic. Cinco teses sobre o marxismo atualmente existente. In: WOOD, Ellen M. et al. (Org.). *Em defesa da história*. Marxismo e pós-modernismo. Rio de Janeiro: Jorge Zahar, 1999.

JUNGMANN, Raul Belens. *O desenvolvimento do meio rural*. Abril 2000. Disponível em: <http://www.bnaf.org.br>.

KAGEYAMA, Ângela. *Mudanças no trabalho rural no Brasil*. Revista Agricultura (SP), v. 51, n. 2, p. 71-84, jul./dez. 2004.

KAMEYAMA, Nobuco. Direito ao trabalho ou abolição do sistema assalariado. *Revista O Social em Questão* (PUC — Rio de Janeiro), 1995.

_____. *Structures agraires, ideologies et mouvements au Bresil*. Tese (Doutorado). Ecole des hautes études en sciences sociales, universite de Paris I, Pantheon, Sorbone, Paris, avril, 1978. Tome I.

KAUTSKY, K. *A questão agrária*. Trad. de Otto Erich W. Maas. São Paulo: Nova Cultural, 1986.

LAURELL, Asa Cristina (Org.). *Estado e políticas sociais no neoliberalismo*. Trad. de Rodrigo L. Contrera. São Paulo: Cortez, 1997.

LEFEBVRE, Jean-Pierre; MACHERREY, Pierre. *Hegel e a sociedade*. Trad. de Thereza Cristina F. S. e Lygia Araújo W. Coleção Clássicos e Comentadores. São Paulo: Discurso Editorial, 1999.

LEITE, Sérgio. Padrão de financiamento, setor público e agricultura no Brasil. In: LEITE, Sérgio (Org.). *Políticas públicas e agricultura no Brasil*. Porto Alegre: UFRGS, 2001.

LÊNIN, Vladimir Ilitch. *O desenvolvimento do capitalismo na Rússia*. O processo de formação do mercado interno para a grande indústria. Trad. e Introdução de José Paulo Netto. Revisão de Paulo Bezerra. Coleção Os Economistas. São Paulo: Abril Cultural, 1982.

_____. *O imperialismo*: fase superior do capitalismo. Trad. de Olinto Beckerman. 4. ed. São Paulo: Global, 1987.

_____. *O programa agrário da social-democracia na primeira revolução Russa de 1905-1907*. São Paulo: Livraria Editora Ciências Humanas. 1980.

_____. *Obras completas de V. I. Lenine*. O estado e a revolução. A doutrina do marxismo sobre o estado e as tarefas do proletariado na revolução. 5. ed. Tradução Edições Avante. Moscou, 1918. v. I, Prefácio e itens I, II, e III.

LÊNIN, Vladimir Ilitch. *Obras escolhidas*. 3. ed. v. I. São Paulo: Editora Alfa-Ômega, 1986.

LESBAUPIN, Ivo; MINEIRO, Ademar. *O desmonte da nação em dados*. Petrópolis, Rio de Janeiro: Vozes, 2002.

LESSA, Sérgio Afrânio Filho. Beyond capital: Estado e capital. *Revista Serviço Social e Sociedade*, n. 54, 1989. Editora CEAD — Universidade de Brasília-DF.

_____. *O mundo dos homens*: trabalho e ser social. São Paulo: Boitempo, 2002.

_____. Processo de produção e reprodução social: Trabalho e sociabilidade. *Revista temporalis*. CEAD, 1999.

LUKÁCS, George. Marxismo e questão de método na ciência social. O marxismo ortodoxo. A decadência ideológica e as condições gerais da pesquisa científica e determinações para a crítica particular do desenvolvimento da sociologia. In: NETTO, José Paulo (Org.). *George Lukács*. Sociologia. Grandes Cientistas Sociais. São Paulo: Ática, 1981.

_____. *O trabalho*. Trad. de Sérgio Afrânio Lessa Filho. (Mimeo.)

_____. *Ontologia do ser social*. Os princípios ontológicos fundamentais de Marx. Trad. de Carlos Nelson Coutinho. São Paulo: Ciências Humanas, 1979.

_____. Reprodução. La riproduzione. In: LUKÁCS, George. *Per l'ontologie dell'essere sociale*. Versão italiana Scarponi. Trad. de Sérgio Afrânio Lessa Filho. Redação em alemão preparada por Ferenc Bródy e Gábor Révai e revista por G. Lukács. 1. ed. Roma: Editori Riunit, 1981. v. II, cap. II, p. I-XVII. (Mimeo.)

LUSTOSA, Maria das Graças O. P. *A pequena produção e as políticas do setor agrícola*: estudo de um programa de desenvolvimento rural no Piauí. Dissertação (Mestrado) — Pontifícia Universidade Católica, Rio de Janeiro, maio 1994.

_____. *Reestruturação produtiva e modernização agrária nos anos 90*: os novos sentidos do trabalho e as alternativas ao desenvolvimento da agricultura familiar. Paper I — Apresentado e defendido no Exame de Qualificação ao Curso de Doutorado da UFRJ. Rio de Janeiro, maio de 2003a.

_____. *As relações sociedade civil e o Estado nos marcos do pensamento social contemporâneo, neoclássico e clássico*: um resgate teórico. Paper II — Apresentado no Exame de Qualificação do Doutorado da UFRJ, Rio de Janeiro, maio de 2003b.

MANDEL, Ernest. *A formação do pensamento econômico de Karl Marx*. De 1843 até a redação de *O Capital*. 2. ed. Trad. de Carlos H. de Escobar. Rio de Janeiro: Zahar, 1980.

_____. *O capitalismo tardio*. Introdução Paul Singer, Trad. de Carlos Eduardo S. M.; Regis C. A. e Dinah de A. Azevedo. Os Economistas. São Paulo: Abril Cultural, 1982.

_____. *O lugar do marxismo na história*. 2. ed. São Paulo: Xamã, 2001.

_____. *Para a crítica da economia política*. Coleção Os Economistas.

MARTINE, George. Efeitos esperados e imprevistos da modernização agrícola no Brasil. In: _____. *Os impactos sociais de modernização agrícola*. São Paulo: Caetés, 1987.

MARTINS, José de Souza. *A sociedade vista do abismo*. Novos estudos sobre exclusão, pobreza e classes sociais. 2. ed. Petrópolis: Vozes, 2003.

_____. *Exclusão social e a nova desigualdade*. Coleção Temas de Atualidade. São Paulo: Paulus, 1997.

_____. O futuro da sociologia rural e sua contribuição para a qualidade de vida rural. *Estudos Avançados*, n. 43. Dossiê Desenvolvimento Rural. São Paulo: Ed. da USP, set./dez., 2001. v. 15.

_____. *O poder do atraso*. Ensaios de sociologia da história lenta. São Paulo: Hucitec, 1994.

_____. *Os camponeses e a política no Brasil*. As lutas sociais no campo e seu lugar no processo político. 2. ed. Petrópolis: Vozes, 1983.

_____. *Reforma agrária*: o impossível diálogo. São Paulo: Ed. da USP, 2000.

MARX, K.; ENGELS, F. Introducción a la Obra de C. Marx. *Las luchas de clases em Francia de 1848 a 1859*. Obras Escogidas. Moscou: Editorial Progreso, 1983.

_____. *A ideologia Alemã*. (I — Feuerbach). 8. ed. Trad. de José Carlos Bruni e Marco Aurélio Nogueira. São Paulo: Hucitec, 1991.

_____. *Crítica do programa de gotha*. Clássicos do marxismo. Trad. de Neusa Campos, revisão Maria Eugênia K. M. José Antonio S. e Beatriz Medina. Rio de Janeiro: Livraria Ciência e Paz, 1984.

MARX, Karl. *Manuscritos Econômico-Filosóficos*. Textos filosóficos. Lisboa: Edições 70, 1963.

_____. *Capítulo VI Inédito de O Capital*. Resultados do processo de produção imediata. São Paulo: Moraes, 1969.

_____. *Crítica da filosofia do direito de Hegel*. Trad. de Conceição J. e Eduardo L. Nogueira. Lisboa: Editorial Presença, 1976.

_____. Introdução [à Crítica da Economia Política]. In: _____. *Para a crítica da economia política, salário, preço e lucro*. O rendimento e suas fontes. Coleção Os Economistas. São Paulo: Abril Cultural, 1982.

_____. *Introdução à crítica da economia política I*: produção, consumo, distribuição, troca e circulação. Marx. Coleção Os Pensadores. São Paulo: Abril, 1978.

_____. *Manuscritos Econômico-Filosóficos*. Texto integral. Trad. de Alex Marins. São Paulo: Martin Claret, 2001.

_____. *Miséria da filosofia*: resposta à filosofia da miséria do senhor Proudhon (1847). Trad. de Paulo Ferreira Leite. São Paulo: Centauro, 2001.

_____. *O Capital*. Crítica da economia política. O processo global de produção capitalista. 5. ed. Livro 3, v. IV. Trad. de Reginaldo Sant'Anna. Rio de Janeiro: Bertrand, 1991.

_____. *O Capital*. Crítica da economia política. O processo de produção capitalista. 2. ed. Livro 1, v. I. Trad. de Reginaldo Sant'Anna. Rio de Janeiro: Civilização Brasileira, 1971.

_____. *O Capital*. Crítica da economia política. O processo de produção capitalista. 2. ed. Livro 1, v. II. Trad. de Reginaldo Sant'Anna. Rio de Janeiro: Civilização Brasileira, 1971.

_____. *O Capital*. Crítica da economia política. O processo global de produção capitalista. Livro 3, v. IV. Trad. de Reginaldo Sant'Anna. Rio de Janeiro: Civilização Brasileira, 1980.

_____. *O Capital*. Crítica da economia política. O processo global de produção capitalista. 5. ed. Livro 3, v. VI. Trad. de Reginaldo Sant'Anna. Rio de Janeiro: Civilização Brasileira, 1991.

_____. Prefácio 1859. Para a crítica da economia política. In: *Manuscritos econômicos*: filosóficos e outros textos escolhidos. Coleção Os Pensadores. São Paulo: Victor Civita, 1974.

MARX, Karl. *Elementos fundamentales para la crítica de la economía política.* (Grundrisse) 1857-1858. 5. ed. v. I. México: Siglo Veintiuno Editores.

MATHIEU, Nicole. A noção de rural e as relações cidade/campo na França: os anos 90. In: JOLLIVER, Marcel (Org.). *Vers un rural postindustriel.* Rural et environnement dans huit pays européens. Paris: L'Hartmattan, 1997.

MEDAETS, Jean Pierre. *Agricultura familiar e segurança alimentar no Brasil.* Fórum Global da OCDE, 2003.

MEDEIROS, Leonildes Sérvolo. *História dos movimentos sociais no campo.* Rio de Janeiro: FASE, 1989.

_____. *Movimentos sociais, disputas políticas e reforma agrária de mercado no Brasil.* Rio de Janeiro: CPDA/UFRRJ e UNRISD, 2002.

MENEZES, Maria Thereza C. G. *Em busca da teoria:* políticas de assistência pública. São Paulo/Rio de Janeiro: Cortez/UERJ, 1993.

MERCADANTE, Aluízio. *Diretrizes do programa de governo do PT.* A ruptura necessária. Agência de informação do senado federal. Disponível em: <http:sp4br804.digiweb.psibr/artigos>. Acesso em: mar. 2002.

MÉSZÁROS, István. *Para além do capital.* Rumo a uma teoria da transição. Trad. de Paulo César Castanheira e Sérgio Lessa. Campinas/São Paulo: Ed. da Unicamp/Boitempo Editorial, 2002.

MINAYO, Maria Cecília de S. *O desafio do conhecimento.* Pesquisa qualitativa em saúde. 2. ed. São Paulo/Rio de Janeiro: Hucitec, 1993.

NAVARRO, Zander. Mobilização sem emancipação — as lutas sociais dos sem-terra no Brasil. In: SANTOS, Boaventura Souza (Org.). *Produzir para Viver:* os caminhos da produção não capitalista. Rio de Janeiro: Civilização Brasileira, 2002.

_____. Desenvolvimento rural no Brasil: os limites do passado e os caminhos do futuro. *Dossiê desenvolvimento rural,* estudos avançados, v. 15, n. 43. São Paulo: USP— Instituto de Estudos Avançados, 2001.

_____. O MST e a canonização da ação coletiva (resposta a Horácio Martins Carvalho). In: SANTOS, Boaventura Souza (Org.). *Produzir para Viver:* os caminhos da produção não capitalista. Rio de Janeiro: Civilização Brasileira, 2002.

NETTO, José Paulo. *Capitalismo monopolista e serviço social*. 3. ed. ampliada. São Paulo: Cortez, 2001.

_____. *Crise do socialismo e ofensiva neoliberal*. Coleção Questões de Nossa Época, v. 20. São Paulo: Cortez, 1993.

_____. *Ditadura e serviço social*: uma análise do serviço social no Brasil no Pós-64. São Paulo: Cortez, 1991.

_____. Repensando o balanço do neoliberalismo. In: SADER, Emir; GENTILLI, Pablo (Org.). *Pós-neoliberalismo*: as políticas e o estado democrático: As políticas e o estado democrático. Rio de Janeiro: Paz e Terra, 1995.

_____. FHC e a política social: um desastre para as massas trabalhadoras. In: LESBAUPIN, Ivo (Org.). *O desmonte da nação*. Balanço do governo FHC. Petrópolis: Paz e Terra, 1999.

NISBET, Robert. *O conservadorismo*. Ciências sociais. Tema n. 1. Lisboa: Estampa, 1987.

OLIVEIRA, Ariovaldo Umbelino. A agricultura brasileira: desenvolvimento e contradições. In: CHRISTOFOLETTI, Antonio et al. (Orgs.). *Geografia e meio ambiente no Brasil*. 3. ed. São Paulo: Hucitec, 2002.

_____. *A agricultura camponesa no Brasil*. São Paulo: Contexto, 1991.

_____. A longa marcha do campesinato brasileiro: movimentos sociais, conflitos e reforma agrária. In: *Dossiê desenvolvimento rural*. USP, v. 15, n. 43, set./ dez. 2001.

OLIVEIRA, Francisco. *Crítica à razão dualista*. O ornotorrinco. São Paulo: Boitempo, 2003.

_____. Privatização do público, destituição da fala e anulação da política: o totalitarismo neoliberal. In: Núcleo de estudos dos direitos da cidadania NEDIC (Org.). *Os sentidos da democracia*. Políticas do dissenso e hegemonia global. 2. ed. Petrópolis/Brasília: Vozes, 1999.

PALMER, Bryan D. Velhas posições/novas necessidades: história, classe e metanarrativa marxista. In: WOOD, Ellen M.; FOSTER, John B. (Org.). *Em defesa da história*. Marxismo e pós-modernismo. Trad. de Ruy Jungman. Rio de Janeiro: Jorge Zahar, 1999.

PAOLI, Maria Célia. Apresentação e introdução In: *Os sentidos da democracia. políticas do dissenso e hegemonia global*. 2. ed. Petrópolis: Vozes/FAPESP, 2000.

POCHMANN, Márcio. *O emprego na globalização*. A nova divisão internacional do trabalho e os caminhos que o Brasil escolheu. São Paulo: Boitempo, 2001.

_____; AMORIM, Ricardo (Org.). *Atlas da exclusão social no Brasil*. 2. ed. São Paulo: Cortez, 2003.

_____ et al. (Org.). Os ricos no Brasil. In: _____. *Atlas da exclusão social no Brasil*. v. 3. São Paulo: Cortez, 2004.

PORTO, Arlindo. *Revista de política agrícola*, ano V, n. 4, out./nov./dez. 1996. Ministério da Agricultura e do Abastecimento.

PRADO, Caio Jr. *A questão agrária no Brasil*. 2. ed. São Paulo: Brasiliense, 1979.

_____. *A revolução brasileira*. Perspectivas em 1977. 5. ed. São Paulo: Brasiliense.

_____. *Evolução política do Brasil*: colônia e império. São Paulo: Brasiliense, 1999.

RÁDIO CBN. Entrevista realizada com Ariovaldo Umbelino. Rio de Janeiro, 27/11/2004.

RAMOS, Pedro. Propriedade, estrutura fundiária e desenvolvimento (rural). In: *Dossiê desenvolvimento rural*. Estudos avançados. São Paulo: USP — Instituto de Estudos Avançados, 2001. v. 15, n. 43.

RANGEL, Ignácio. *Questão agrária, industrialização e crise urbana no Brasil*. Prefácio e (Org.). José Graziano da Silva. Porto Alegre: Ed. UFRGS, 2000.

REDE Globo de Televisão. *Programa globo rural*. 10 de agosto de 2004.

REDE INTERNET. *Pesquisadores da EMBRAPA discutirão agricultura familiar*. Brasília, Disponível em: <http:sp4br804.digiweb.psibr/artigos>. Acesso em: mar. 2002.

REVISTA JUSTIÇA GLOBAL. Relatório nacional sobre a situação dos direitos humanos e a reforma agrária no Brasil. Disponível em: http://www.global.org.br>. Acesso em: 13 maio 2004.

REVISTA VEJA. Ano 38, n. 4 de 6/1/2005.

_____. n. 24 de 16/7/2004.

_____. *O agronegócio e a exportação*. Edição especial. n. 36, outubro de 2004, p. 48-53.

REVISTA VEJA. Ideias. Porcentagem de terras na mão de estrangeiros. Outubro de 2008.

ROSDOLSKY, Roman. *Gênese e estrutura de O Capital de Karl Marx*. Trad. de César Benjamin. Rio de Janeiro: EDUERJ/Contraponto, 2001.

ROSSET, Peter. In: MARTINS, Mônica Dias (Org.). *O Banco Mundial e a terra*: ofensiva e resistência na América Latina, África e Ásia. São Paulo: Viramundo, 2004.

ROUANET, Sérgio Paulo. *As razões do iluminismo*. São Paulo: Cia. da Letras, 1987.

_____. Iluminismo ou barbárie. In: ROUANET, S. P. *Mal-estar na modernidade*. São Paulo: Cia. das Letras, 1993.

RUBIN, Isaak Illch.I. *A teoria marxista do valor*. Trad. de José Bonifácio de S. A. Filho. São Paulo: Polis, 1987.

SALAMA, Pierre. *Pobreza e exploração do trabalho na América Latina*. Prefácio Gilson Schwartz. São Paulo: Boitempo, 1999.

SARAIVA, Fernando. *Estrutura tributária e desigualdade social*. Universidade ESTADUAL de Ponta Grossa-Paraná. Texto Mimeo. 2004.

SAUER, Sérgio. A terra por uma cédula: estudo sobre a reforma agrária de mercado. In: MARTINS, Mônica Dias (Org.). *O Banco Mundial e a terra*. Ofensiva e resistência na América Latina, África e Ásia. São Paulo: Viramundo, 2004.

SCHNEIDER, Sergio. A pluriatividade como estratégia de reprodução social da agricultura familiar no sul do Brasil. *Revista estudos sociedade e agricultura*. CPDA/UFRRJ, Rio de Janeiro, n. 16, 2001.

_____. *A pluriatividade na agricultura familiar*. Porto Alegre: UFRGS, 2003.

SILVA, Athos. *O estado e o campo no Brasil (1930-1964)*. Revolução conservadora das elites e luta pela terra na retaguarda do país. Goiânia: Ed. da UCG, 2001.

SILVA, José Graziano da. *A cebola que não faz chorar*. Artigo. Instituto de economia — Unicamp, junho 2002. Disponível em: <http://www.eco.unicamp.br>. Acesso em: jun. 2003.

_____. *A nova dinâmica da agricultura brasileira*. Campinas: Unicamp-IE, 1996.

SILVA, José Graziano da. O desenvolvimento do capitalismo no campo brasileiro e a Reforma Agrária. In: *A questão agrária hoje*. Porto Alegre: UFRGS, 2002.

_____. *O novo rural brasileiro*. Políticas públicas. Jaguariúna: EMBRAPA-Meio Ambiente, 2000. v. 4.

_____. *O poder local na globalização*. Instituto de economia/Unicamp. março 2004. Disponível em: <http://www.eco.unicamp.br>. Acesso em: jun. 2004.

_____. *Pesquisas*: o novo rural brasileiro. 2. ed. Campinas: Unicamp-IE, 1999. v. 1.

_____. *Por que separar o urbano do rural?* Artigo. IE-UNICAMP, março 2002. Disponível em: <http://www.eco.unicamp>. Acesso em: jun. 2002.

_____. *Tecnologia e agricultura familiar*. Porto Alegre: UFRGS, 1999.

_____. Velhos e novos mitos do rural brasileiro. *Dossiê desenvolvimento rural*. USP, Instituto de estudos avançados IEA, v. 15, n. 43, set./dez., 2001.

SILVA, José Graziano da; DEL GROSSI, Mauro Eduardo. A pluriatividade na agropecuária brasileira em 1995. In: *Revista estudos sociedade e agricultura*. CPDA/UFRRJ, n. 11, out. 1998.

SODRÉ, Nelson Werneck. *Capitalismo e revolução burguesa no Brasil*. Belo Horizonte: Oficina de Livros, 1990.

SOTO, William Héctor Gómez. *A produção de conhecimento sobre o mundo rural no Brasil*. As contribuições de José de Souza Martins e José Graziano da Silva. Santa Cruz do Sul: Ed. EDUNISC, 2002.

SOUZA, Marcelino. *A pluriatividade nos países capitalistas desenvolvidos*. FEAGRI-UNICAMP. Projeto Rurbano. (Mimeo.)

STÉDILLE, João Pedro. A questão agrária e o socialismo. In: STÉDILLE, João Pedro (Org.). *A questão agrária hoje*. Porto Alegre: UFRGS, 2002.

_____. Comentários. In: *Classes sociais em mudança e a luta pelo socialismo*: Socialismo em discussão. São Paulo: Perseu Abramo, 2000.

STIGLITZ, Joseph. *Relatório de avaliação do consenso de Washington*. Banco Mundial, 2002.

TEIXEIRA, Francisco José. *Economia e filosofia no pensamento moderno*. Campinas/Fortaleza: Pontes/Universidade Estadual do Ceará — UFC, 1995.

TEIXEIRA, Gerson. *Reflexões sobre tendências da agricultura brasileira*. Disponível em: <http://www.saber.org.br/palestra/2/697.pdf>. Acesso em: 10 jun. 2002.

TERBORN, Göran. A crise e o futuro do capitalismo. In: SADER, Emir; GEN-TILLI, Pablo (Org.). *Pós-neoliberalismo*: as políticas e o estado democrático. Rio de Janeiro: Paz e Terra, 1995.

THOMAS, Vinod; FERRANT, David. Artigo publicado em INTERNATIONAL Herald Tribune. Banco Mundial em 2/3/2004. Disponível em: <http://www.bancomundial.org.br/index.php/>. Acesso em: 21 jan. 2004.

VEIGA, José Eli. *Cidades imaginárias*: o Brasil é menos urbano do que se calcula. Campinas: Autores Associados, 2002.

_____. Empreendedorismo rural. Uma primeira aproximação. Versão setembro/2003. *Relatório para o SEBRAE nacional*. USP-FEA-Departamento de Economia.

VEIGA, José Eli. Fundamentos do agrorreformismo. In: STÉDILLE, João Pedro (Org.). *A questão agrária hoje*. Porto Alegre: UFRGS, 1994.

_____. O Brasil rural ainda não encontrou seu eixo de desenvolvimento. *Dossiê desenvolvimento rural*. Estudos avançados, Universidade de São Paulo. Instituto de estudos avançados. São Paulo, v. 15, n. 43, set./dez. 2001.

WOOD, Ellen Meiksins. *A origem do capitalismo*. Apresentação de Emir Sader. Trad. de Vera Ribeiro. Rio de Janeiro: Jorge Zahar, 2001.

_____. *Democracia contra capitalismo*: a renovação do materialismo histórico. Trad. de Paulo C. Castanheira. São Paulo: Boitempo, 2003.

_____. O que é a agenda pós-moderna? In: WOOD, E. M. Ellen; FOSTER, Jonh B. (Orgs.). *Marxismo e pós-modernismo*. Trad. de Ruy Jungman. Rio de Janeiro: Jorge Zahar, 1999.

Artigos de jornal

JORNAL da UNICAMP. *Largando a enxada*. Pesquisa. São Paulo, Unicamp, novembro de 2001. Disponível na Internet.

JORNAL do Brasil Online. *Reforma Agrária chega perto da Cidade*. Entrevista com o Ministro do Desenvolvimento Agrário. 8 de julho de 2003.

JORNAL do Brasil. Artigo Dom Tomás Balduíno. *Reforminha Agrária, diz CPT*. Publicado em 1/6/2002.

JORNAL do Brasil. Artigo publicado pelo Ministro da Agricultura Roberto Rodrigues sobre o agronegócio e a inclusão social. Caderno o País. 21 de Janeiro de 2005.

JORNAL do Brasil. Coluna Opiniões. Artigo de Paulo Nogueira Batista Jr. Rio de Janeiro, 21 de janeiro de 2005.

JORNAL Folha de S.Paulo Online. *Um estudo do IPEA sobre os programas de assentamentos do governo Fernando Henrique Cardoso.* Disponível em: <http://www.ejornais.com.br/>. Acesso em: 16 abr. 2002.

JORNAL Folha de São Paulo. *As ideias do Banco Mundial e o futuro do Brasil.* O que há de novidade realmente no chamado Pós-Consenso de Washington e nas agendas recicladas do Banco Mundial? Disponível em: <http://www.gografiaeconjuntura.sites.uol.com.br>.

JORNAL O Globo Online. *Exportações somam mais de US$ 50 bilhões de dólares no ano.* 2/8/2004.

JORNAL O Globo. Caderno O Mundo. *Pobreza na Paris glamourosa.* 6/3/2005.

JORNAL O Globo. Caderno O País. *Violência no campo.* As muitas Anapus do Brasil. Rio de Janeiro, 27/2/2005.

JORNAL O Globo. Coluna O País. *A reforma agrária não será feita no grito.* Rio de Janeiro, 3 de abril de 2004.

LEIA TAMBÉM

ATLAS DA EXCLUSÃO SOCIAL

Os volumes abordam historicamente profundas e complexas análises da realidade nacional, nos marcos do atual modelo econômico. É por isso que todos os leitores apaixonados pelo Brasil, e que não se deixam abalar pelo conservadorismo excludente de suas elites, encontram nesses textos um conjunto de ferramentas (análises e sistematização de informações) a serem usadas em favor da construção de um país solidário e inclusivo.

VOLUME 1

Atlas da exclusão social no Brasil

O Brasil mantém um terço de sua população na pobreza absoluta, quase 20% de sua força de trabalho sem ocupação, baixos níveis de escolaridade e grau de violência aberta próximo ao de uma guerra civil.

4ª edição (2007) • 224 páginas • ISBN 85-249-0907-8

VOLUME 2

Dinâmica e manifestação territorial

Este volume mostra, através de mapas, que o país se defronta com uma nova forma de exclusão social. O olhar inquisidor dos mapas lança, sobre algumas das principais cidades do país, a possibilidade de localizar geograficamente seus grandes problemas sociais.

2ª edição (2004) • 168 páginas • ISBN 85-249-0949-8

VOLUME 3

Os ricos no Brasil

Este obra subsidia a tarefa de localizar e conhecer os ricos brasileiros, de modo a constituir um quadro analítico e abrangente da realidade nacional e das abismais diferenças regionais.

1ª edição (2005) • 208 páginas • ISBN 85-249-1009-7

VOLUME 4

A exclusão no mundo

Este livro apresenta um quadro mundial da exclusão social, mostrando, em mapas e indicadores, a realidade das populações carentes do globo. Descobrindo que mesmo países próximos escondem desigualdades assombrosas.

1ª edição (2004) • 232 páginas • ISBN 85-249-1054-5

VOLUME 5

Agenda não liberal da inclusão social no Brasil

A corajosa proposta deste livro apresenta não apenas um discurso, mas aponta de forma direta os investimentos necessários para que o país alcance um nível intermediário e/ou avançado de inclusão.

1ª edição (2005) • 168 páginas • ISBN 85-249-1103-4

ATLAS DA ESTRATIFICAÇÃO SOCIAL

Esta série estudará exatamente as transformações que ocorreram em nossa estrutura social a partir das mudanças da economia nacional sofridas ao longo dos anos 1990, e alteram a composição e o comportamento do perfil social. Esta coleção procura mapear, do ponto de vista econômico, a nova composição, papéis e aspirações dos diferentes grupos que compõem a sociedade diante das mudanças sofridas pelo país.

VOLUME 1

Classe média – desenvolvimento e crise
Este volume trata especificamente da classe média brasileira, compreende seu momento atual de crise, e, talvez mais importante, distingue o que parece ser uma mudança no seu comportamento, nas suas ilusões, na sua visão de mundo.

1ª edição (2006) • *144 páginas* • *ISBN 85-249-1216-2*

VOLUME 2

Trabalhadores urbanos – ocupação e queda na renda
Este livro evidencia, a partir das mudanças econômicas recentes, as transformações ocorridas em nossa estrutura social, analisando, em detalhes, a trajetória dos trabalhadores urbanos.

1ª edição (2007) • *144 páginas* • *ISBN 978-85-249-0825-5*

VOLUME 3

Proprietários – concentração e continuidade
Desde o nascimento do país, a concentração da propriedade distorceu os caminhos da república e da cidadania. Este livro revela a capacidade dos grandes proprietários de manter-se, subordinando, mais uma vez, o país e o Estado aos seus interesses.

1ª edição (2009) • *208 páginas* • *ISBN 978-85-249-1466-9*

GRÁFICA PAYM
Tel. (011) 4392-3344
paym@terra.com.br